量化交易
红宝书

量化交易
从入门到精通
TOP交易员交易策略
与实战手记

周泽炜 著

企业管理出版社
ENTERPRISE MANAGEMENT PUBLISHING HOUSE

图书在版编目（CIP）数据

量化交易从入门到精通：TOP 交易员交易策略与实战手记 / 周泽炜著．—北京：企业管理出版社，2020.10（2026.2重印）

ISBN 978-7-5164-2229-8

Ⅰ．①量⋯ Ⅱ．①周⋯ Ⅲ．①股票交易—基本知识 Ⅳ．① F830.91

中国版本图书馆CIP数据核字（2020）第183612号

书　　名：量化交易从入门到精通——TOP交易员交易策略与实战手记

作　　者：周泽炜

责任编辑：李　坚　张　楠

书　　号：ISBN 978-7-5164-2229-8

出版发行：企业管理出版社

地　　址：北京市海淀区紫竹院南路17号　　　邮编：100048

网　　址：http：//www.emph.cn

电　　话：编辑部（010）68414643　发行部（010）68701816

电子信箱：qiguan1961@163.com

印　　刷：北京拓问鼎印刷技术有限公司

经　　销：新华书店

规　　格：170毫米 × 240毫米　16开本　17.25印张　230千字

版　　次：2021年1月第1版　2026年2月第3次印刷

定　　价：88.00元

推荐一

宽客俱乐部　冯正平

程序化交易在国内兴起有些年数了，个人以为，程序化交易与量化投资的关系，在于两者侧重点有差别。程序化交易侧重于下单的动作是机器自动执行的，量化投资则侧重于投资分析的过程是通过一个量化模型来实现的，所以量化投资也可以是手动下单的，而程序化交易，除了有一部分是条件单之外，其他交易都是要有个数学模型来发出交易信号的，因此大部分的程序化交易属于量化投资的范畴。无论是程序化交易还是量化投资，本质上来说，都是决策与执行的工具。有业内人士提出，量化投资叫投资量化更好，同理，程序化交易如果叫交易程序化也会更贴近其实质。

就研究的范围来说，目前的量化投资研究范围已经非常广泛，包括宏观量化、基本面量化、财报量化、事件量化、交易所交易数据量化等等，只要有数据就可以量化，量化作为一个工具其作用被发挥得淋漓尽致。在国内,程序化交易在绝大多数情况下指对交易所交易数据进行建模，并根据模型发出的信号进行自动交易。然而，这么多年来，能够通过这种程序化交易获利的人数并不多，程序化交易除了风控做得好一点，盈利状况与主观交易并无太大差异。究其原因，首先是研究范围狭窄，量化投资有那么大的研究范围，而现在还有太多人只是研究交易所交易数据，通过研究交易数据获得的利润，要分给这么多交易者，平均每个人能分配到的利润当然非常微薄，微薄到不够支付交易手续费。这里期货和股票情况不太一样，期货程序化交易获利可以认为是随机的，但最终大多数人都败给了交易成本；股票使用程序化交易的人相对还较少，应该还有发展空间；期权没有开放交易接口，情况也是如此。这是目前的情况。

其实在程序化交易刚刚兴起的时候，是很容易获利的，一个很简单的均线模型，或者 MACD 模型就可以获利，后来懂的人多了，自然就不灵了。所以现在是到了程序化交易者们去开拓新领域的时候了，如何结合宏观分析、基本面或者行业分析、事件驱动，来进行程序化交易，是后续能否盈利的关键。当然，也可以把程序化交易只是作为一个辅助执行工具，或者是一个寻找技术上的合适买卖点的工具来使用。甚至可以通过宏观及行业分析，主观判断行情趋势，然后利用程序化交易去寻找买卖点自动执行，再用程序化交易进行风控和资金管理，自动执行出场及止损。

程序化交易未来的发展，一个很重要的方向是 AI。人的思维毕竟有局限性，用 AI 自动学习，自动去寻找交易策略则可以突破人的这种局限性。AI 找出来的策略未必能够用逻辑去解释，但只要交易信号数量足够多，盈亏比和胜率达到要求，就可以尝试。

推荐二

中国智能金融协同创新中心主任　潘和平教授

在国内金融市场和量化交易界，周泽炜是量化交易平台 MC 和 EL 语言的主要推广者和培训师。我是金融学术界智能金融量化投资理论的思考者和研究者。应该说我和他是从不同的角度与侧重来研究、研发与实践着量化交易。周泽炜所掌握和不断研发的交易策略针对中国金融市场，非常接地气，具有直接的可操作性和广泛的实用性。现在他将自己多年来形成的量化交易理念、技术体系与实战经验整理成这本书《量化交易从入门到精通：TOP 交易员交易策略与实战手记》，对于广大国内量化交易者而言，是一个难得的福音。一方面，对于量化交易的初学者，这本书逻辑简明易懂，思路清晰，是入门和进阶的基础课。另一方面，对于已经登堂入室的量化交易研发者而言，这本书提供了一套从理论到指标到策略的体系，而且直接给出源码，可以使用，可以进一步研发。

从时代背景来看，国际金融市场投资交易界已经有一半以上的交易量是由各种量化交易系统产生的。华尔街上各大投资机构以前以主观交易员为主体的交易大厅已经人去楼空了，约 90% 以上的主观交易员已经被量化交易系统所取代。在中国国内金融市场，量化交易首先是在期货市场发展起来，早期以商品期货为主，后来扩展到股指期货，目前已经进入股票投资量化交易。当然，期货市场还是由不同风格的投资交易者构成，包括中长期基本面投资者、产业风险管理者和短线投机交易者。期货市场的量化交易目前主要是短线交易者。这也是一种必然，因为期货基本面的量化需要更全面的信息、更强的信息处理能力和更复杂的市场分析建模能力，这些往往都是个体交易者所不具备的。在国内期货市场的量化交易中，MC平台是一个被最广泛使用的主流平台，国内外经典的交易策略在这个平台上都有体现，当然这些策略源码大多是商用的，不是免费的，而周泽炜的这本书就以公益的方式为大家提供了主要经典交易策略的源码和设计思路，这是非常难得的。

本书的叙述逻辑非常简明，但又显示出了极深的功力。应该说，量化投资交易方面也是信息爆炸，有着非常多而杂的资料，包括书籍、博客、网站、论坛、文章、论文等。量化交易方向的初学者和正在成长中的实践者往往面对这么多的信息资料而感到眼花缭乱、无所适从。能够将纷繁复杂的量化交易头绪理出极为简明的三个部分：理论—指标—策略，这种朴素朴实中体现出了作者对于量化交易全面深入的理解、掌握、升华与悟道。

我毫不犹豫地推荐这本书给我的智能金融量化投资交易方向的研究生和本科生作为一本主要参考书，同时，我也推荐这本书给全国的量化交易实践者。

推荐三

超级交易员论坛　李定潮

那个一言不合就开怼，怼天对地而且永远都要赢的周泽炜（他喜欢别人叫他校长）是我最要好的朋友。在我一个人创业拼搏的时候与校长相识，他的乐观、风趣、专业深深吸引了我，和他一起工作是轻松愉悦的。我们一起走过许多城市，我组织活动，他分享量化。那时候为了省钱我们不舍得坐飞机，住最便宜的旅馆。

校长是热爱量化的，不吝分享的。记得每次邀请他分享，不管台下有多少人，他都会讲得那么投入和沉迷。他对金钱没什么概念，内心火热骨子里干净纯粹，我们一样，充满了作为一个金融从业人员的情怀和理想。可能大家觉得幼稚，在金融圈不管是体制内的券商、期货、信托、基金、投行、公募等从业人员，还是普通市场参与者，极少有人谈论情怀。今日金融投资之争，早已硝烟再起，尘沙漫天，群雄逐鹿各领风骚三五年，虽没有常胜将军，但盆满钵满、功成身退的大有人在，也有很多传奇人物，他们早已名利双收，依然奋斗在一线。我们置身其中，敢想敢做，勇立潮头，靠的不是盈利能力有多强，资源有多好，背景有多硬，而仅仅是满腔的热血和创造社会价值的梦想。

校长和我一样，每天睁开眼的第一件事就是问自己“定潮，今天我们要不要全力以赴！”

我和我的好朋友周校长，我们一起进步，如果说青春是足迹，那么梦想一定是远方的田野，是穿越世界的旅行。把手握紧，厚积薄发，拿出我们的全部，请大家一起相信生活明朗、人间可爱、万物值得、未来可期。

推荐四

MultiCharts 中国团队负责人　Eric Lee

随着金融市场交易品种的多元化，量化交易成为许多专业投资者的选项，纵使不是进行全自动的程序化交易，也大量运用量化分析工具协助对交易信息进行实时的分析，第一时间发现交易机会。

对大部分的投资人来说，这个门槛还是有点高的。我们 MultiCharts 中国团队自 2010 年起在市场进行量化分析工具的投资者教育，而周老师这次基于对 MultiCharts 软件的熟悉，展示了许多有价值的策略思路，并带大家领略量化交易各种细节，是各位投资人要进入程序化交易或运用 MultiCharts 做分析的一本值得参考的好书，非常值得一看，推荐给大家。

/目录/CONTENTS

概述　投资市场是否有交易圣杯

什么是技术？

技术研究的是人的本身，是阐述人性的具体手段。技术提示的是人性的弱点，是用来判断散户操作心理的一种工具。在投资市场中散户往往不够理性，是庄家和机构的目标，所以，最好的技术就是判断散户在何时何地会出现过失性操作的工具。

很多人做交易都在想如何看透庄家，实际上这属于舍近求远，我们更多的是应该看透自己，因为自己就是一个散户，我们只要赢了自己就能赢得交易。

我们总说在投资市场中充满陷阱与虚假，其实一切皆是实相，只是我们的心蒙蔽了自己，只看我们想看到的，相信我们希望相信的，自以为是地去判断行情。

很多人会问，为什么自己懂技术但还是在输钱？

因为他们虽然手上有技术，但是依然抱着散户的心态去运用他所谓的技术。所以在投资市场中，有心态第一、技术第二的说法。

周泽炜说

量能为纲、趋势为先、形态为优、均线为绳、周期为重、指标为辅。

量能为纲——主观交易中我们以“能量守恒理论”为核心，以等距箱体理论、黄金分割延展理论、实用波浪理论为主体。

趋势为先——任何市场的任何走势，无不都是由趋势 + 趋势所构成。因此“顺势而为”也被认为是投资市场里的第一要诀，交易上我们不断重复：判断趋势、适应趋势、等待趋势、跟随趋势、再判断、再适应……

形态为优——形态分析是一种直接从历史价格图表上去分辨价格变动趋势的分析方法。市场行情的形态是有其必然性的，也就是说，市场形态的形成，是必然按它特定的规律往前走的。形态高于一切，在主观交易中形态分析是技术分析体系中的基础。

均线为绳——移动平均线（MA）是以道·琼斯的“平均成本概念”为理论基础，采用统计学中“移动平均”的原理，将一段时期内价格平均值连成曲线，用来显示行情价格的历史波动情况，进而反映价格指数未来发展趋势的技术分析方法。它是道氏理论的形象化表述。“十彩均线系统”结合了行情每个周期的波动规律，是准确判断现有趋势、判断将出现的趋势、发现过度延伸即将反转的趋势的重要手段之一。

周期为重——市场运动的最终线索就在其运行周期上，对于时间周期的研究为我们的测市手段增加了时间维度。笔者交易中对周期的判断，以“三角洲理论”“江恩理论”“对等循环周期理论”为主体，来判断市场价格波动的规律及不同周期下行情的特性与节奏的不同。

指标为辅——笔者认为常用指标是分析行情的辅助工具，而不再是分析过程中的固定主体，以规避在指标分析中经常会出现的本身缺陷。

荼毒中国交易者最深的交易技巧

一个人拿 10 万元本金投入市场，先在市场上赚 10%，然后再亏掉 10%，这时他是亏损的。另一个人拿了 10 万元本金投入市场，先亏损了 10%，然后再赚回 10%，你会惊异地发现他还是亏损的。交易就是这么一个看似公平实则不然的社会活动。

投资市场最不缺的就是人云亦云、以讹传讹。每次我出外做线下讲座都不忘顺口说一句“学习交易，首先要做的就是少上网”，因为网络上所分享的交易技巧十有八九都有“毒”。当然这也不能责怪网络，网络只是将错误的信息更快更广泛地流传开来了而已。俗话说得好，“对的学习方式能帮助你事半功倍，而错误的学习能让你万劫不复！”是的，所以交易成了许多人永远学不会的一门学问。

我们说量化的第一职能是证伪。因此如果你的量化交易尚不能成为你交易盈利的工具，那至少也可以帮你证伪错误的交易逻辑和观点。

什么是线上阴线买，线下阳线抛？

“线上阴线买，线下阳线抛”出自民间股神殷保华，一个中年离异的空调装修工，阴差阳错猜对了 2001 年 8 月 A 股顶部而封“神”。2011 年 2 月遭刑拘，因不具备证券投资咨询从业资格举办股票咨询讲座及培训班致大批股民受骗上当而锒铛入狱。现实再次告诫我们，如果你没有执照就不要学别人耍流氓。

线上阴线买，线下阳线抛。这句话的重点就是这个“线”，首先我们要确定这个“线”是指的什么，阴线买与阳线抛这两点比较好理解。

“线”可以是重要的压力或者支撑线，也可以是均线。如下图所示：突破重要压力后的回踩反抽时的阴线买入。

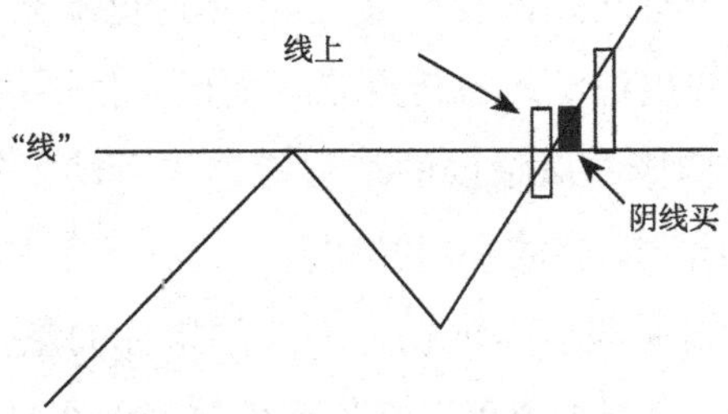

接下来我们就从期货和股票两个市场分别就这个逻辑进行验证。

策略一，“线上阴线买”

① 当均线 60 线上行时，价格回踩均线，做多。
止损：当价格跌破均线 60 线超过 5 个 K 线真实波幅；
止盈：使用 SAR 指标做移动止盈。
② 当均线 60 线下行时，价格反弹均线，做空。
止损：当价格突破均线 60 线超过 5 个 K 线真实波幅；
止盈：使用 SAR 指标做移动止盈。

策略源码（MC版本）

```
inputs:zq(60),sb(5);
variables:var0(0),oParCl(0), oParOp(0), oPostion(0), oTransition(0), var7(0);

var0=Average(close,zq);
condition1=close<open and Low<var0 and close>var0-0.3*AvgTrueRange(99) and var0>var0[1] and var0[1]>var0[2];
condition2=close>open and high>var0 and close<var0+0.3*AvgTrueRange(99) and var0<var0[1] and var0[1]<var0[2];
```

```
Value1 = ParabolicSAR(0.02, 0.2, oParCl, oParOp, var7, oTransition);

if condition1 then buy next bar at market;
if condition2 then sellshort next bar at market;

if marketposition=1 and var7=-1 and var7[1]=1 then sell( "bp48" ) next bar at market;
if marketposition=-1 and var7=1 and var7[1]=-1 then buytocover ("sp48") next bar at market;
if marketposition=1 then sell( "bp482" ) next bar at var0[1]-sb*AvgTrueRange(99) stop;
if marketposition=-1 then buytocover ( "sp482" ) next bar at var0[1]+sb*AvgTrueRange(99) stop;
if marketposition=-1 then buytocover ( "sp482" ) next bar at var0[1]+sb*AvgTrueRange(99) stop;
```

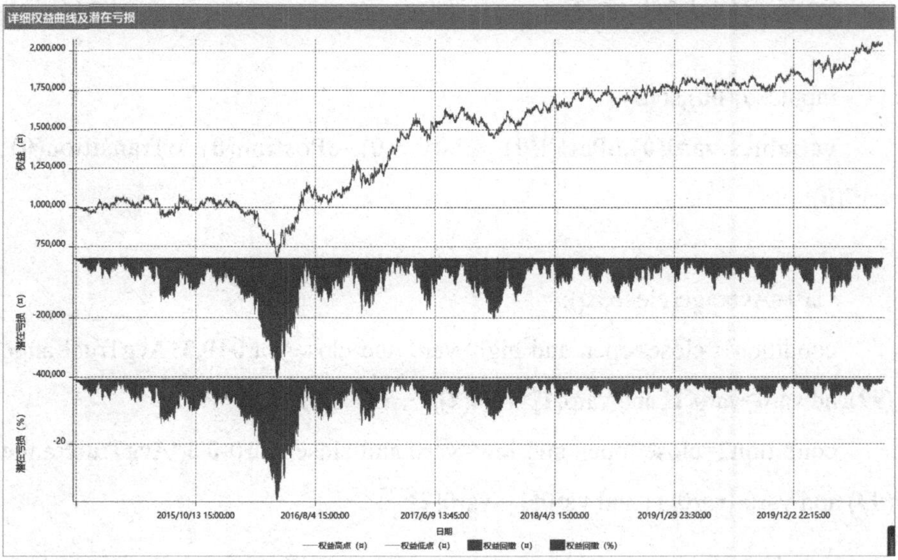

概述

商品	启动日期	结束日期	净额盈利	交易次数
DCE.i 0000	2015/1/27 9:15:00	2020/9/2 15:00:00	¤263,704.86	573
SHFE.rb 0000	2015/2/4 22:00:00	2020/9/2 15:00:00	¤234,377.46	507
SHFE.ru 0000	2015/2/5 9:30:00	2020/9/2 15:00:00	(¤11,147.78)	594
CZCE.MA 0000	2015/2/9 10:00:00	2020/9/2 15:00:00	¤161,993.67	571
CZCE.TA 0000	2015/2/2 11:30:00	2020/9/2 15:00:00	¤65,204.09	588
DCE.j 0000	2015/1/28 1:15:00	2020/9/2 15:00:00	¤366,547.66	586
DCE.m 0000	2015/1/23 23:30:00	2020/9/2 15:00:00	(¤17,301.10)	563
DCE.p 0000	2015/1/27 9:30:00	2020/9/2 15:00:00	¤81,866.90	581
CZCE.SR 0000	2015/2/4 22:15:00	2020/9/2 15:00:00	¤69,618.82	627
DCE.c 0000	2015/3/6 11:00:00	2020/9/2 15:00:00	(¤168,470.44)	362

策略二，“线下阳线买”

① 当均线 60 线上行时，价格反弹均线，做多。

止损：当价格跌破均线 60 线超过 5 个 K 线真实波幅；

止盈：使用 SAR 指标做移动止盈。

② 当均线 60 线下行时，价格回踩均线，做空。

止损：当价格突破均线 60 线超过 5 个 K 线真实波幅；

止盈：使用 SAR 指标做移动止盈。

策略源码（MC版本）

```
inputs:zq(60),sb(5);
variables:var0(0),oParCl(0), oParOp(0), oPostion(0), oTransition(0), var7(0);

var0=Average(close,zq);
condition1=close>open and high>var0 and close<var0+0.3*AvgTrueRange(99)and var0>var0[1] and var0[1]>var0[2];
condition2=close<open and low<var0 and close>var0-0.3*AvgTrueRange(99) and var0<var0[1] and var0[1]<var0[2];

Value1 = ParabolicSAR(0.02, 0.2, oParCl, oParOp, var7, oTransition);
```

```
if marketposition=0 and condition1 then buy next bar at market;
if marketposition=0 and condition2 then sellshort next bar at market;

if marketposition=1 and var7=-1 and var7[1]=1 then sell( "bp48" ) next bar at market;
if marketposition=-1 and var7=1 and var7[1]=-1 then buytocover ( "sp48") next bar at market;
if marketposition=1 then sell( "bp482" ) next bar at var0[1]-sb*AvgTrueRange(99) stop;
if marketposition=-1 then buytocover ( "sp482" ) next bar at var0[1]+sb*AvgTrueRange(99) stop;
```

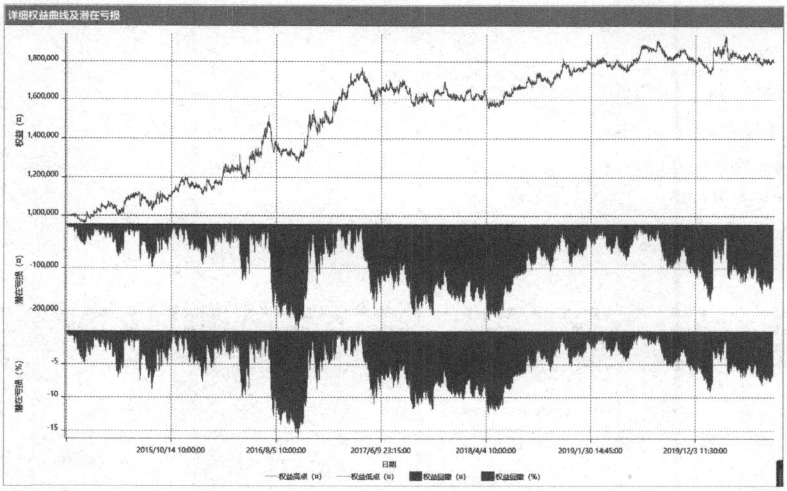

概述

商品	启动日期	结束日期	净额盈利	交易次数
DCE.i 0000	2015/1/30 11:30:00	2020/9/2 15:00:00	¤233,307.83	377
SHFE.rb 0000	2015/2/4 22:15:00	2020/9/2 15:00:00	¤252,661.24	359
SHFE.ru 0000	2015/2/6 9:15:00	2020/9/2 15:00:00	¤97,949.85	375
CZCE.MA 0000	2015/2/5 9:30:00	2020/9/2 15:00:00	¤179,609.93	381
CZCE.TA 0000	2015/2/2 13:45:00	2020/9/2 15:00:00	¤6,661.03	393
DCE.j 0000	2015/1/27 2:15:00	2020/9/2 15:00:00	¤33,215.97	362
DCE.m 0000	2015/1/26 9:30:00	2020/9/2 15:00:00	(¤39,566.48)	401
DCE.p 0000	2015/2/7 2:00:00	2020/9/2 15:00:00	¤61,632.62	360
CZCE.SR 0000	2015/2/3 10:00:00	2020/9/2 15:00:00	¤26,951.55	422
DCE.c 0000	2015/3/6 13:45:00	2020/9/2 15:00:00	(¤48,151.97)	235

以上内容使用果仁网在 A 股市场中进行验证。

策略三，当均线50线、60线呈多头排列时，线上阴线买；当均线50线、60线呈空头排列时，线下阳线卖。

选股条件

筛选条件 3　排名条件

指标	比较符	范围	值	操作
线上阴线1	等于		1	
线上阴线2	等于		1	
MA多头(50,60)	等于		1	

卖出条件　不卖条件

买入后涨幅（止盈）　大于等于　10　%

买入后跌幅（止损）　大于等于　10　%

买入后最高点跌幅　大于等于　10　%

MA(收盘价，50) <MA(收盘价，60)

最高价>MA(收盘价，60)

+自定义

投资组合	总收益	年化收益	夏普比率	最大回撤率	收益波动率	信息比率	Beta	Alpha
本策略	27.10%	27.12%	0.83	21.43%	27.83%	0.10	1.16	-2.13%
沪深300	25.82%	25.84%	1.01	16.08%	21.72%	–	–	–
相对收益	1.02%	1.02%	-0.24	19.52%	12.49%	-1.13	0.16	-6.44%

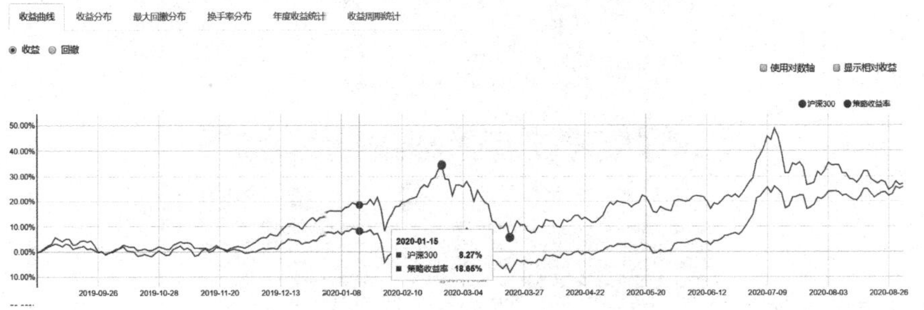

策略四，当均线50线、60线呈多头排列时，线下阳线买；当均线50线、60线呈空头排列时，线下阳线卖。

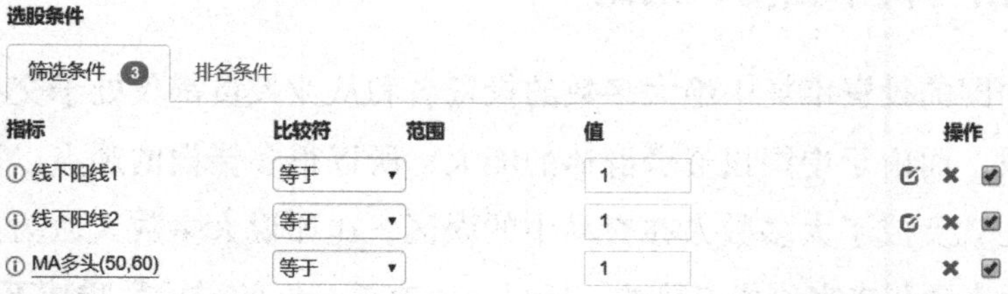

投资组合	总收益	年化收益	夏普比率	最大回撤率	收益波动率	信息比率	Beta	Alpha
本策略	71.48%	71.55%	2.18	23.78%	30.94%	3.03	1.27	39.74%
沪深300	25.82%	25.84%	1.01	16.08%	21.72%	-	-	-
相对收益	36.29%	36.32%	2.13	11.05%	15.15%	0.50	0.28	26.25%

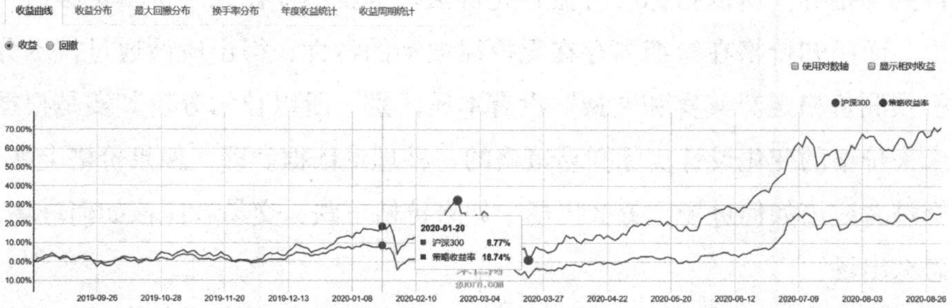

测试的四个策略，不管是线上阴线买，还是线下阳线买，都获得了收益。但从数据看来，“线下阳线买”不管在期货还是股票的交易结果都明显好于“线上阴线买”（回踩做多）的交易方式。而这个测试结果却和大多数人对“线上阴线买，买错了也要买。线下阳线抛，抛错了也要抛”这句金句的理解相悖。至此殷保华名节不保，一个民间“股神”瞬间沦为一个修空调的……

那为什么线下阳线做多相较线上阴线做多盈利效果更好？

答案：当大周期趋势向上，小周期K线出现上穿均线迹象时，代表大周期小周期共振看多。而当大周期趋势向上，小周期K线回落均线，则代表小周期出现败落迹象。试问有哪次口头趋势不是从K线回落均线开始的？所以严格意义上说，K线回踩均线不是做多信号而是做空信号。

既然不管是“线上阴线买”，还是“线下阳线买”都能获利，那策略盈利最主要的因素又是什么呢?

答案：条件“当均线呈现多头形态”+做多，即“趋势”。

慢半拍与快半拍交易法则

中国的投资市场中绝大多数的投资者和从业人员都仅处于交易的入门阶段。而由于中国投资者群体的庞大，所以很多错误的观点以讹传讹后往往就变成了大多数人在交易中的误区。比如说大多数人认为技术分析是用来预测未来价格走势的，所以会对交易指标的滞后性唏嘘不已。

其实这是对行情技术分析本末倒置的一种理解。技术指标是用来描述价格变化的一种工具，也就是说，先有价格，然后对价格进行分析后得到的指标。所以指标不可能领先价格，也就不存在预测价格走势这一说。而已知价格在短期内存在无规律波动的特性，得出所谓通过技术分析预测价格走势其实和“猜”没有本质区别。所以技术分析其实是根据未来价格的变化设计实际交易策略的一种理论依据。即，如果价格上涨，交易者应该如何进场，怎么出场；如果价格下跌，交易者应该如何进场，怎么出场。

所谓右侧交易，是对顺势交易的一种统称。既然是顺势交易，即趋势已经形成后的交易方式，因此右侧交易永远比狭义的最优进场点慢半拍。而慢小半拍还是大半拍就成了大多数右侧交易者精益求精的追求。

有些人认为大多数投资者因为采取右侧交易法则，就是当他们看到价格创出新高时才确定行情的起始，随后跟随趋势进场交易。尤其是在面对短期波动的时候，他们认为这样更容易追在阶段高点，也就成了只有少数人赚钱的根本原因（这种无稽之谈竟被百度百科收录，可见对交易这么严谨的一门学问，有多少错误的观点被我们信以为真）。

所谓左侧交易，即逆势交易。左侧更多适用于大资金的长线交易，科学的左侧交易的逻辑基点在于投资标的的价值回归。左侧交易者往往通过多次加仓的方式摊薄成本，降低逆势交易带来的风险。因此左侧交易往往比狭义的最优进场点快半拍。而快小半拍还是大半拍成了大多数左侧交易者精益求精的追求。

大多数的交易者几乎都不会追求行情绝对的高低点，因为那样的境界往往是可遇而不可求的。左侧交易和右侧交易其实没有优劣，它们一个偏重长线，另一个偏重短线；一个基于价值，另一个基于价格；一个多次加仓，一个单笔进出。说的是两种完全不同的交易理念。

什么是程序化？

世间万物无一不在周而复始地变化着，因此，即使任何交易策略都不免出现失效的情况，但还是有许多经典交易策略，如一目均衡表、海龟交易、Aberration，都具有相当长寿的生命周期。但对于优秀的交易策略，不同人有着不同的定义。有人说，好的交易策略就应该可以在短期获取绝对收益。有人说,好的交易策略就应该在长期获得相对稳定的收益。而即使是长期最稳定的策略都免不了出现短期不稳定的情况。

很多人都有一个误区，认为优秀的交易策略一定很严谨，因为严谨所以整个系统应该相对复杂。但事实并非如此，就像真理往往都是最简单的道理，生命周期较长的策略，其策略结构反而出奇的简洁。这其实很好理解，交易策略就像是一部机器。如果问你，一个由一百个零件组成的机器和一个只有两个零件的机器哪个更容易损坏？你的答案会是什么呢？

其实量化交易能让人更好地理解交易。

账户的资金曲线主要是由胜率和盈亏比两个因素决定的。因此追求高胜率往往需要我们以放弃盈亏比作为代价。而主流的交易策略是趋势跟随，这就需要以更优秀的盈亏比作为策略设计的逻辑起点。因此许多趋势跟随策略的胜率往往小于50%。从概率学的角度来讲，这样的策略容易出现连续的亏损。我们发现当概率较低的策略出现连续亏损的时候，交易者会出现忧虑、质疑的心理状态。其实这和主观交易中交易者连续亏损造成的心理变化是相仿的，只是在出现连续亏损后主观交易者容易因为心态变化而产生交易失误。而许多专家却将其归结于“交易状态”，其实这只是因为短期市场节奏变化引起的短期策略失效，毕竟我们认为并没有能完美应对所有市场走势变化的交易系统。此时有许多量化者因为对策略的质疑放弃了原本盈利的量化策略，主观交易者因为对技术的忧虑，去改变原本正确的交易方式。而我们甚至不能把这种情况归结于人性的弱点。所以交易的本质不仅仅是人性。

周泽炜说

程序化交易是一种交易的方式，量化是交易的工具。而量化交易的基础是概率学、统计学。量化交易是交易市场中一种最客观科学的证伪工具。

“抛硬币交易法”

随着我们对程序化策略研究的深入，对量化交易有了更多的理解，我们发现程序化交易者和传统主观交易者在交易的理解上有很多分歧。比如传统主观交易者看待交易的时候更多会从交易理论出发，他们在编写程序化交易逻辑的时候更多是利用道氏理论、波浪理论、江恩理论等经典交易理论，结合自己对市场的了解搭建量化框架。而更多的程序化交易者则信奉概率学，他们中的很大一部分人对于传统交易理论并不感冒，认为交易的本质就是一场概率学的赌博，胜负非正即反。程序化要做的仅仅是在胜负 50% 的投机中获取哪怕一点点的优势。

那么我们根据概率学的交易逻辑给大家讲解最基础的一种量化思路，我们称它为“抛硬币交易法”。

“抛硬币交易”，乍一看是一个相当不靠谱的交易方式，因为抛硬币不论正反都只有 50% 的成功率。看似简单但其结果免不了徒劳无功空忙一场。那让我们通过量化数据看下它的交易结果。

“抛硬币交易法”策略规则：

日线开盘开仓，日线收盘平仓。若价格双数开盘做多，则多单进场；若价格单数开盘做空，则空单进场。

“抛硬币交易法”策略源代码（MC版本）

```
if mod(open,2)=0 and time<0910 then buy("B") next bar at market;
if mod(open,2)=1 and time<0910 then sellshort("S") next bar at market;
```

```
if time>=1450 and marketposition=-1 then buytocover("P1") next bar at market;
if time>=1450 and marketposition=1 then sell("P2") next bar at market;
```

我们抽样测试国内期货螺纹钢、橡胶、玉米在无手续费环境下的资金曲线变化（数据时间 2014 年 1 月 1 日～ 2018 年 5 月 30 日）。

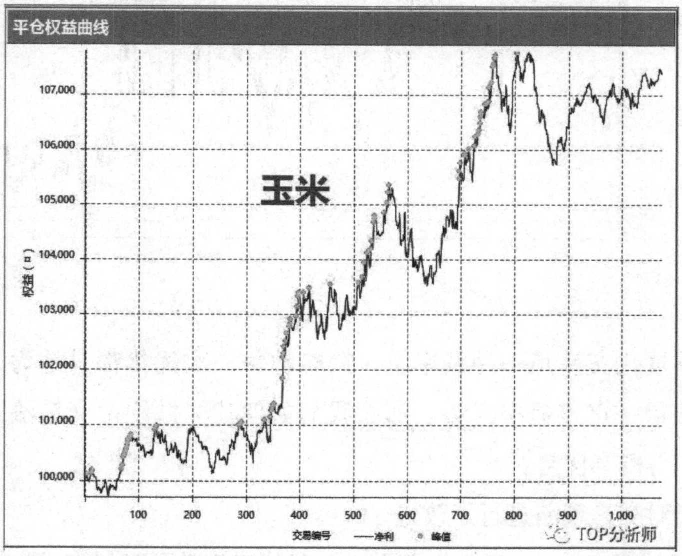

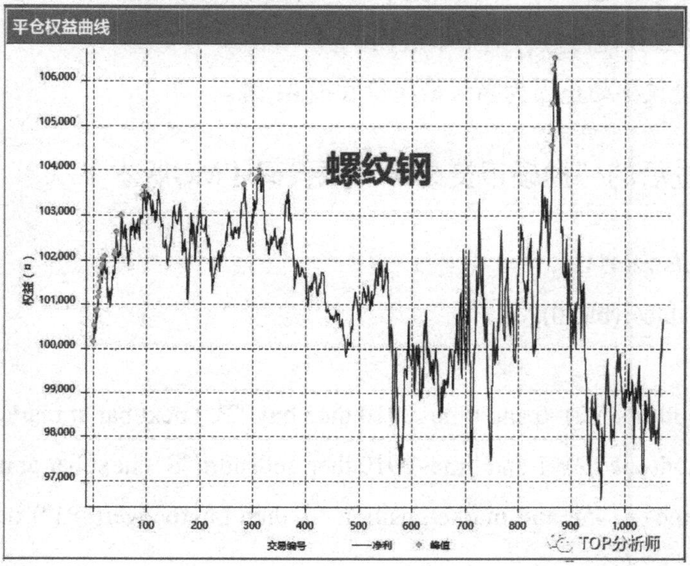

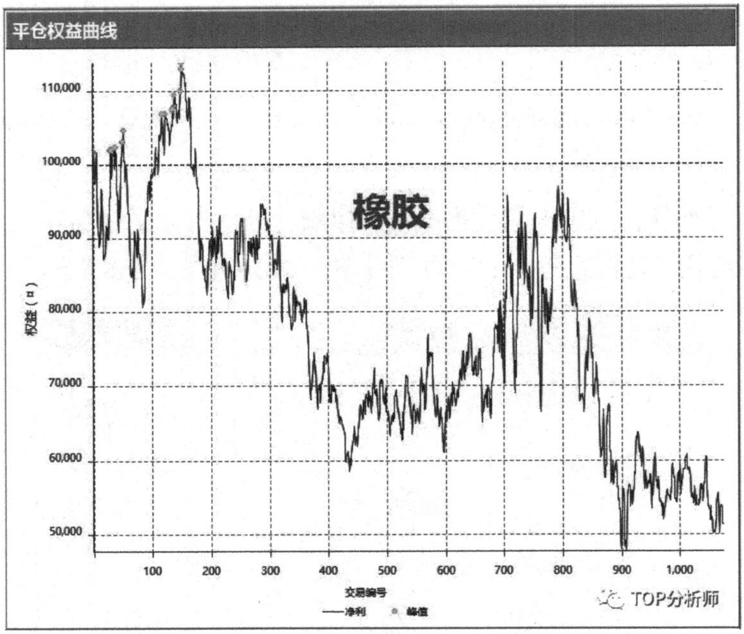

如果量化交易是一种概率学，策略的每一次优化都只是为了在交易过程中获得一点点概率优势。那么我们如何让“抛硬币交易法”在实际交易中获得概率优势？

我们对交易策略进行了改进：

① 日线开盘开仓，日线收盘平仓。若价格双数开盘做多，则多单进场；若价格单数开盘做空，则空单进场。

② 设置移动止损为当天最高价亏损 41 跳。

改进后的“抛硬币交易法”源代码（MC版本）

```
Inputs:zs(41);
variables:vbar(0);


if mod(open,2)=0 and time<0910 then buy("B") next bar at market;
if mod(open,2)=1 and time<0910 then sellshort("S") next bar at market;
if time>=1450 and marketposition=-1 then buytocover("P1") next bar at
```

```
market;
    if time>=1450 and marketposition=1 then sell("P2") next bar at market;

    if vbar<>currentbar then begin
    setstoploss(zs*bigpointvalue);
    end;
```

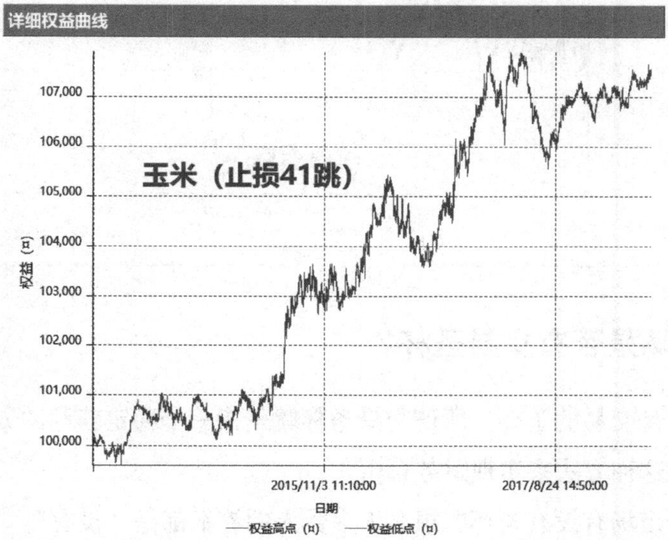

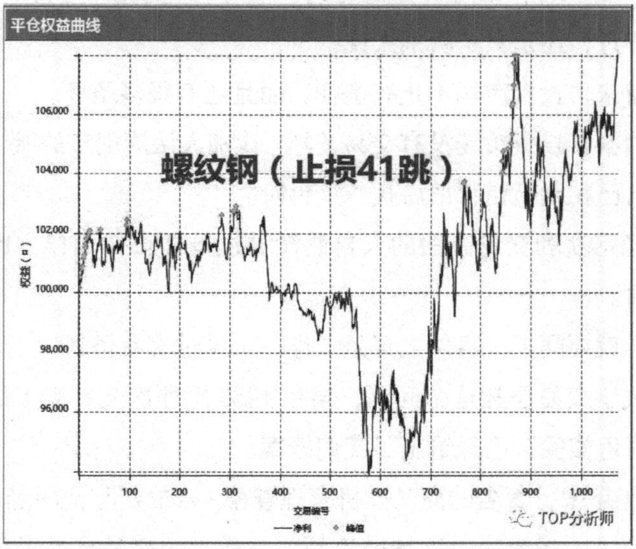

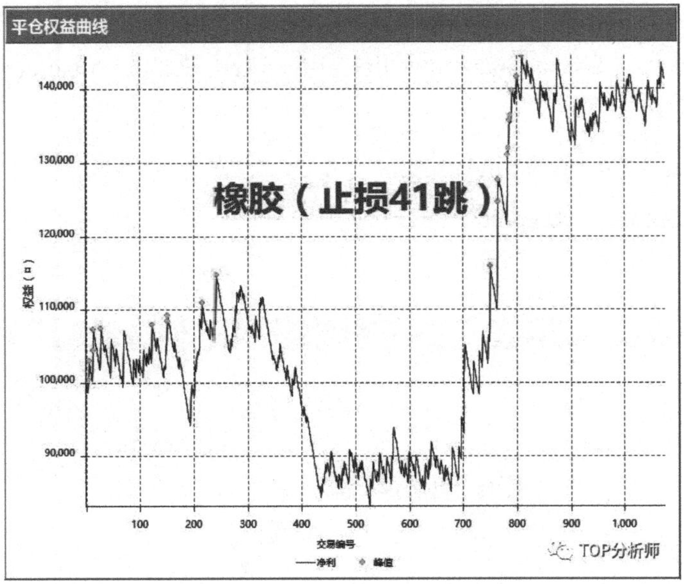

投资市场是否有交易圣杯?

什么是交易的圣杯？所谓交易圣杯就是指一个稳定获利的方法，能让我们依靠这种方法来实现财务自由。

投资市场有没有圣杯？想必大多数人的答案都是“没有”。

但为什么没有？谁告诉你没有的？没有调查就没有发言权。你有没有仔细调查过，还是只是听别人说？

在我看来，投资市场不止有圣杯，而且还有很多圣杯。

那些叫嚷着投资市场没有交易圣杯，让别人认清现实的所谓“专家”，无非是给自己在判断错行情后找一个台阶。

没有稳定获利交易方法的人自然没见过圣杯长什么样，也不愿承认自己的平庸。

那有人就要问了，言外之意是“你一定见过交易圣杯”。

其实关于交易圣杯这个问题，早在 1983 年那次交易史上最著名的金融实验“海龟实验”已经给出了我们答案。

1983 年年中，著名的商品投机家理查德·丹尼斯与他的老友比尔·埃克哈特进行了一场辩论，这场辩论是关于伟大的交易员是天生造就还是后天培养的。理查德相信，他可以教会人们成为伟大的交易员。比尔则认为遗传和天性才是决定因素。

为了解决这一问题，他们在《巴伦氏》《华尔街期刊》《纽约时报》上刊登了大幅广告，招聘交易学员。广告中称，在一个短暂的培训后，新手将被提供一个账户进行交易。理查德从1000名申请者中精选出13个人，1983年12月底学员们在芝加哥进行两周的培训后开始实盘交易。

这就是交易史上最著名的“海龟实验”，在随后的四年中“海龟们”取得了年均复利80%的收益。是的，理查德证明了交易可以被传授。即使在今天，依然有交易者使用海归交易法的改进版本在投资市场持续获得收益。这个实验不止证明了投资市场存在交易圣杯的这一事实，而且它还证明了用一套简单的法则（即机械交易系统），可以使仅有很少或根本没有交易经验的人成为优秀的交易员。一个小白交易者通过科学的交易学习可以在非常短的时间内实现稳定盈利。

如果在交易中依赖自己的判断，你可能会发现恰恰应该勇敢时你却胆怯，而应该胆怯时却勇敢。因此对于一致性赚钱的交易，使用机械系统就是最佳的方式。如果你拥有一个能够盈利的机械交易系统，而且你虔诚地跟随这个系统，那么你的交易将会取得盈利，而且系统会帮助你安然摆脱难免会来自于一长串亏损或者巨额盈利的内心的挣扎。

海龟交易系统是一个完整的交易系统。这是实验取得成功的一个主要因素。机械交易系统使交易者更容易地进行一致性的、成功的交易，因为它没有给交易者的判断力留下重要的决策任务。

如果你觉得一个海龟交易还不足以说明问题，那容我再举一例。

很多靠直觉玩期货的朋友可能对Aberration策略还是有点陌生，这个曾经创下100%以上年收益率的传奇交易系统由Keith Fitschen于1986年发明。在1993年，他将该系统发布在美国《Futures Truth》杂志上，自策略发布之日起，其绩效一直排名靠前，在1997年、2001年和2005年已发布交易系统的业绩排名中均名列第一。

这是一款中长线的交易系统，属于趋势追踪型策略，它在谷物、肉类、金属、能源、外汇、股指期货等8个品种之间灵活运转，通过长线地追踪趋势来获得盈利。而由于它同时在多个不相关或相关性很低的市场中进行交易，因此只需在一种或几种市场中获得趋势的高额盈利，就能弥补在其他不稳定市场中的亏损。它的交易频率一般是每年交易某一品种3～4次，60%的时间都持仓，平均每笔交易持仓60天。

该策略的开平仓策略是这样的：首先利用35日移动平均线和35日内收盘价的标准差，得出上中下三条轨道，当上一个Bar的收盘价上穿了上轨的时候开多，下穿了下轨的时候开空，下穿了中轨的时候平掉多头，上穿了中轨的时候平掉空头。

该策略的思想很简单，就是利用移动平均线和标准差设置通道，然后随时判断是否突破了通道，从而捕捉到趋势。而当趋势逐渐减弱的时候，由于中轨会先趋于缓和，因此当K线反向穿过中轨的时候，就可以认为趋势已经结束，止盈出场。而如果有趋势的误判，在K线反向穿过中轨的时候，也可以及时止损。

直至今日Aberration策略依然在很多交易市场中有着良好的交易表现。现在你还要和我说投资市场里没有交易的圣杯吗？

Aberration策略源码（MC语言:easy language）

```
inputs:boll(35);
variables:ma(0),var0(0),var1(0),var2(0),var3(0),var4(0),var5(0),var6(0);
var2=Average(close,boll);
var0=BollingerBand(open,boll,2);
var1=BollingerBand(open,boll,-2);
if close cross above var0 then buy("B") next bar at market;
if close cross under var1 then sellshort("S") next bar at market;
if close cross under var2 then sell ("Lzy") next bar at market;
if close cross under var2 then buytocover ("Szy") next bar at market;
```

测评数据如下：

策略应用软件：MultiCharts 中国版

测试范围：铁矿石、螺纹钢、橡胶、甲醇、PTA、焦炭、豆粕、白糖、棕榈油。

应用主要品种：国内期货

手续费设计：万 2 手续费（覆盖 2 个滑点）

历史回测周期：2012 ～ 2019 年日线数据

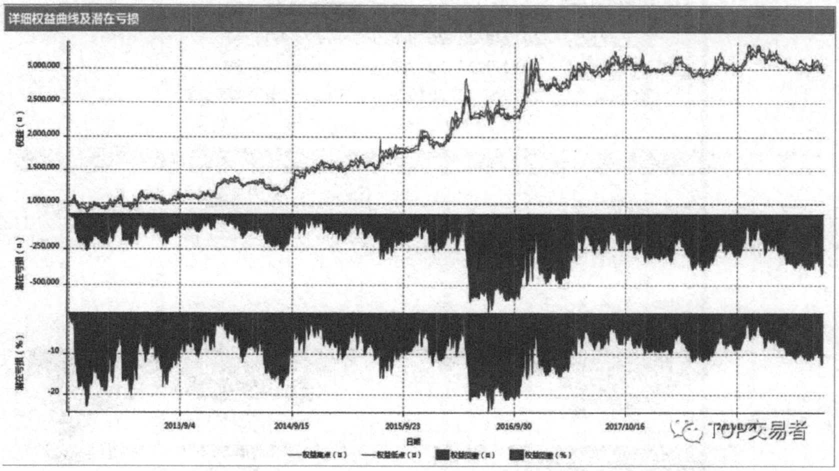

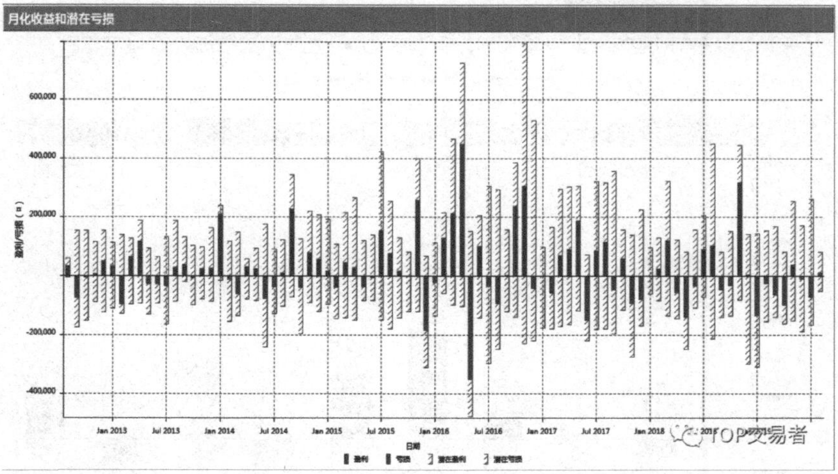

测试范围：沪深 300 指数中 300 只个股

历史回测周期：2012 ～ 2019 年日线数据

应用主要品种：中国 A 股

手续费设计：千 2 手续费

概述

商品	启动日期	结束日期	净额盈利	交易次数
DCE.i HOT	2014/6/3	2019/8/6	¤627,386.79	27
SHFE.rb HOT	2012/8/29	2019/8/6	¤311,020.11	38
SHFE.ru HOT	2012/9/11	2019/8/6	¤82,140.77	40
CZCE.MA HOT	2012/8/21	2019/8/6	¤286,794.06	38
CZCE.TA HOT	2012/9/17	2019/8/6	¤76,789.94	42
DCE.j HOT	2012/9/4	2019/8/6	¤710,502.31	32
DCE.m HOT	2012/8/22	2019/8/6	(¤46,223.47)	44
DCE.p HOT	2012/9/25	2019/8/6	(¤105,359.82)	39
CZCE.SR HOT	2012/9/25	2019/8/6	(¤58,385.14)	40

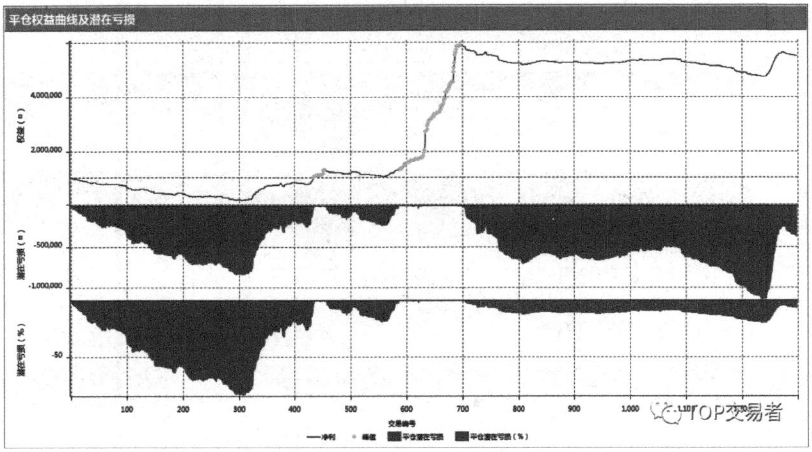

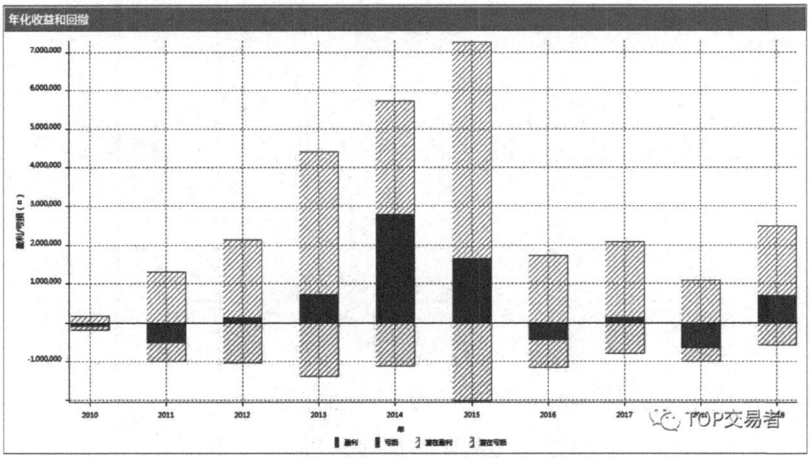

周泽炜说

现在的世界，什么都快。

微信比写信快，高铁比动车快；

忘记比记得快，晚上比白天快。

感情来得快，去得也快；

承诺许得快，忘得也快。

有人说：改变不了世界，你融入它就好；

选择大于努力，选择对的也罢；

我说：既然终有人会改变这世界，那为什么不是我？

既然有那么多选择，那为什么不能选择努力？

一目均衡表

一目均衡表由日本记者一目山人（Ichimoku Sanjin，真名：细田悟一）发明，是日本最普及的买卖图表工具，应用不单限于股市，更在债券、外汇市场广泛为投资者采用。此发明在20世纪30年代面世，是一个已90岁高龄的交易策略。

这个爷爷辈的技术理论，比艾略特1938年发表波浪理论早数年，比葛兰碧1960年发表移动平均线早三十年，比1979年提出的MACD早近五十年，比理查德·丹尼斯的海归交易早了五十年。

一目均衡图由五组参数合成，与现在常用的移动平均线吻合。参数基于各个长短周期的高低点，提供一明确简单的走势图。五个参数如下：

① 短轴快线。

短轴快线 = 转换线 =（9日内最高 +9日内最低）/2，以9日为一短线周期（周期长短可任意更改）。

② 中轴慢线。

中轴慢线 = 基准线 =（26日内最高 +26日内最低）/2，以26日为一中线周期（周期长短可任意调教）。

③ 后移指标。

后移指标 = 迟行带 = 将今日收市价后移至一中线周期。

④ 前移指标 A。

前移指标 A = 先行带 A =（短轴快线 + 中轴慢线）/2，前移至一中线周期。

⑤ 前移指标 B。

前移指标 B = 先行带 B =（52 日内最高 +52 日内最低）/2，前移至一中线周期。

⑥ 云带（抵抗带）。

云带 = 前移指标 A 及前移指标 B 的空间。

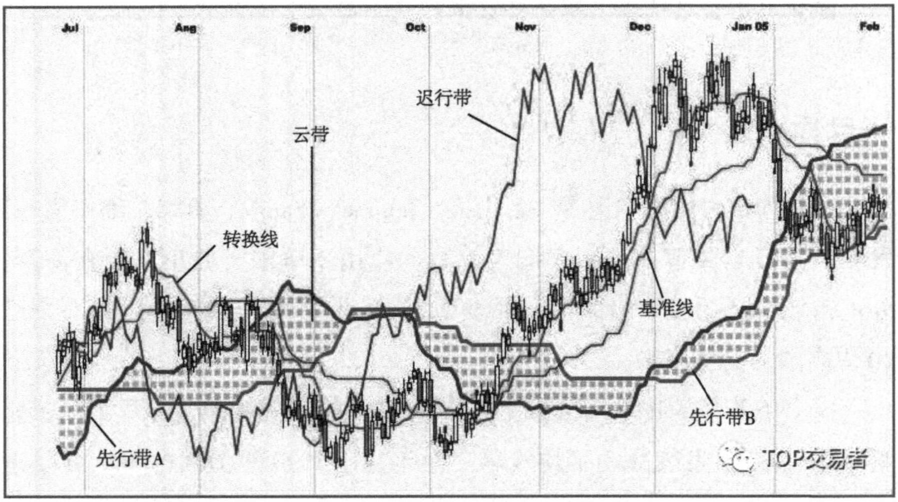

一目均衡表以 9、26、52 三个系数计算周期。在 1930 年代，日本是每周六天工作，传统的系统包括一个半星期（短）、一个月（中）及二个月（长）为准，现今社会，已由六个工作天改为五个，故此根据一目均衡表的神髓，应改为 7、22、44 才能配合现今社会。

升势（买入信号）：

K 线位于云的上方；

K 线在基准线之上推移（基准线成为下降阻力）；

转换线在基准线的上方推移（超强势的情况下，K 线在转换线上方推移）。

降势（卖出信号）：

K 线在云的下方；

K 线在基准线的下方推移（反弹只到转换线的位置，难以反弹到基准线）；

转换线在基准线的下方推移（降势明显的情况下，K 线在转换线的下方推移）。

策略系统（MC语言:easy language）代码

```
inputs:na(7),na2(33),na3(53);
variables:var0(0),var1(0),var2(0),var3(0),var4(0),var5(0),var6(0),var7(0),var11(0),var12(0);

var0=(highest(h,na)+lowest(l,na))/2;
var1=(highest(h,na2)+lowest(l,na2))/2;
var2=(var0+var1)/2;var3=var2[na2];
var4=(highest(h,na3)+lowest(l,na3))/2;
var5=var4[na2];

if close>var3 and close>var5 and close>var1 and var0>var1 and var1>var3 and var1>var5 then buy next bar at market;
if close<var3 and close<var5 and close<var1 and var0<var1 and var1<var3 and var1<var5 then sellshort next bar at market;

if close<var3 and close<var5 then sell next bar at market;
if close>var3 and close>var5 then buytocover next bar at market;
```

测评数据如下：

策略应用软件：MultiCharts

中国版测试范围：铁矿石、螺纹钢、橡胶、甲醇、PTA、焦炭、豆粕、白糖、棕榈油。

应用主要品种：国内期货

手续费设计：万 2 手续费（覆盖 2 个滑点）

历史回测周期：2012 ~ 2019 年 15 分钟数据

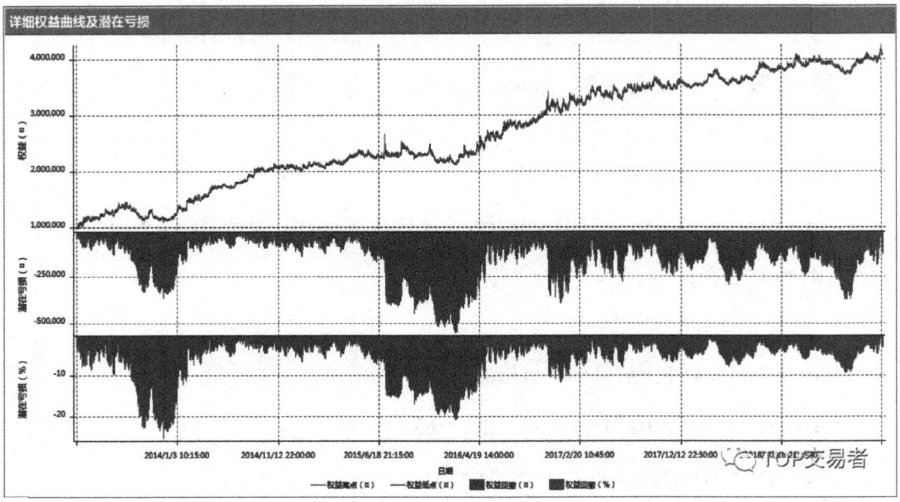

概述

商品	启动日期	结束日期	净额盈利	交易次数
DCE.i HOT	2013/11/1 9:30:00	2019/8/15 11:30:00	¤758,005.46	410
SHFE.rb HOT	2012/8/16 10:15:00	2019/8/15 11:30:00	¤532,100.15	418
SHFE.ru HOT	2012/8/22 9:30:00	2019/8/15 11:30:00	(¤178,480.04)	468
CZCE.MA HOT	2012/8/14 15:00:00	2019/8/15 11:30:00	¤572,183.73	451
CZCE.TA HOT	2012/8/15 14:00:00	2019/8/15 11:30:00	¤273,096.46	478
DCE.j HOT	2012/8/23 10:15:00	2019/8/15 11:30:00	¤672,846.73	489
DCE.m HOT	2012/8/15 10:45:00	2019/8/15 11:30:00	¤342,103.26	463
DCE.p HOT	2012/8/15 13:45:00	2019/8/15 11:30:00	¤159,410.40	531
CZCE.SR HOT	2012/8/15 14:00:00	2019/8/15 11:30:00	(¤49,257[illegible]	[illegible]

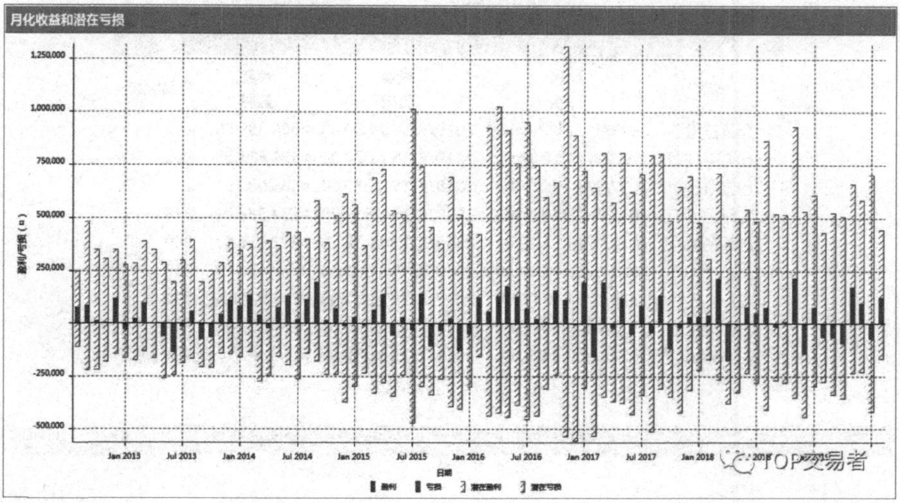

测试范围：铁矿石、螺纹钢、橡胶、甲醇、PTA、焦炭、豆粕、白糖、棕榈油。

应用主要品种：国内期货

手续费设计：万 2

手续费（覆盖 2 个滑点）

历史回测周期：2012 ～ 2019 年 30 分钟数据

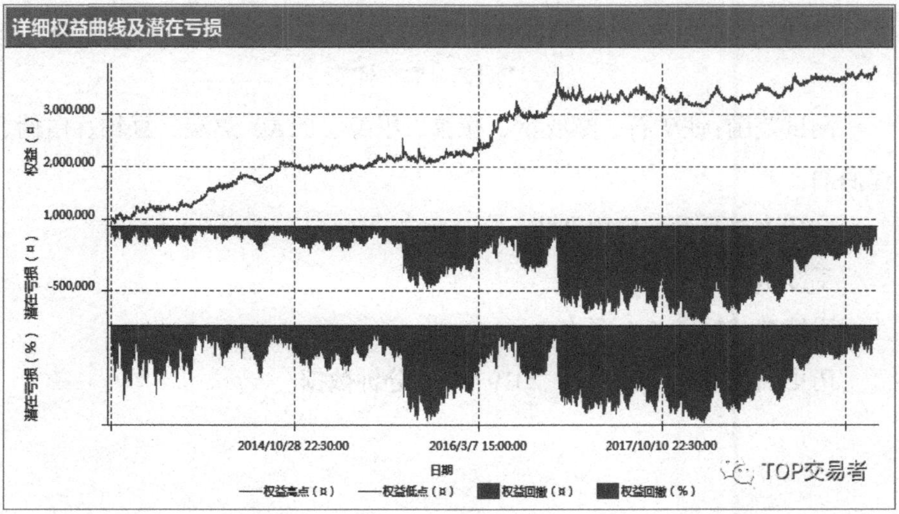

概述

商品	启动日期	结束日期	净额盈利	交易次数
DCE.i HOT	2013/11/13 15:00:00	2019/8/15 11:30:00	¤686,389.75	195
SHFE.rb HOT	2012/8/31 10:00:00	2019/8/15 11:30:00	¤429,631.25	210
SHFE.ru HOT	2012/9/3 15:00:00	2019/8/15 11:30:00	¤48,208.15	223
CZCE.MA HOT	2012/8/28 9:30:00	2019/8/15 11:30:00	¤184,283.01	238
CZCE.TA HOT	2012/8/24 15:00:00	2019/8/15 11:30:00	¤372,038.53	240
DCE.j HOT	2012/9/12 14:00:00	2019/8/15 11:30:00	¤662,870.18	257
DCE.m HOT	2012/8/24 15:00:00	2019/8/15 11:30:00	¤178,929.05	251
DCE.p HOT	2012/8/24 15:00:00	2019/8/15 11:30:00	¤259,596.25	268
CZCE.SR HOT	2012/8/30 14:30:00	2019/8/15 11:30:00	(¤172,4[illegible]	[illegible]

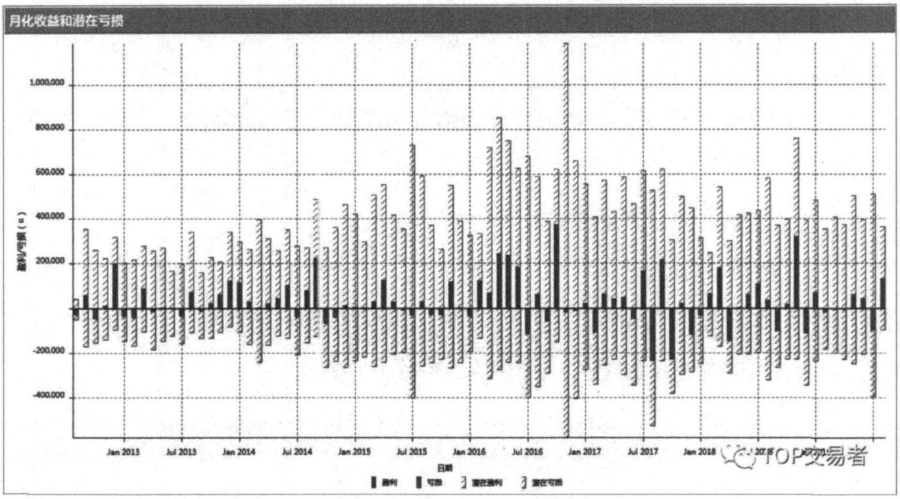

测试范围：铁矿石、螺纹钢、橡胶、甲醇、PTA、焦炭、豆粕、白糖、棕榈油。

应用主要品种：国内期货

手续费设计：万 2

手续费（覆盖 2 个滑点）

历史回测周期：2012 ～ 2019 年 60 分钟数据

详细权益曲线及潜在亏损

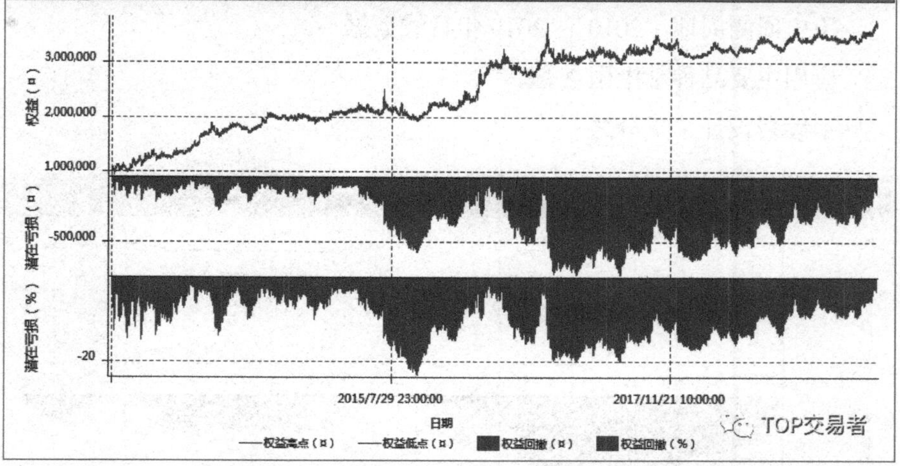

概述

商品	启动 日期	结束 日期	净额 盈利	交易次数
DCE.i HOT	2013/11/29 11:00:00	2019/8/15 11:30:00	¤823,837.64	110
SHFE.rb HOT	2012/9/11 11:00:00	2019/8/15 11:30:00	¤440,925.03	124
SHFE.ru HOT	2012/9/19 11:00:00	2019/8/15 11:30:00	(¤44,165.92)	142
CZCE.MA HOT	2012/9/11 11:00:00	2019/8/15 11:30:00	¤246,265.55	141
CZCE.TA HOT	2012/9/11 11:00:00	2019/8/15 11:30:00	¤343,967.05	139
DCE.j HOT	2012/9/19 11:00:00	2019/8/15 11:30:00	¤935,964.36	145
DCE.m HOT	2012/9/14 11:00:00	2019/8/15 11:30:00	(¤52,230.61)	156
DCE.p HOT	2012/9/14 14:30:00	2019/8/15 11:30:00	(¤18,662.84)	166
CZCE.SR HOT	2012/9/11 11:00:00	2019/8/15 11:30:00	(¤230,72[illegible]4)	[illegible]

月化收益和潜在亏损

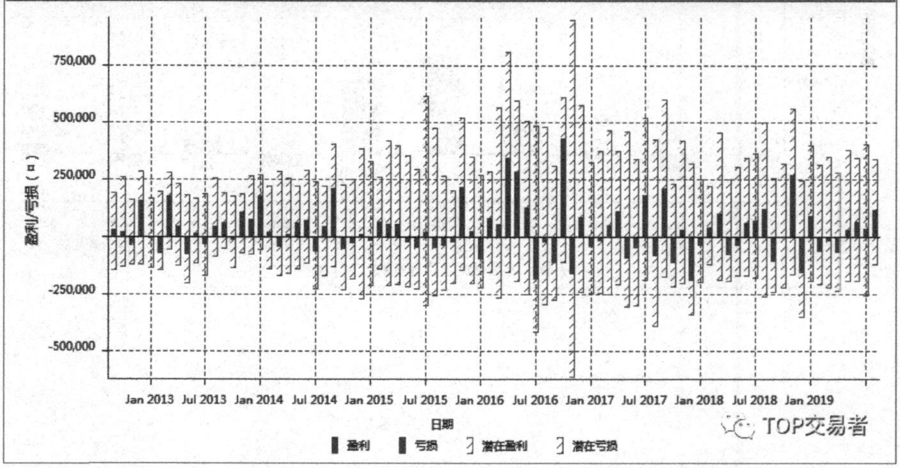

测试范围：沪深300指数中300只个股

历史回测周期：2010 ~ 2019年日线数据

应用主要品种：中国A股

手续费设计：千分之一

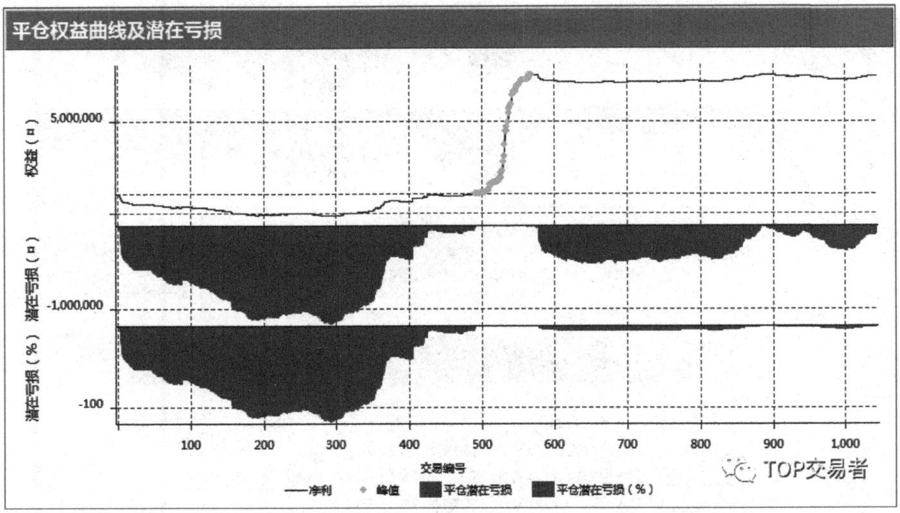

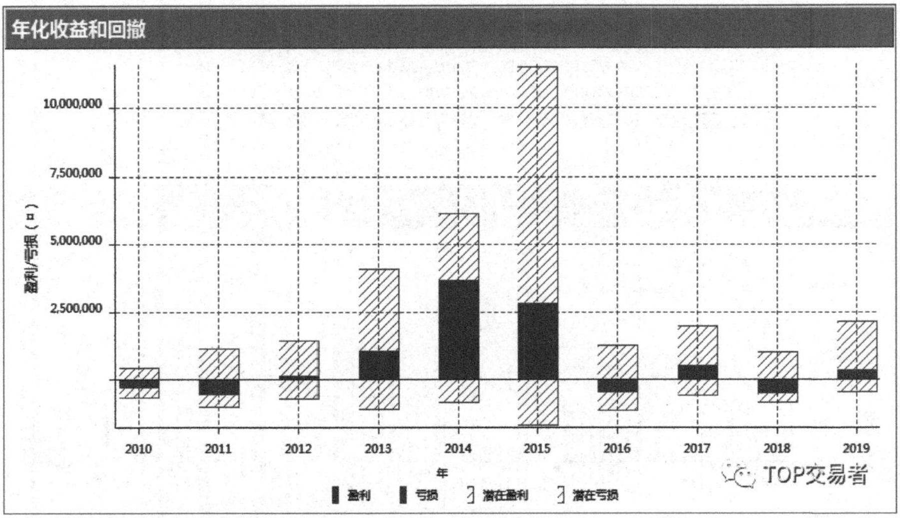

周泽炜说

一目均衡表，是一个年代久远的交易系统。因此这个策略系统的部分内容有一定的优化空间。比如转换线和基准线我们可以利用葛兰碧的移动平均线理论做移动平滑。迟行线本意是用来计算现价与基准线周期价格的乖离率，我们可以用乖离率理论做优化。值得注意的，是在这个策略系统中使用了指标周期平移的概念。

机械交易系统

不得不承认的是，交易者分成两种，天赋型和后天型。天赋型的交易者往往经过一段时间的交易，通过经验的总结，就能在投资市场取得不错的交易收益。而后天型交易者说的则是绝大多数人往往需要后天科学系统的学习才可能做到稳定盈利。而交易技术的“剑宗与气宗之争”是大多数交易者在学习和建立交易系统过程中必经的一个三岔路口。

传统交易中，交易技巧是“剑”，交易经验和心态是“气”。大多数人认为应该“以气御剑”。以气为体，以剑为用；气为主，剑为从；气为纲，剑为目。练气倘若不成，剑术再强，总归无用。小说《笑傲江湖》中，华山剑宗的功夫易于速成，见效极快；而气宗的功夫虽然见效慢但是后期威力远高于剑宗。剑宗和气宗的功夫各练十年，定是剑宗占上风；各练二十年，各擅胜场，难分上下；二十年之后气宗的功夫才渐渐越练越强；到三十年时，剑宗的功夫便再也不能望气宗的项背了。气宗弟子讲究以气御剑，所以华山派气宗弟子都重视修炼内功，而岳不群所修习的《紫霞神功》则是华山派最强内功。

现在的你会如何抉择，是先练“气”，还是先练“剑”？其实交易技巧和交易心态并不是你死我活不能共存的，只代表你学习交易的起点，最终总要殊途同归的。而投资市场每天都是钩心斗角和腥风血雨，每一秒都有无数交易者倒在血泊中。所以笔者认为，只有坚强地活着才能修炼成最后的赢家。而机械型交易系统无疑是见效最快，能最快获得稳定盈利的交易方式。

那什么是机械型交易系统呢？凡过去到未来所有成功的交易者他们都达到了“交易机械化”。因为唯有将自己的交易规则、策略统一才是成功交易的第一步，而这个统一的过程就是将交易过程给予机械化或称条理化。套一个 SARS 的流行语汇，就是制定你的交易 S.O.P（行动执行标准）。于是，你的交易就是一切 By the Book！条列你的交易规则、量化你的一切参考数据，从如何进场到如何出场，没有含糊的灰色的审度，一切量化！当交易被条理化、机械化后，我们确实地去执行便是达到了“机械化交易”。

为什么我说古今所有的成功交易者都是“机械化交易者”呢？你有听过索罗斯像我们这样今天用 RSI 交易，明天又喜新厌旧地学起波浪理论来了吗？我想如果你听到这样的消息，打死你都不会再想投资量子基金了！那你呢？你的“好学”导致你自己不再相信你自己，别人也看不见你在交易圈的成长！为什么呢？因为你一直在变、一直在变。没有任何一位成功的交易者是像普罗大众般的花十多年的时间在寻找一个自己都不知道的东西的。

一个优秀的机械交易系统不会给交易者的判断力留下重要的决策任务，从而使交易者更容易进行一致性的、成功的交易。换而言之，机械交易系统在交易前就已经确定了交易的进场和出场位置。

既然“剑宗”的交易技术易于速成，见效极快。那到底有多快，给大家打个样呗？

“剑宗入门”交易策略

我们利用海龟交易法则核心逻辑，突破特定周期高低点后进场顺势交易，并以自适应均线（特定周期均线在交易进场后，每经过一根 K 线，均线周期参数减少 1 直至周期参数缩小至 16 后保持不变）作为离场条件设计交易策略。

策略源码（MC语言:easy language）

```
inputs:sj(92),ma(47),ma2(16);
variables:var0(0),var1(0),var2(0),var3(0),var4(0),var5(0),var6(0),
var7(0),var8(0),var00(0),var11(0),oParCl(0), oParOp(0), oPostion(0),
oTransition(0),mp(0);

if marketposition=0 then buy("1") next bar at highest[1](h,sj) stop;
if marketposition=0 then sellshort("2") next bar at Lowest[1](l,sj) stop;

mp=marketposition;
if mp[1]=0 and mp<>0 then var5=currentbar;
var6=ma+var5-currentbar;
if var6<=ma2 then var6=ma2;
if mp[1]<>0 and mp=0 then var6=ma;
var0=Average(OPEN,var6);

if marketposition=1 then sell next bar at var0 stop;
if marketposition=-1 then  buytocover next bar at var0 stop;
```

测评数据如下：

策略应用软件：MultiCharts 中国版

测试范围：铁矿石、螺纹钢、橡胶、甲醇、PTA、焦炭、豆粕、白糖、棕榈油。

应用主要品种：国内期货

手续费设计：万 2 手续费（覆盖 2 个滑点）

历史回测周期：2012 ~ 2019 年日线数据

100 万本金，每次交易使用 3.2% 仓位，7 年盈利 11657252.50 元，资金增长 11.65 倍。

详细权益曲线及潜在亏损

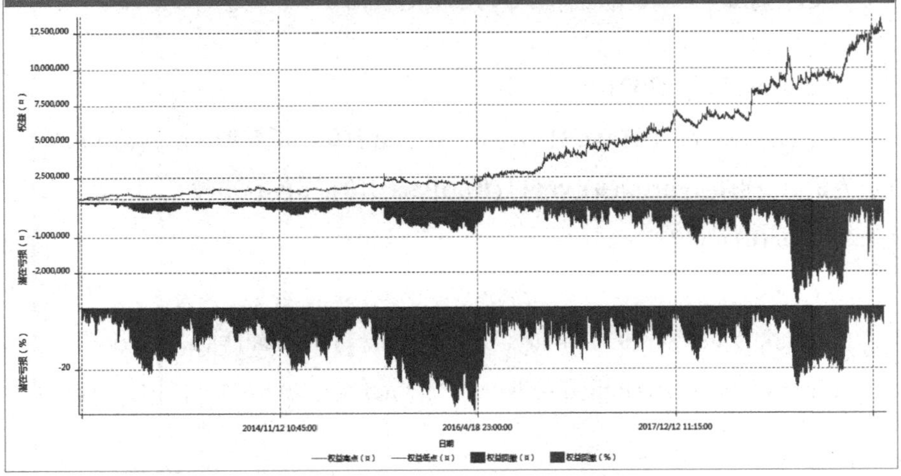

月收益和亏损百分比（%）

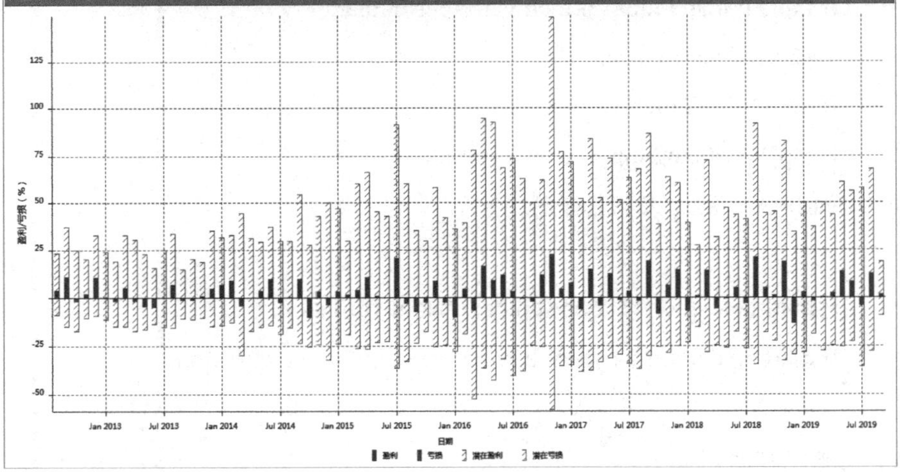

概述

商品	启动日期	结束日期	净额盈利	交易次数
DCE.i HOT	2013/11/1 10:00:00	2019/9/11 9:30:00	¤4,360,596.84	595
SHFE.rb HOT	2012/8/14 14:30:00	2019/9/11 9:30:00	¤1,193,557.55	620
SHFE.ru HOT	2012/8/23 10:15:00	2019/9/11 9:30:00	¤1,272,736.81	626
CZCE.MA HOT	2012/8/14 10:00:00	2019/9/11 9:30:00	(¤34,968.57)	676
CZCE.TA HOT	2012/8/14 10:00:00	2019/9/11 9:30:00	¤1,764,430.84	664
DCE.j HOT	2012/8/22 10:00:00	2019/9/11 9:30:00	¤2,317,865.32	717
DCE.m HOT	2012/8/16 9:15:00	2019/9/11 9:30:00	¤723,838.57	697
DCE.p HOT	2012/8/14 9:30:00	2019/9/11 9:30:00	(¤220,493.15)	775
CZCE.SR HOT	2012/8/14 9:30:00	2019/9/11 9:30:00	¤279,688.30	678

测试范围：沪深 300 指数中 300 只个股

历史回测周期：2010 ~ 2019 年日线数据

应用主要品种：中国 A 股

手续费设计：千 2 手续费

100 万本金，每次交易购买 2 万权益股票，9 年盈利 374164079 元，资金增长 3.74 倍（由于中国股市不能做空长熊短牛，因此不宜简单使用复利模式进行交易）。

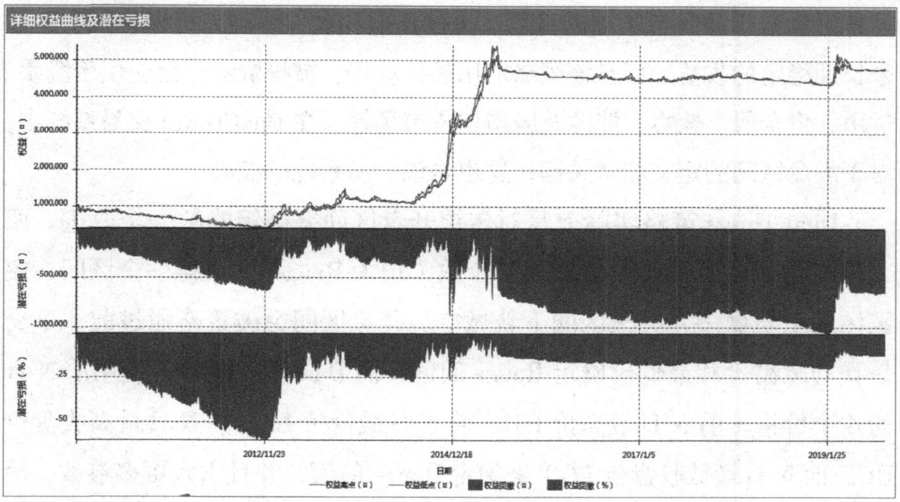

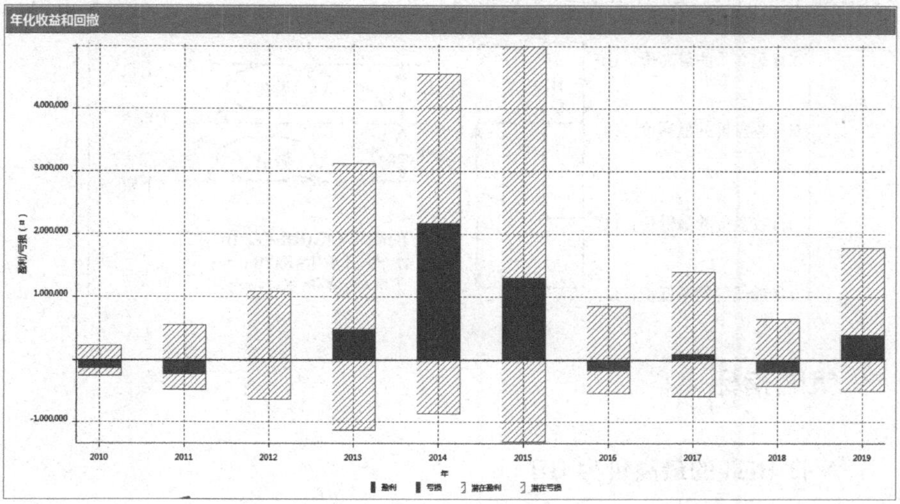

好吧，以上是机械交易系统中最中庸的交易策略了。你觉得如何？多个市场上万次的交易数据验证其实用性。

曾经最赚钱的量化策略长什么样？

Dual Thrust 策略是一种趋势跟踪系统，属于日内交易策略。该策略由 Michael Chalek 在 20 世纪 80 年代开发，曾被《Futures Truth》杂志评为最赚钱的策略之一。Dual Thrust 系统具有简单易用和适用度广的特点，其思路简单且参数少，配合不同的参数、止盈止损和仓位管理，可以为投资者带来长期稳定的收益。而且该策略适用品种较多，被投资者广泛应用于股票、货币、贵金属、债券、能源及股指期货市场等。在 Dual Thrust 交易系统中，对于震荡区间的定义非常关键，这也是该交易系统的核心。

Dual Thrust 策略实际上是对传统开盘区间突破策略的一个改进。两个策略均是对当日开盘价加减某个数（记为 Range），获得一个区间，突破区间上轨做多，突破区间下轨做空。开盘区间突破策略通过前一个交易日的最高价和最低价确定 Range 的值，而 Dual Thrust 策略使用前 N 日的 4 个价格（前 N 日最高价 HH、前 N 日最低价 LL、前 N 日最高收盘价 HC、前 N 日最低收盘价 LC）来确定 Range 的值，并且引入更多参数，使得通过 Range 确定的区间可以是非对称的。

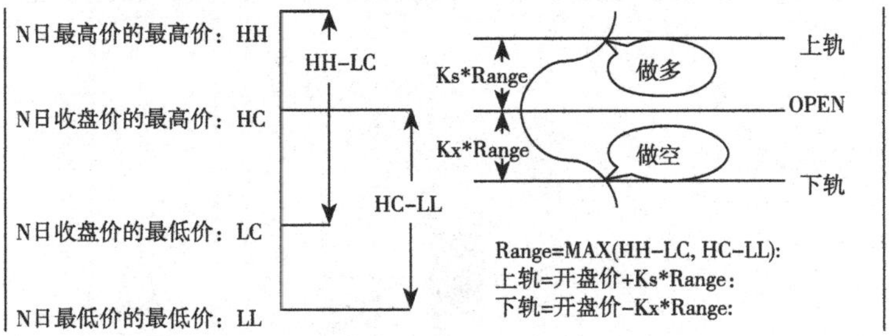

策略指标

N 日 High 的最高价为 HH；

N 日 Close 的最低价 LC；

N 日 Close 的最高价为 HC；

N 日 Low 的最低价 LL；

浮动区间 = Max(HH - LC，HC - LL)；

日内价格上轨 = 开盘价 + K1 * 浮动区间；

日内价格下轨 = 开盘价 - K2 * 浮动区间。

策略进出场设计

当价格向上突破上轨时，如果当时持有空头，则先平仓，再开多仓；如果没有仓位，则直接做多；

当价格向下突破下轨时，如果当时持有多头，则先平仓，再开空仓；如果没有仓位，则直接做空。

我们将曾经全球最赚钱量化策略之一的 Dual Thrust 做成指标，这个指标是否是最赚钱的指标呢？（文华 8 版本源码）

```
NP:=BARSLAST(DATE<>REF(DATE,1));
OPEND:=REF(O,NP);
H1:=REF(HIGH,NP);
L1:=REF(LOW,NP);
C1:=REF(CLOSE,NP);
HH1:=HHV(REF(H1,1),20);
LL1:=LLV(REF(L1,1),20);
HC1:=HHV(REF(C1,1),20);
LC1:=LLV(REF(C1,1),20);
SELLR:=MAX(HH1-LC1,HC1-LL1);
BUYP:=OPEND+1.5*SELLR;
SELLP:=OPEND-1.5*SELLR;
KTEXT(CROSS(HIGH,BUYP),0,BUYP,1,COLORWHITE,' 做多 ');
KTEXT(CROSS(SELLP,LOW),0,SELLP,1,COLORWHITE,' 做空 ');
```

```
DRAWNUMBER(CROSS(HIGH,BUYP),BUYP,BUYP,2,COLORWHITE);// 画价格
DRAWNUMBER(CROSS(SELLP,LOW),SELLP,SELLP,2,COLORWHITE);// 画价格
```

周泽炜说

Dual Thrust和Aberration都是国外非常经典的量化策略，历经三十余年也未失效，所以被称为“经典”或“最赚钱策略”也是实至名归。Dual Thrust和Aberration同样都是通道突破策略，但Dual Thrust对于通道区间的设定显得更独特。笔者曾尝试用ATR或其他设计方式代替原策略的通道设计，但效率却并没有得到有效提高，可见原设计者见解的独到。而Dual Thrust中提出的非对称性通道，经过笔者多次测试结果并没有优于对称性通道，因此笔者在翻译Dual Thrust时将K1和K2进行了合并，减少了策略所需参数。

Dual Thrust是一个具有极大想象空间的日内策略，包括：如果加入些许趋势的判断会否提高策略效率？如果设计不同情境非对称通道是否将有独特的优势？如果将其设计成非日内策略，是否会有不同的效果？

策略源码（MC版本）

```
inputs:zq(20),zq2(1.5);
variables:var0(0),var1(0),var2(0),var3(0),var4(0),var5(0),var6(0);

var0=highest(highD(1),zq);
var1=lowest(lowD(1),zq);
var2=highest(closed(1),zq);
var3=lowest(closed(1),zq);
```

```
var4=maxlist(var0-var3,var2-var1);
var5=opend(0)+zq2*var4;
var6=opend(0)-zq2*var4;

buy next bar at var5 stop;
sellshort next bar at var6 stop;
```

测评数据如下：

策略应用软件：MultiCharts 中国版

测试范围：铁矿石、螺纹钢、橡胶、甲醇、PTA、焦炭、豆粕、白糖、棕榈油、玉米、镍。

应用主要品种：国内期货

手续费设计：万 2 手续费（覆盖 1 个滑点）

历史回测周期：2012 ~ 2019 年 15 分钟数据

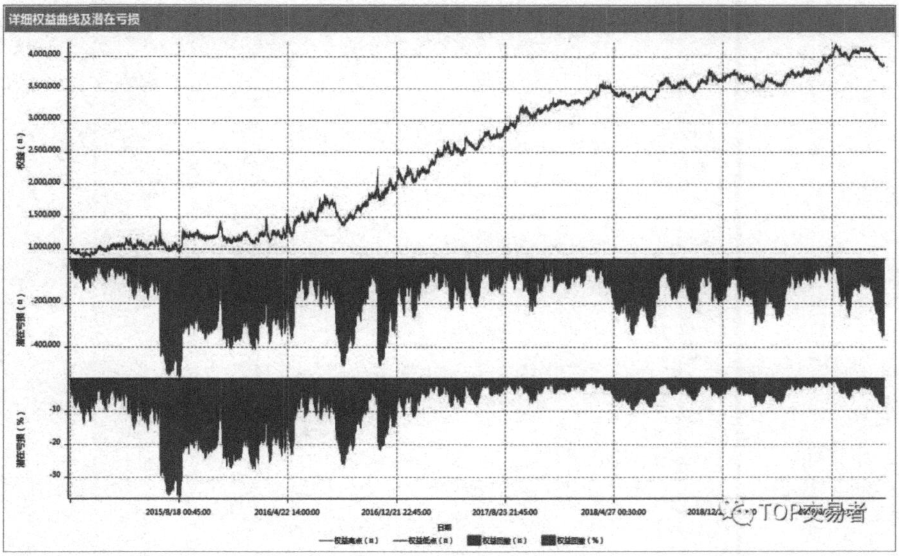

概述

商品	启动日期	结束日期	净额盈利	交易次数
DCE.i 0000	2015/1/9 11:15:00	2019/12/24 15:00:00	¤790,425.33	287
SHFE.rb 0000	2015/1/13 14:45:00	2019/12/24 15:00:00	¤465,522.09	280
SHFE.ru 0000	2015/1/13 14:45:00	2019/12/24 15:00:00	¤82,232.16	286
CZCE.MA 0000	2015/1/13 9:30:00	2019/12/24 15:00:00	¤374,351.86	257
CZCE.TA 0000	2015/1/13 9:30:00	2019/12/24 15:00:00	(¤82,290.97)	281
DCE.j 0000	2015/1/9 10:00:00	2019/12/24 15:00:00	¤763,094.15	285
DCE.m 0000	2015/1/9 10:00:00	2019/12/24 15:00:00	¤45,845.28	321
DCE.p 0000	2015/1/9 10:00:00	2019/12/24 15:00:00	(¤235,618.05)	287
CZCE.SR 0000	2015/1/13 9:30:00	2019/12/24 15:00:00	(¤43,610.02)	315
DCE.c 0000	2015/1/19 9:30:00	2019/12/24 15:00:00	¤108,123.10	280
SHFE.ni 0000	2015/4/3 0:15:00	2019/12/24 15:00:00	¤571,186.93	382

第一章

能量守恒理论

笔者的主观交易是以“能量守恒理论”为核心，以等距箱体理论、黄金分割延展理论、实用波浪理论为主体的交易系统。

能量既不会凭空产生，也不会凭空消灭，它只会从一种形式转化为其他形式，或者从一个物体转移到其他物体，而在转化或转移的过程中，总量保持不变。这就是能量守恒定律，如今被人们普遍认同。能量守恒定律是自然界最普遍最重要的基本定律之一。

我们认为在市场中的多空能量是保持守恒的。也就是说，一波多头行情的发动一定会消耗市场中多方的能量并相应地抑制与此相对的空方能量；而当多头能量耗尽后，空方就会出现抵抗和反攻性行情，同时消耗对等的空方能量；此消彼长、周而复始以达到市场行情的某种平衡。

上证指数月线图：

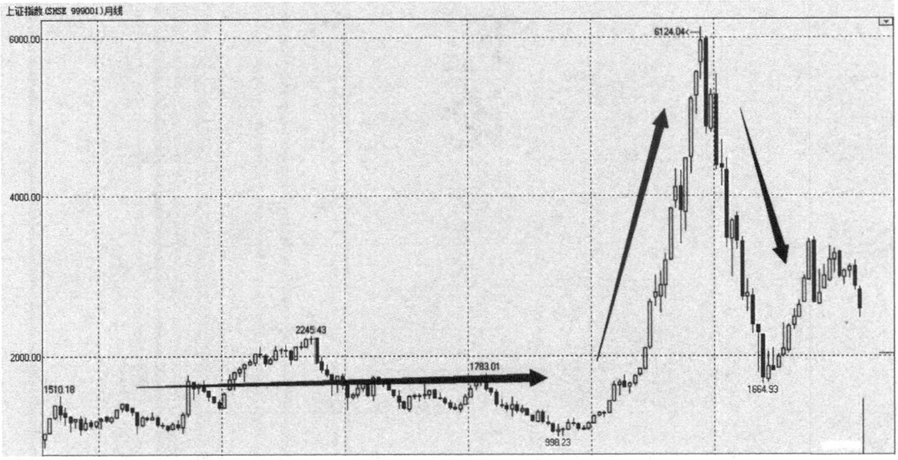

能量守恒公式：

$$N \cdot P_1 + N \cdot T_1 = N \cdot P_2 + N \cdot T_2 + C$$

简化公式：

$$P_1 + T_1 = P_2 + T_2 + C$$

P: price“价格”简写

T: time“时间”简写

N：选择参数（包括 0.382、0.5、0.618、1、1.382、1.5、1.618 等）

C：剩余参数

主观交易——“碧空之歌”操作策略

（适用周期：1小时、4小时、日线）

当行情在某个特定周期形成震荡箱体 K 线超过 30 根，则视为充分震荡形态，技术上选择在箱体上下轨进行挂置突破单的操作。目标为震荡箱体等宽一倍位置。

实战案例（现货白银 2014 年 5 月 2 日 ~ 5 月 10 日）:

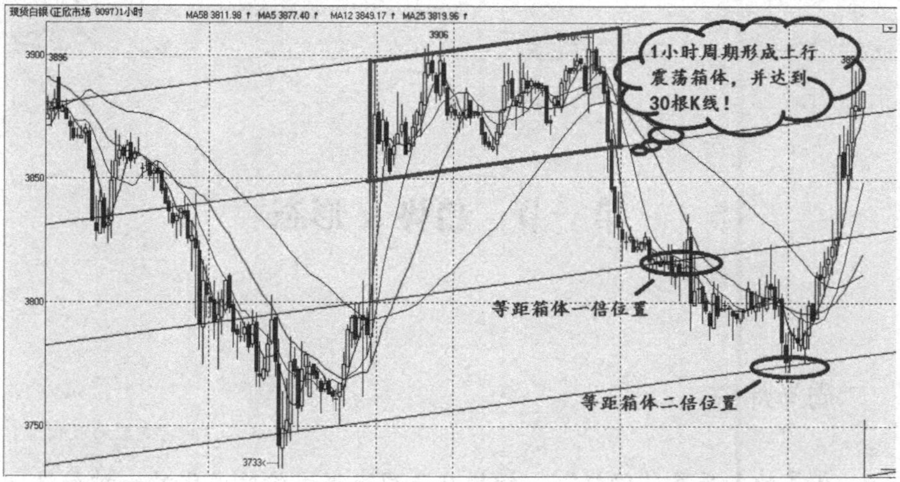

量能——行情在 1 小时周期内，震荡 30 根 K 线

趋势——横盘趋势

形态——箱体震荡形态

均线——均线系统，黏合后打开形成空头排列

周期——震荡周期达到上涨周期 2 倍左右；震荡幅度为上涨幅度 1/3 左右

指标——各项指标出现共振信号

“碧空之歌”是否会失败，失败了怎么办？

实战案例（现货白银 2013 年 10 月 22 日 ~ 12 月 4 日）：

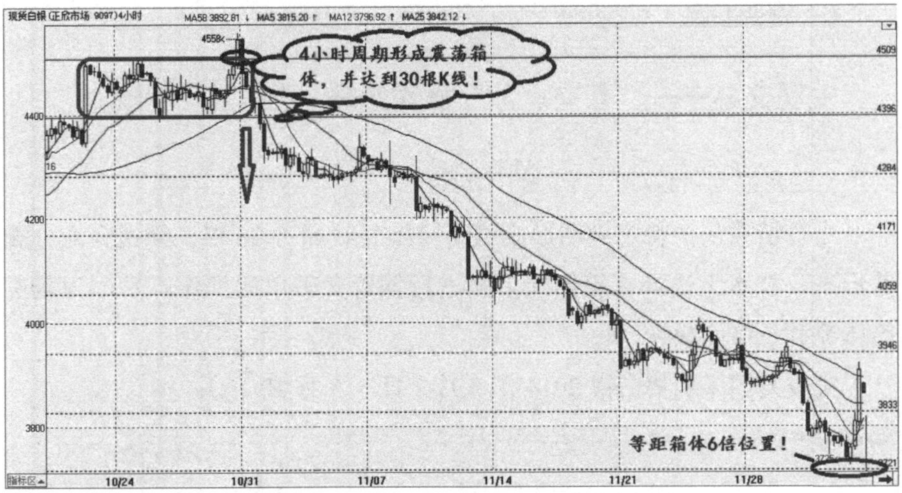

第一节 趋势 & 形态

周泽炜说

交易的本质是“价格”，指标只是用来描述价格变化的一种手段，是价格变化的“衍生品”。一个成熟的交易者应该学会使用自己的方式描述价格的变化。正如古代道家所讲的，太极生两仪，两仪生四象，四象生八卦。在交易中“价格”是本源，有了价格方有涨跌，有涨跌就有了趋势，有趋势后产生了形态，再然后才有了指标。

研究交易应该从本质出发，越接近交易本质的元素越纯粹，越没有加工的元素越真实。

而从指标出发其实是一种舍近求远的方式。市场上大多数的人，由于没有经历系统的学习，所以在分析和理解行情上往往一知半解，喜欢研究一些看似高端的技法或指标，然后就越走越远，甚至到最后发现自己做了很多年交易却还在原点，然后有了“技术无用论”。在交易前你要先搞懂一个命题“什么是技术”，如果你从头到尾连“技术”是什么都不了解，何谈技术无用？

技术是主观交易者的“信仰”，坚持信仰方得始终。如果你说技术无用，那你依据什么去进行交易呢，感觉？还是抛硬币？一个没有信仰的人是可怕的人，一个没有信仰的交易者是个失败的交易者。

K线语言

K线图是表示单位时间段内价格变化情况的技术分析图，所谓K线图，就是将各种股票每日、每周、每月的开盘价、收盘价、最高价、最低价等涨跌变化状况，用图形的方式表现出来。K线又称阴阳线、棒线、红黑线或蜡烛线，行情经过一段时间的盘档后，在图上即形成一种特殊区域或形态，不同的形态显示不同意义。我们可以从这些形态的变化中摸索出一些有规律的东西出来。K线图形态可分为反转形态、整理形态及缺口和趋向线等。K线图具有直观、立体感强、携带信息量大的特点，预测后市走向较准确，是现今应用较为广泛的技术分析手段。

读懂市场结构是读懂裸K图的基础，搞懂了市场结构，才能更好地把握市场的节奏，它是众多交易方法的返璞归真，一个回归市场本质的过程，但很多人都没有重视它。

市场结构是指将图表上的峰值高点和峰值低点排列连接起来，具体来说，就是将价格运行过程中的价格极值点都连接起来，形成一个上下波动的曲线。当曲线连接成功之后，就可以帮助你判断市场走势。

市场结构可以帮助你识别大多数交易者无法识别的东西，价格一般会出现以下几种市场结构：

①正处上涨趋势中；

②正处下跌趋势中；

③在两个水平位之间震荡（区间震荡）；

④即将出现新趋势；

⑤正在筑底或筑顶。

将图表上的极值点连接成一条波动的曲线，可以帮助你建立技术分析的基础框架。

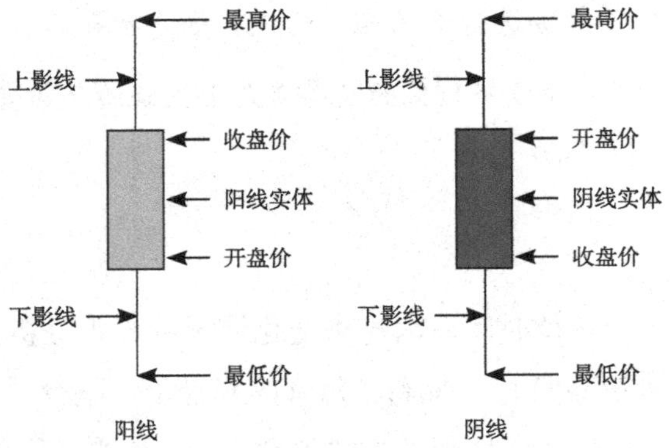

什么是大阳线、大阴线？

大阳线表示最高价与收盘价相同（或略高于收盘价），最低价与开盘价一样（或略低于开盘价），上下没有影线或影线很短。从一开盘，买方就积极进攻，中间也可能出现买方与卖方的斗争，但买方发挥最大力量，始终占优势，使价格一路上扬，直至收盘。大阳线的基本K线形态是开盘价近于整根K线的最低价，随后价格一路上扬至最高价处收盘，表示市场买方踊跃，涨势未尽。

大阴线又称作长阴线，特征是价格几乎以最高价开盘，最低价收盘，它表示多方在空方打击下节节败退，毫无招架之功。

大阴线、大阳线出现在行情不同阶段代表的不同意义

实战案例（国际黄金2017年11月23日～12月27日）：

高位大阴线——大阴大阳是一种对未来走势的信号，并与其出现的位置有一定关联。通常来讲，高位的大阴线信号作用较为强烈也较可靠。高位大阴线往往是行情的顶部即将或已经形成的信号，大阴线代表该交易时段的价格下跌没有受到多头的抵抗，收盘价越接近低位，实体的长度越长，信号越强烈，常被我们认为是空单进场最好的时机之一。

中部大阴线——在下跌过程中，价格是否有效突破支撑位置，这也是判断行情未来走势的重要依据之一。而行情中部大阴线就是跌破行情重要支撑位置的必要手段。在阴线跌破支撑后，支撑位就会转变为一个新的压力位。

末端大阴线——行情下跌末期出现的大阴线，往往被我们认为是价格触底反弹的一种信号。末端大阴线通常是行情底部即将形成或反转行情开始的信号。末端大阴线也是行情最后冲击持多单投资者集体止损位置的一种手段，试图摧毁持多单投资者的心理底线，也是较为常见的诱空方式。

量化交易策略“TOP7”：K 线组合型量化策略

TOP7 策略是根据对于 K 线语言的应用编写的一套程序化策略。当第

5 根阴线收盘于前 4 根上升趋势 K 线实体下方，则进场追空，止损为 5 根 K 线最高点；当第 5 根阳线收盘于前 4 根下跌趋势 K 线实体上方，则进场追多，止损为 5 根 K 线最低点。

策略源码（MC语言:easy language）

```
input:KC(0.0032),KS(4),pls(0.0021),ply(0.0039),TT(12);
variables:var0(0),var1(0),var2(0),var3(0),var4(0),var5(0),var6(0),var7(0);

var0=maxlist(open[KS],close[KS]);
var1=minlist(open[KS],close[KS]);
var2=maxlist(open[1],close[1]);
var3=minlist(open[1],close[1]);

condition1=var3>var0;
condition2=close<open;
condition3=close<var1;
condition4=open>var2;
condition5=open-close<KC*close;

condition6=var1>var2;
condition7=close>open;
condition8=open<var3;
condition9=close>var0;
condition10=close-open<KC*close;

if condition1 and condition2 then begin
    if condition3 and condition4 and condition5 then begin
            sellshort next bar at market;
```

```
            var5=High;
            var6=currentbar;
            end;
    end;

if condition6 and condition7 then begin
    if condition8 and condition9 and condition10 then begin
            buy next bar at market;
            var7=Low;
            var6=currentbar;
            end;
    end;

value1=(1-pls)*entryprice;
value2=(1+ply)*entryprice;
value3=(1+pls)*entryprice;
value4=(1-ply)*entryprice;
if currentbar>var6 then begin
    sell ("Lzs") next bar at value1 stop;
    sell ("Lzy") next bar at value2 limit;
    buytocover ("Szs") next bar at value3 stop;
    buytocover ("Szy") next bar at value4 limit;
    end;

if currentbar>=var6+TT then begin
    sell next bar at entryprice limit;
    buytocover next bar at entryprice limit;
    end;
```

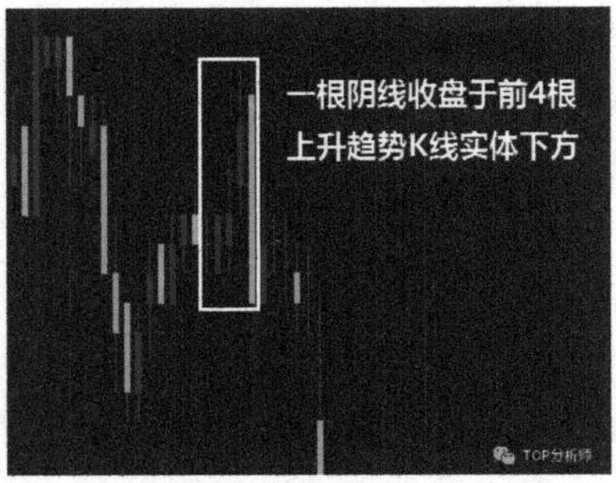

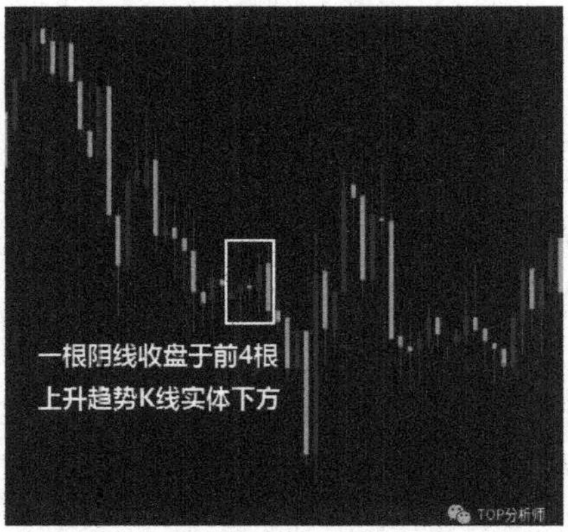

测评数据如下：

策略应用软件：MultiCharts 中国版

测试范围：沪深 300 指数中 300 只个股

历史回测周期：2002 ~ 2018 年日线数据

应用主要品种：中国 A 股

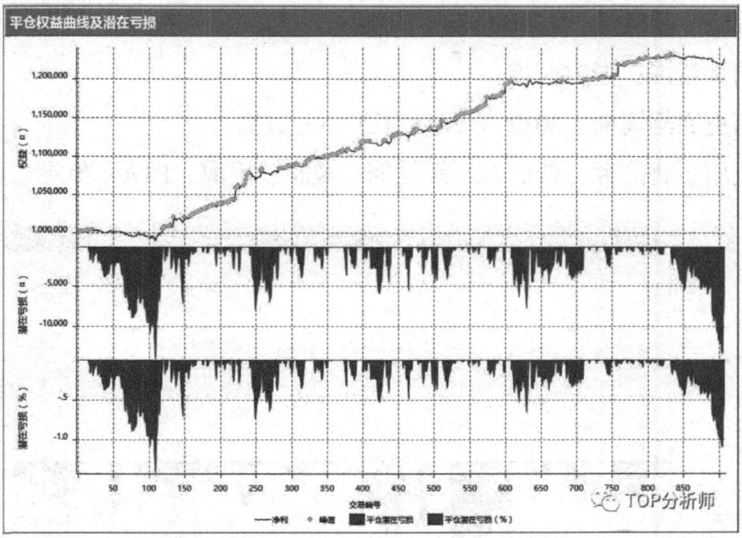

策略应用软件：MultiCharts 中国版

测试范围：外汇、黄金

历史回测周期：2014 ~ 2018 年 1 小时数据

应用主要品种：欧元、英镑、加元、日元、纽元、瑞士法郎、黄金（由于各外汇平台报价的细微差异性可能破坏测试结果，因此我们最终决定使用国际期货报价进行测试）

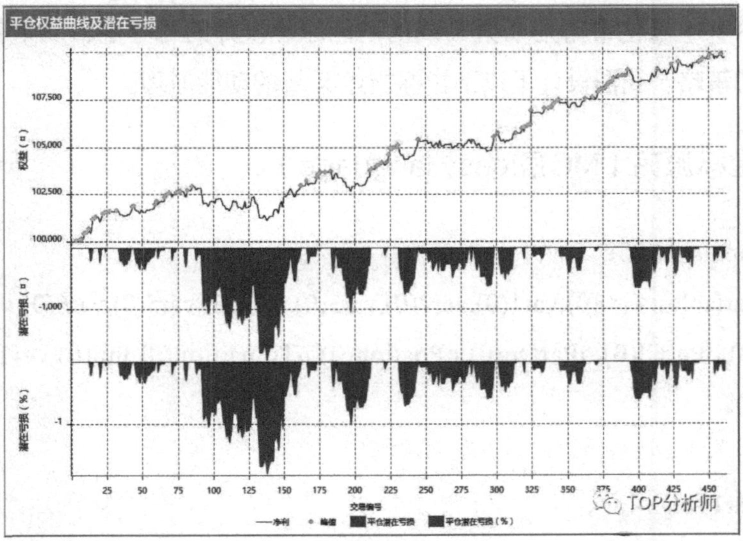

策略应用软件：MultiCharts 中国版

测试范围：国内期货

历史回测周期：2012 ~ 2018 年 1 小时数据

应用主要品种：铁矿石、螺纹钢、橡胶、甲醇、PTA、焦炭、豆粕。

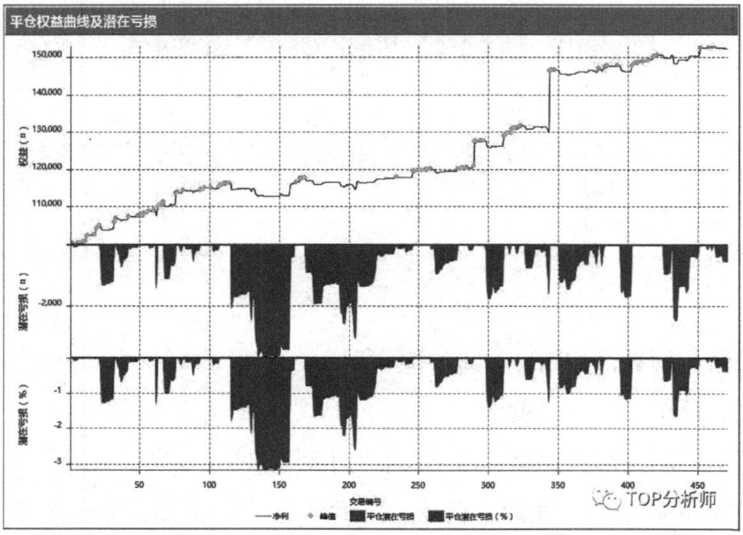

量化交易策略“TOP35”：K 线动能量化策略

TOP35 量化策略是根据 K 线的动能原理设计的一套逻辑简单普适性较高的策略。我们设计了以下指标描述 K 线的动能原理。

指标源码（MC语:easy language）

```
inputs:dx(72);
variables:var0(0),var1(0),var2(0),var3(0),var4(0),var5(0),var6(0),var7(0),
var8(0),oParCl(0),oParOp(0),oPostion(0),oTransition(0),mp(0),var11(0),v
ar12(0);

var1=high-low;
```

应变量 1=K 线最高价 –K 线最低价

```
var2=Average(var1,dx);
```

应变量 2= 应变量 1 的 DX 加权平均（计算 DX 个周期 K 线的平均波幅）

```
ifclose>openandhigh-close<close-lowthenbegin
var3=close-low;
end;
```

如果 K 线是阳线同时满足 K 线最高价 – 收盘价 < 收盘价 – 最低价

上涨动能应变量 3= 收盘价 – 最低价

```
ifclose<openandclose-low>high-closethenbegin
var3=close-low;
end;
```

如果 K 线是阴线同时满足 K 线收盘价 – 最低价 > 最高价 – 收盘价

上涨动能应变量 3= 收盘价 – 最低价

```
ifclose<openandclose-low<high-closethenbegin
var3=high-close;
end;
```

如果 K 线是阴线同时满足 K 线收盘价 – 最低价 < 最高价 – 收盘价

下跌动能应变量 3= 最高价 – 收盘价

```
ifclose>openandhigh–close>close–lowthenbegin
var3=high–close;
end;
```

如果 K 线是阳线同时满足 K 线最高价 – 收盘价 > 收盘价 – 最低价

下跌动能应变量 3= 最高价 – 收盘价

```
plot2(var3);
plot4(var2);
ifclose>openandhigh-close<close-lowthenSetPlotColor(2,red);
ifclose<openandclose-low>high-closethenSetPlotColor(2,red);
ifclose<openandclose-low<high-closethenSetPlotColor(2,green);
ifclose>openandhigh-close>close-lowthenSetPlotColor(2,green);
```

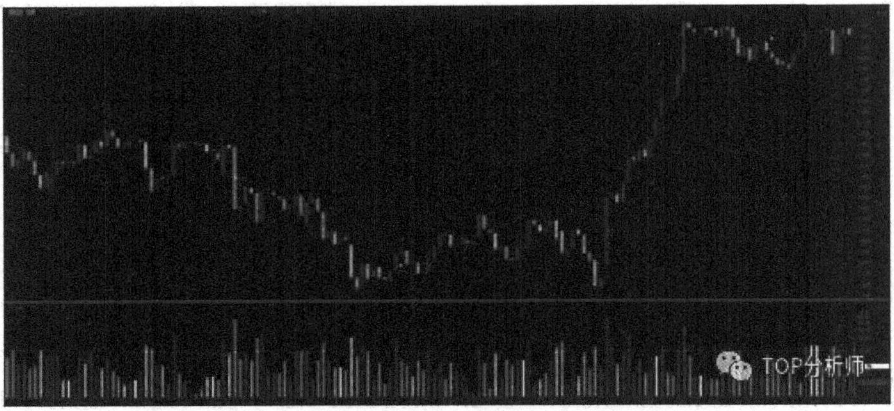

上图指标中，白色横线为 DX 周期 K 线的平均波幅。我们认为当 K 线高于平均波幅时代表 K 线动能超过正常标准，因此将此定义为触发趋势行情的一种信号。可通过结合其他信号设计交易策略。

策略核心逻辑：

通过飞跃线判断开仓范围、K 线动能指标发出信号结合价格突破重要高低点（即大阳线或大阴线突破重要支撑阻力）进场顺势开单，以自适应均线做离场。

飞跃线源码（MC语言:easy language）

inputs:ma（49）;

variables:var5（0）,var6（0）,var7（0）,var8（0）;

var5=highest（high[1],ma）;

应变量 var5=ma 个周期内前一根 K 线的最高点；

var6=Lowest（low[1],ma）;

应变量 var6=ma 个周期内前一根 K 线的最低点；

var7=（var5+var6）/2;

var8=Average（var7,ma）;

应变量 var8= 应变量 var7 在 ma 周期的算数平均（让 var7 变得平滑）

测评数据如下：

策略应用软件：MultiCharts 中国版

测试范围：铁矿石、螺纹钢、橡胶、甲醇、PTA、焦炭、豆粕、白糖、棕榈油。

历史回测周期：2012 ~ 2018 年 15 分钟数据

应用主要品种：国内期货

策略应用软件：MultiCharts 中国版

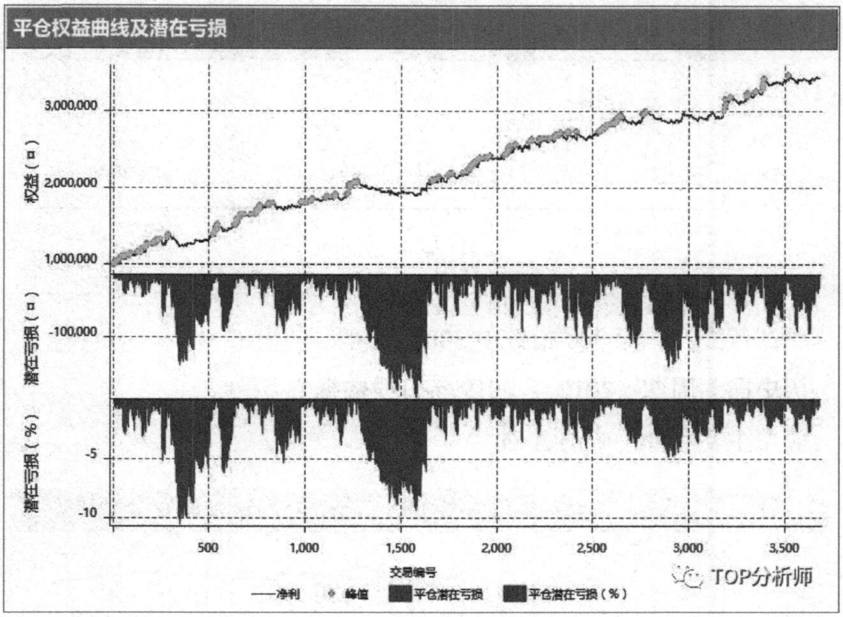

概述

商品	启动日期	结束日期	净额盈利	交易次数
DCE.i HOT	2014-02-28 13:45:00	2019-04-30 15:00:00	¤740,513.63	371
SHFE.rb HOT	2012-03-05 10:45:00	2019-04-30 15:00:00	¤280,880.82	436
SHFE.ru HOT	2012-03-20 10:45:00	2019-04-30 15:00:00	¤393,309.50	449
CZCE.MA HOT	2012-03-14 09:30:00	2019-04-30 15:00:00	¤221,798.47	504
CZCE.TA HOT	2012-03-16 09:15:00	2019-04-30 15:00:00	¤14,826.17	487
DCE.j HOT	2012-03-05 11:00:00	2019-04-30 15:00:00	¤542,183.61	473
DCE.m HOT	2012-09-03 10:15:00	2019-04-30 15:00:00	¤209,160.54	409
DCE.p HOT	2012-03-15 09:45:00	2019-04-30 15:00:00	(¤23,877.57)	524
CZCE.SR HOT	2012-03-05 10:00:00	2019-04-30 15:00:00	¤51,71[illegible].16	4[illegible]6

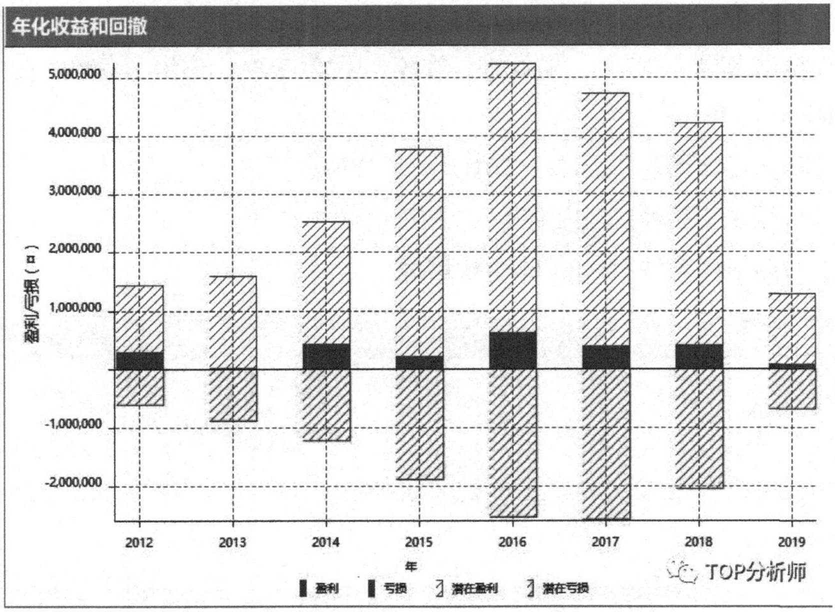

测试范围：沪深 300 指数中 300 只个股

历史回测周期：2012 ~ 2019 年日线数据

应用主要品种：中国 A 股

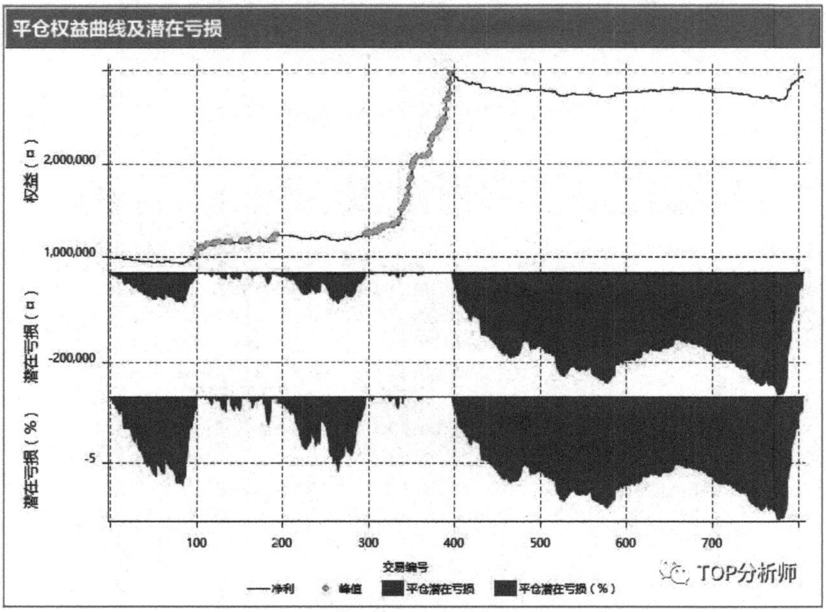

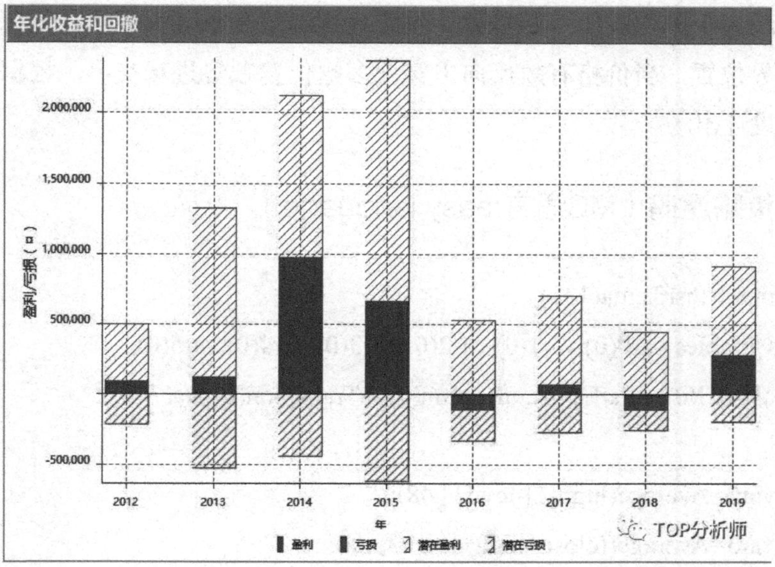

量化交易策略“TOP37”：动能反转量化策略

总有人问，为什么绞尽脑汁设计的量化策略，却总是经不起实盘的考验？思路如此严密，考虑如此周全，却为何还是事与愿违？

周泽炜说

写策略就像是谈恋爱，一个好的策略逻辑往往都特别简单。就像爱情，很多时候没什么道理可讲，也许就是一个回眸，一个微笑。

我们对 K 线动能进行了新一次的发掘，开发了 TOP37“动能反转策略”。从策略名称我们可以大致得出这个策略是根据反转 K 线动能进行的开发。

我们认为行情中的大阴线大阳线大多伴随较大成交量而产生，而巨大成交量背后往往隐含机构或主力大量的资金的推动，即机构主力的交易成本。那么我们主观认为，大阳线大阴线的涨跌起点为行情重要多空分界位置，不知可否呢？

我们首先计算出长期 K 线的平均真实波幅 ATR，描述当单根 K 线价格出现大于平均波幅N倍涨跌，锁定大阴线最高价、大阳线最低价为多空分界位置。当价格有效反向击穿此多空位置顺势进场交易。根据SAR指标设计出场。

策略源码（MC语言:easy language）

```
inputs:bs(3),ma(138);
variables:var0(0),var1(0),var2(0),var3(0),var4(0),var5(0),
oParCl(0), oParOp(0), oPostion(0), oTransition(0), var7( 0 );

var0=Average(high[1]-low[1],48);
var3=Average((close+high+low)/3,ma);

condition1=high-close>bs*var0 ;
condition2=close-low>bs*var0 ;

if condition1 then begin var1=high;
end;
if condition2 then begin var2=low;
end;

if open>var3 and close cross above var1 then buy("1") next bar at market;
if open<var3 and close cross under var2 then sellshort("2") next bar at var2 stop;

Value1 = ParabolicSAR(0.02, 0.2, oParCl, oParOp, var7, oTransition);

if marketposition=1 and var7=-1 and var7[1]=1 then sell next bar at market;
```

if marketposition=-1 and var7=1 and var7[1]=-1 then buytocover next bar at market;

测评数据如下：

策略应用软件：MultiCharts 中国版

测试范围：铁矿石、螺纹钢、橡胶、甲醇、PTA、焦炭、豆粕、白糖、棕榈油。

历史回测周期：2012 ～ 2019 年 15 分钟数据

应用主要品种：国内期货

手续费设计：万 2 手续费（覆盖 2 个滑点）

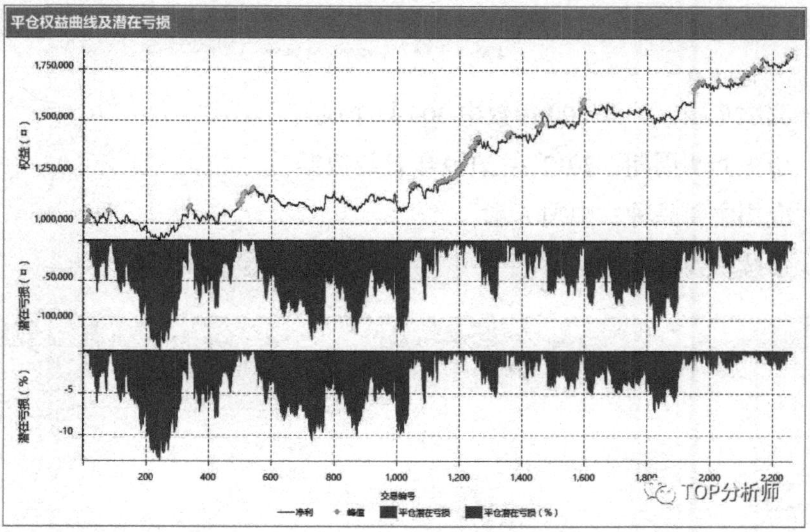

概述

商品	启动日期	结束日期	净额盈利	交易次数
DCE.i HOT	2014-03-12 09:30:00	2019-06-14 14:00:00	¤120,103.97	192
SHFE.rb HOT	2012-06-11 09:30:00	2019-06-14 14:00:00	¤213,290.03	247
SHFE.ru HOT	2012-04-27 09:45:00	2019-06-14 14:00:00	¤124,067.01	294
CZCE.MA HOT	2012-03-07 09:30:00	2019-06-14 14:00:00	¤107,237.04	305
CZCE.TA HOT	2012-03-07 09:30:00	2019-06-14 14:00:00	(¤131,050.42)	297
DCE.j HOT	2012-03-23 13:45:00	2019-06-14 14:00:00	¤159,398.26	271
DCE.m HOT	2012-09-03 11:30:00	2019-06-14 14:00:00	¤30,580.23	223
DCE.p HOT	2012-05-03 11:30:00	2019-06-14 14:00:00	¤146,937.62	280
CZCE.SR HOT	2012-04-17 09:45:00	2019-06-14 14:00:00	¤69,356.[illegible]	340

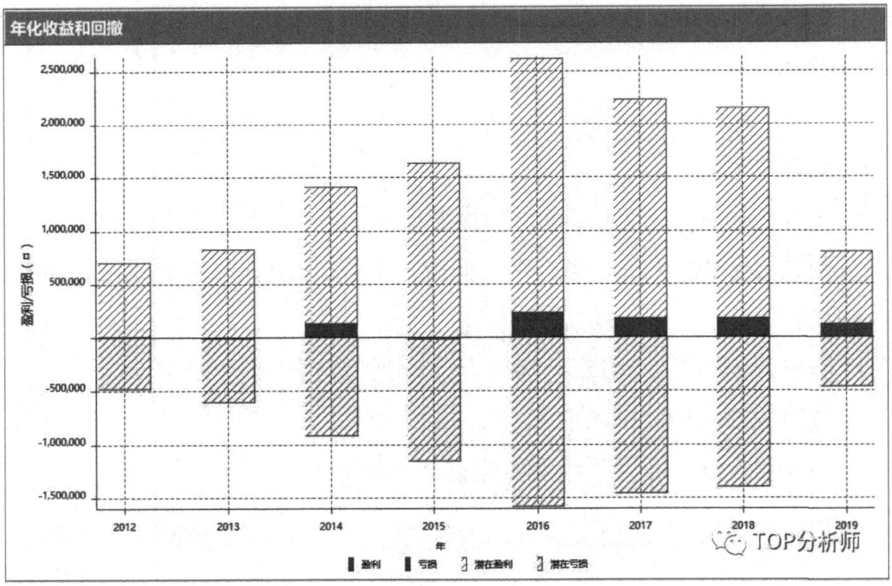

测试范围：沪深 300 指数中 300 只个股

历史回测周期：2012 ~ 2019 年日线数据

应用主要品种：中国 A 股

手续费设计：千一

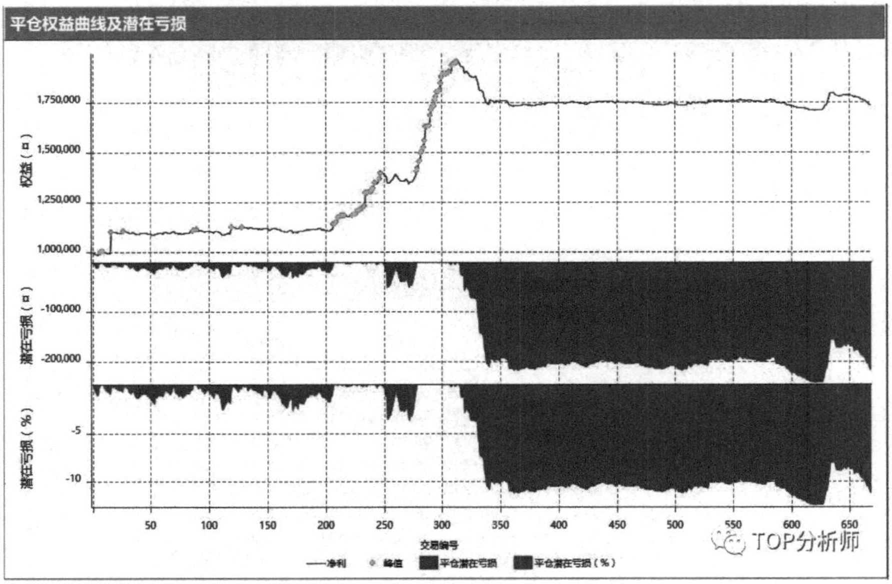

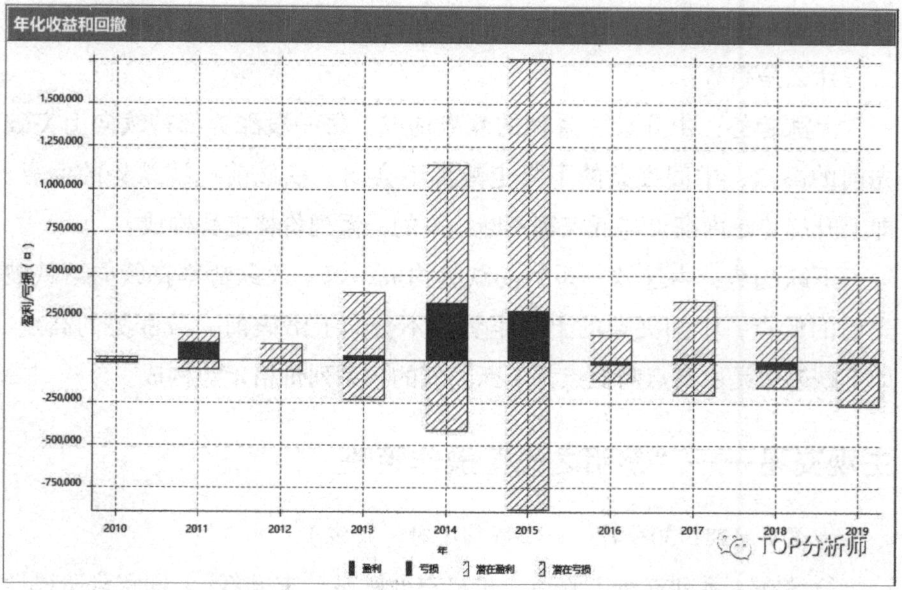

总体交易分析

	所有交易	多头交易	空头交易
交易总数量	1581	1581	0
未平仓交易总数量	8	8	0
盈利交易次数	680	680	0
亏损交易次数	901	901	0
胜率	43.01%	43.01%	0%
单笔净利	¤463.86	¤463.86	¤.00
平均盈利额	¤2,985.13	¤2,985.13	¤.00
平均亏损额	(¤1,438.99)	(¤1,438.99)	[illegible]
平均盈利/平均亏损比率	2.07	2.07	0

第二节　趋势交易理论

趋势是我们判断和分析市场最基本的方法之一。很多人都知道"顺势而为"，提倡"趋势为王"，但却仅仅留于口号。这使得"顺势而为"变成了一种"心灵鸡汤"，只是理论而没有实际的操作方案。因此就有了很多人将趋势作为解释行情的一种手段而非交易行情的一种策略。而这很明显是一种本末倒置的行为。

什么是趋势?

上涨趋势：由连续一系列的涨势构成，每一段涨势都持续向上突破先前的高点，中间夹杂的下降走势都不会向下跌破前一波跌势的低点。即上升趋势是由高点与低点都不断抬高的一系列价格走势构成。

下跌趋势：由连续一系列的跌势构成，每一段跌势都持续向下跌破先前的低点，中间夹杂的上升走势都不会向上涨破前一波涨势的高点。即下跌趋势是由高点与低点都不断降低的一系列价格走势构成。

主观交易——“黎明之光”操作策略

（适用周期：30分钟、1小时、4小时、日线）

行情在一系列连续上涨后，价格有效跌破“末升低”，即宣告阶段性上涨行情的终结。技术上当可在行情出现反弹后进场做空，将止损设置在行情前高附近。

行情在一系列连续下跌后，价格有效击穿“末跌高”，即宣告阶段性下跌行情的终结。技术上当可在行情出现回落后进场做多，将止损设置在行情前低附近。

末升低：一轮上涨趋势行情中最后一波回调的低点。

末跌高：一轮下跌趋势行情中最后一波反弹的高点。

交易中操作趋势的交易方式有两种：

① 抓住趋势改变的交易点，等待“末跌高”的击穿或“末升低”的跌破；

② 顺势交易依托“末跌高”和“末升低”设置止损。

实战案例（国际黄金 2017 年 11 月 22 日 ~ 12 月 28 日）：

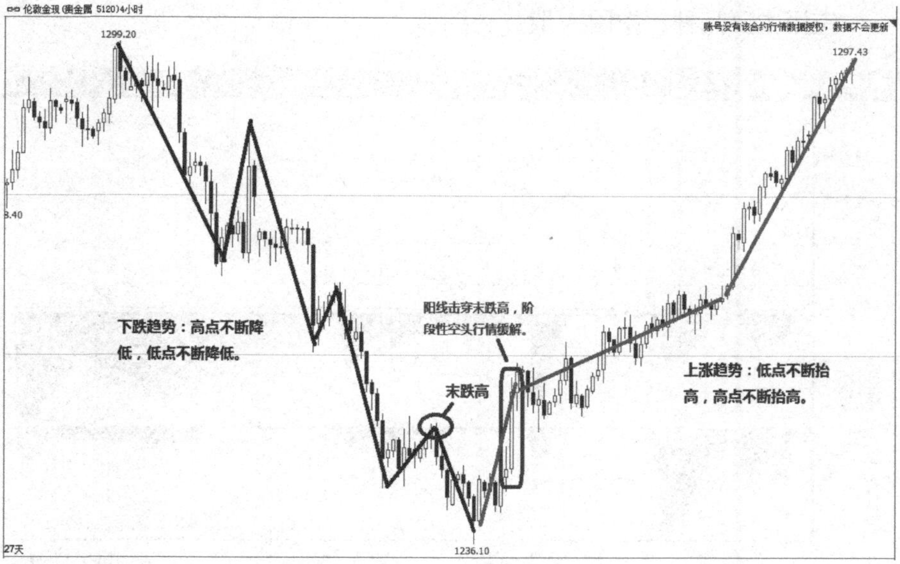

量化交易策略“TOP32”：趋势理论量化策略

价格有效跌破最近一个 K 线结构低点后进场做空，用 SAR 指标设置离场，或突破 N 个周期高点离场；当价格有效击穿最近一个 K 线结构的高点后进场做多，用 SAR 指标设置离场，或跌破 N 个周期低点离场。

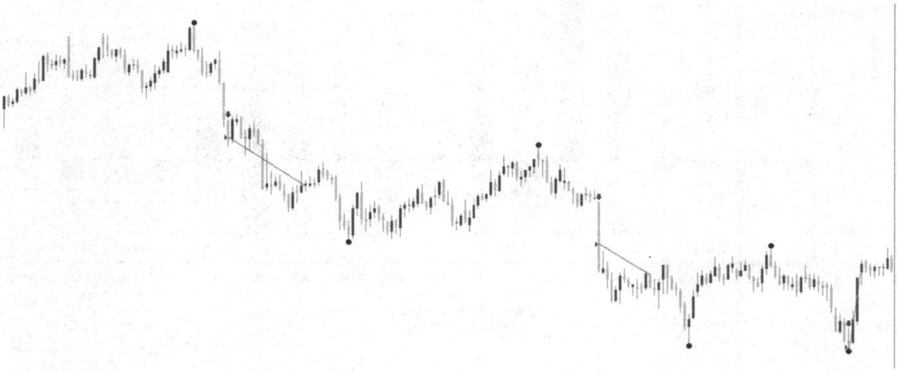

测评数据如下：

策略应用软件：MultiCharts 中国版

测试范围：沪深 300 指数中 300 只个股

历史回测周期：2012 ~ 2018 年日线数据

应用主要品种：中国A股

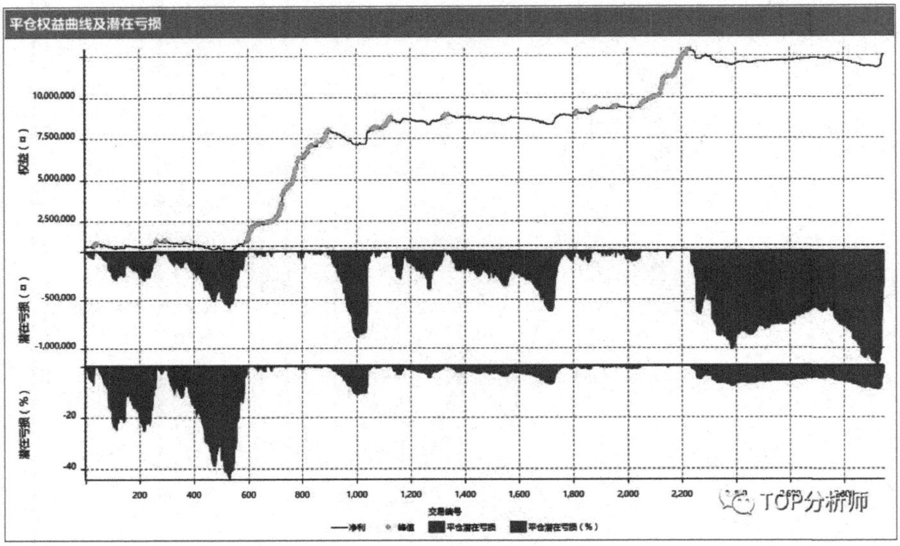
平仓权益曲线及潜在亏损
10,000,000
7,500,000
5,000,000
2,500,000
权益（¤）
-500,000
-1,000,000
潜在亏损（¤）
-20
-40
潜在亏损（%）
200
400
600
800
1,000
1,200
1,400
1,600
1,800
2,000
2,200
交易编号
净利
峰值
平仓潜在亏损
平仓潜在亏损（%）
TOP分析师

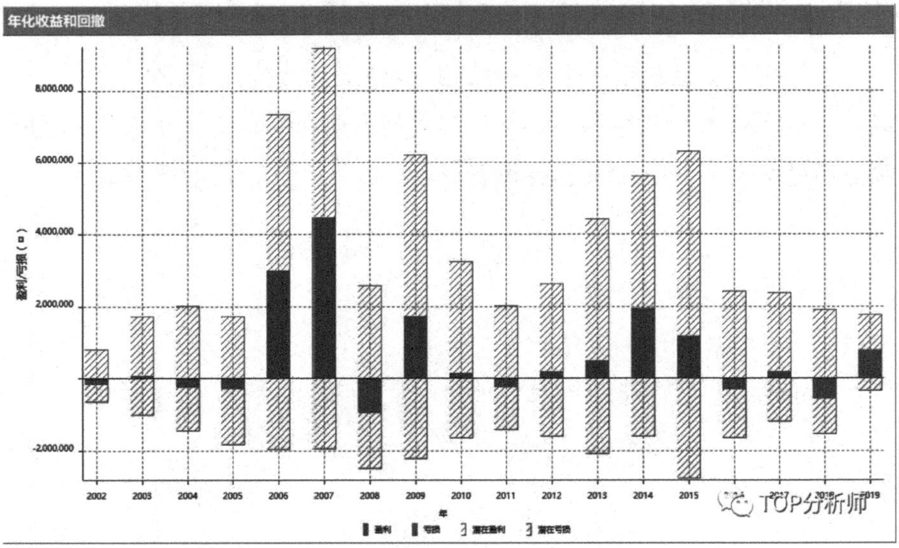
年化收益和回撤
8,000,000
6,000,000
4,000,000
2,000,000
-2,000,000
盈利/亏损（¤）
2002
2003
2004
2005
2006
2007
2008
2009
2010
2011
2012
2013
2014
2015
2019
年
盈利
亏损
潜在盈利
潜在亏损
TOP分析师

总体交易分析

	所有交易	多头交易	空头交易
交易总数量	20492	20492	0
未平仓交易总数量	100	100	0
盈利交易次数	8807	8807	0
亏损交易次数	11491	11491	0
胜率	42.98%	42.98%	0%
单笔净利	¤564.84	¤564.84	¤.00
平均盈利额	¤3,135.91	¤3,135.91	¤.00
平均亏损额	(¤1,396.17)	(¤1,396.17)	¤.00
平均盈利/平均亏损比率	2.25	2.25	0

测试范围：铁矿石、螺纹钢、橡胶、甲醇、PTA、焦炭、豆粕、白糖、棕榈油。

历史回测周期：2012 ～ 2018 年 15 分钟数据

应用主要品种：国内期货

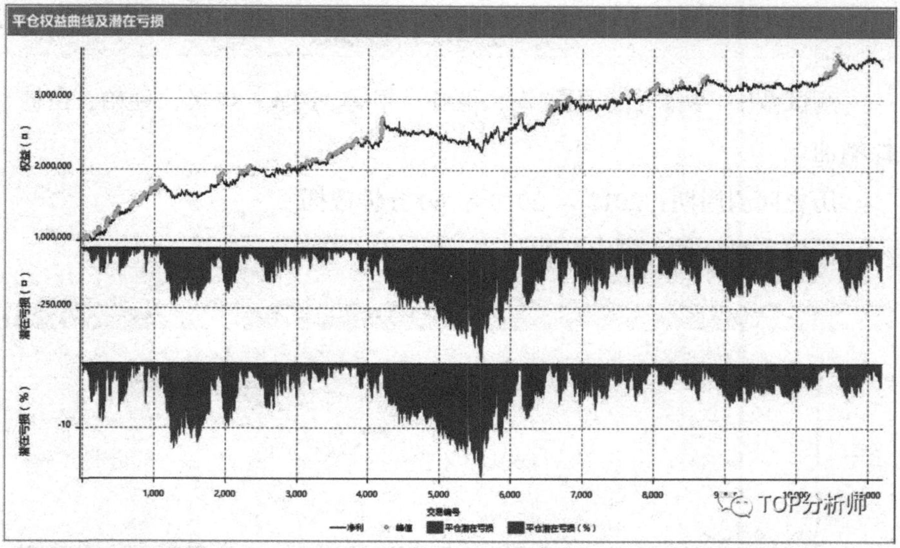

测试范围：铁矿石、螺纹钢、橡胶、甲醇、PTA、焦炭、豆粕、白糖、棕榈油。

历史回测周期：2012 ～ 2018 年 30 分钟数据

应用主要品种：国内期货

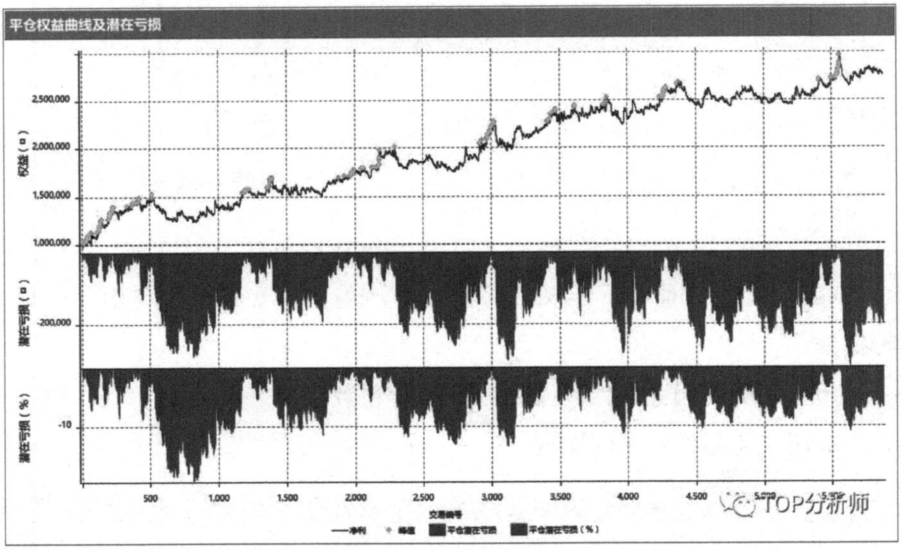

测试范围：铁矿石、螺纹钢、橡胶、甲醇、PTA、焦炭、豆粕、白糖、棕榈油。

历史回测周期：2012 ~ 2018 年 60 分钟数据

应用主要品种：国内期货

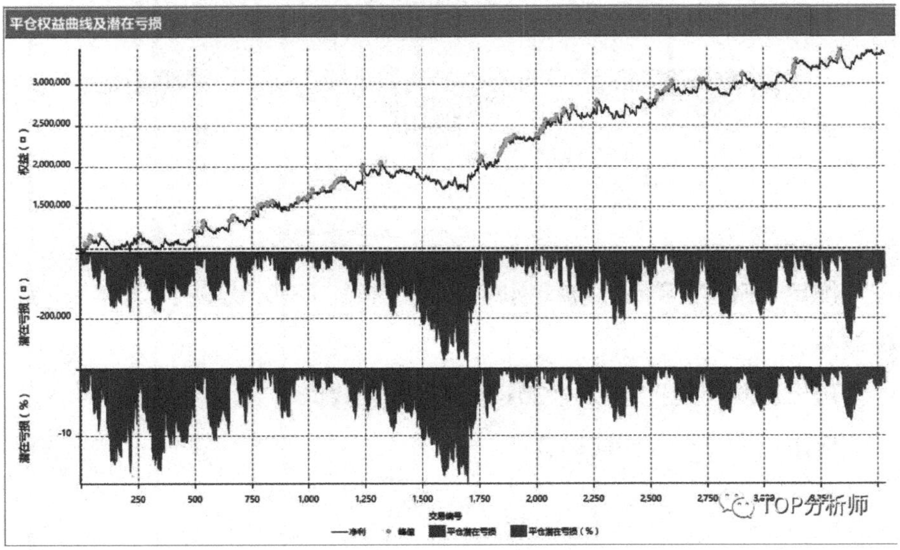

第三节 如何定义震荡市场

震荡市场的表现形式为价格在两个水平位之间上下波动，价格会多次触及某一水平位，然后反转，维持区间震荡。

震荡市场通常没有明确的上限和下限。一般情况下，你要标记多个极值点，从而划定一个大致的上限和下限的范围。震荡市场没有一个明确的顶部或者底部，它并不能给出一个具体的价格水平位，而是给出一个大致的价格范围，如下图中的上限区域和下限区域。

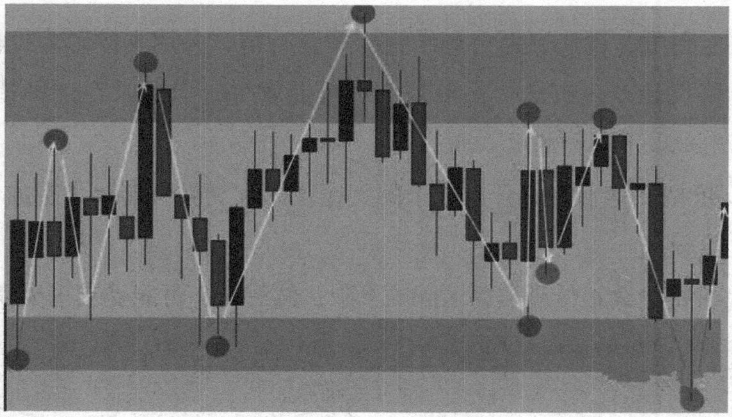

震荡区间往往是行情的交易密集区，若行情震荡充分，突破震荡区间后快速反转再次回到震荡区域，往往代表趋势的反转。

识别可能的反转点

当你读懂了市场结构之后，你就明确了交易的方向（做多或做空）。找到一个合适的进场点位，价格往往会在该点位上出现反转：

① 支撑位与阻力位；

② 轴心点；

③ 心理价位；

④ 前一个波峰；

⑤ 前一个波谷。

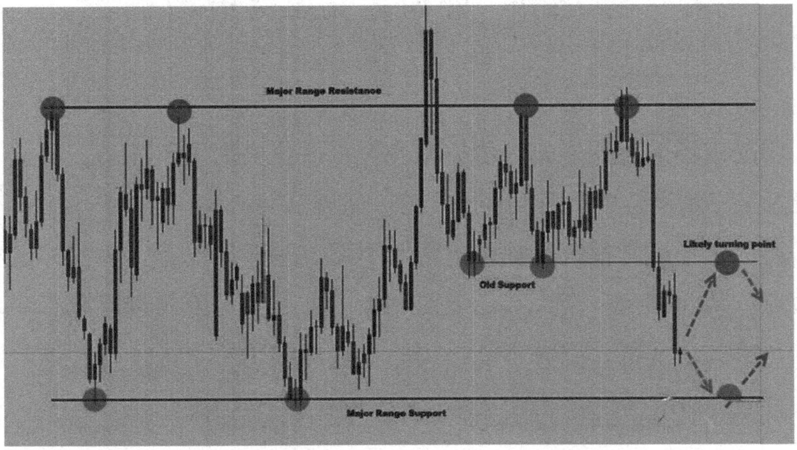

在上图中，我们识别市场结构为震荡行情，并用支撑阻力位标明可能的价格反转点。市场什么事情都有可能发生，但通常在这种情形下，大概率出现以下两种情况：

① 价格反弹上行，升至原来的支撑位后，支撑位转化为阻力位，价格受阻回落；

② 价格继续走低至震荡区间的下限，然后很有可能受支撑反弹走高。

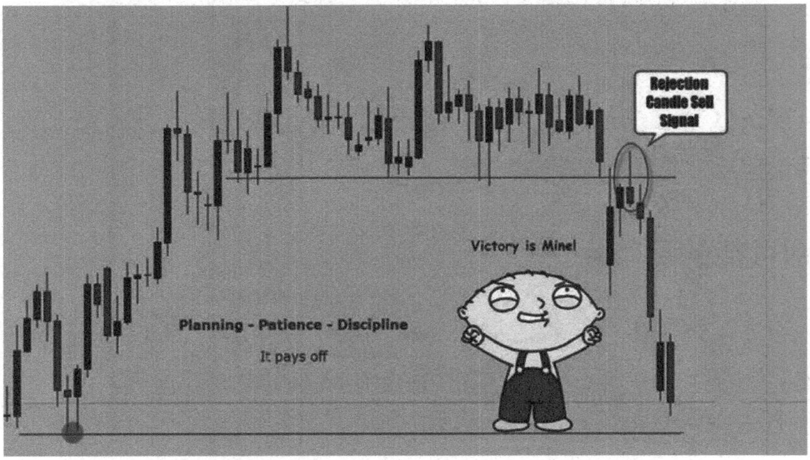

有时，水平支撑阻力位并不是很好用。这时候可以用趋势线来确定你的进场点位。

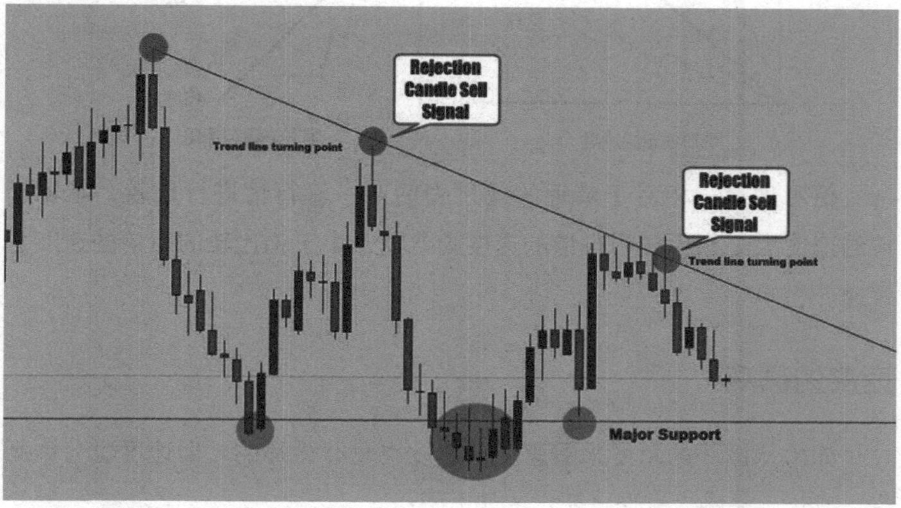

注意上图，一条下降趋势线连接着几个反转点，反转点的价格水平不断降低，很容易就可以看出，趋势线上的点位很可能成为反转点。当价格触及下行趋势线时，就是卖出信号。

第四节　涨跌定量速度分型

物理学对速度的定义是：单位时间内移动的距离。

如果把价格看作是距离，那么在金融市场里，速度的定义是——单位时间内价格变化的大小。

如果单位时间里价格变化很大，通常这样的行情被称为急速行情；如果单位时间里价格变化很小，这样的行情被称为缓速行情。所以，速度是把时间和价格综合在一起的自然法则，通过对速度的深入了解，能帮助我们在更大程度上认知这个市场。

速度的急缓定量分为绝对和相对。

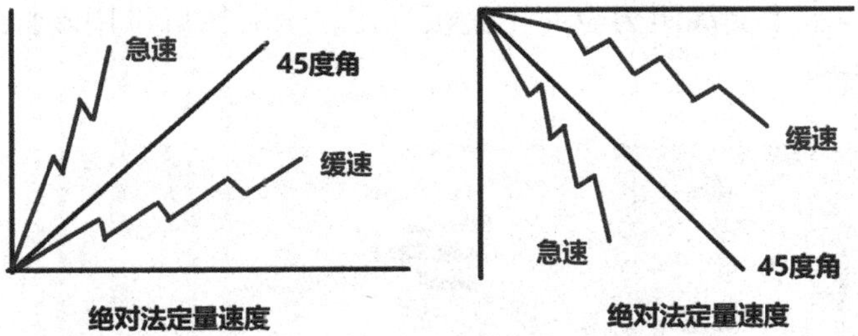

相对速度：相对于最近的或过去的某一轮行情进行比较，本轮行情的速度大于相比较的行情的速度为急速，小于相比较的行情的速度为缓速。

速度的循环

如果从循环的角度来看速度，速度也是有循环的，即速度也分为新生、成长、鼎盛、衰退、死亡。如下图：

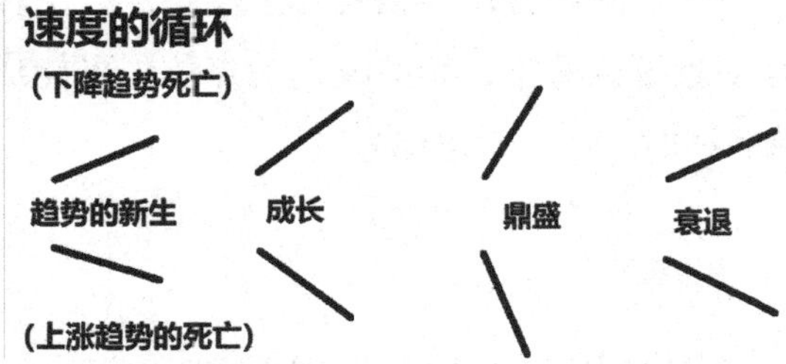

换一种方式理解价格的速度循环：速度其实是一个半圆形的钟摆运动，是新生、成长、鼎盛、衰退、死亡的循环往复。很多人知道顶底背离对市场的影响很大，但却不知道为什么会出现顶底背离，其实顶底背离是速度从鼎盛走进衰退的过程。

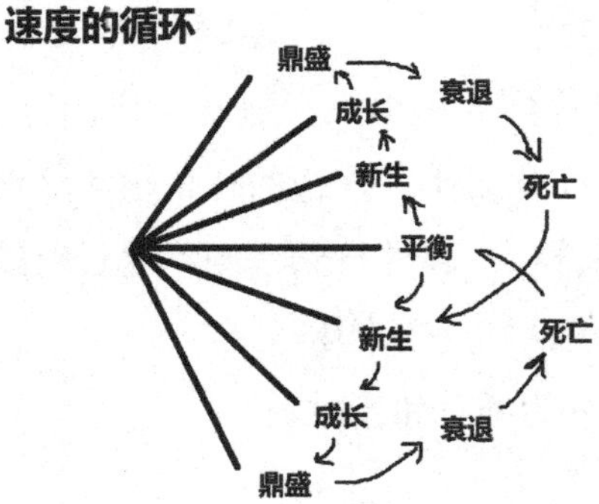

任何一个顶部或底部的形成过程，都或多或少地有迹可循。通常的表现形式为顶部或底部的价格与指标的背离（即价格的高点向上运行而指标的高点反而向下运行为顶部背离，反之为底部背离。）

为什么会有背离的情况出现呢？最主要的原因就是速度的变缓，速度的变缓又导致能量的衰竭。

因为指标是经过价格和时间换算出来的，所有指标都或多或少存在滞后性，那么通过对速度从鼎盛到衰竭的观察，可以判断出指标未来走势的大概过程情况，从而做出提前的预判。

把速度的形状进行拆解，以制定合理的交易策略，叫作速率分型图。

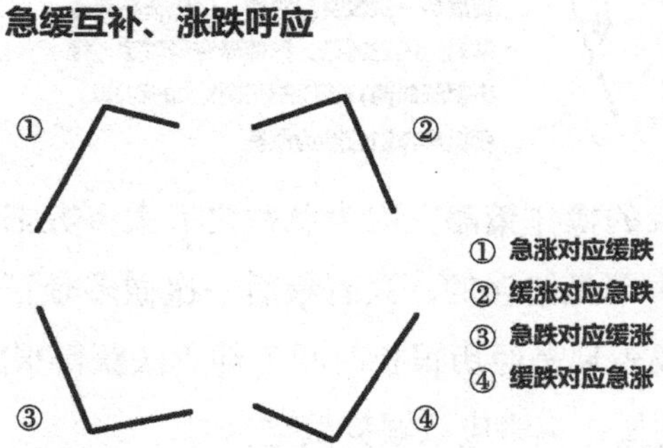

事实证明：2007 年 5 月 30 日 A 股在调高交易印花税利空消息的影响下出现的大盘调整，使得个股强弱立现。这期间凡是抗跌性强的（如 000002），表现为缓速下跌，调整过后大部分创出了新高。凡是抗跌性弱的（如 600661），表现为急速下跌，后期的涨势均落后于大盘。

很多投资者喜欢买快速下跌的股票，比方说一只股票从 10 元跌到了 5 元，而另一只股票从 10 元跌到了 9 元，普通投资者喜欢买跌得快的、价格便宜的那只。这样选择个股是不对的，对速度分型理解之后可以发现，抗跌性强的股票后市上涨空间才更大。速度就像一个市场的过滤器，每经过一次调整都能把好的投资品种显现出来，大浪淘沙始见金。

由于急速行情和缓速行情所对应的后续行情的速度有所不同，所以对应于急速行情和缓速行情的策略是不一样的。对于速度的了解，让我们知道了，不同行情下的操作策略应不同，而并非像传统理论所说的所有行情都要顺势而为。因为急涨对应缓跌，急跌对应缓涨，面对急速行情的操作策略应该是顺势而为，尽量不要逆势操作。

急涨行情对应的操作策略。因为急涨之后大多数都是缓跌，所以急涨期间所有的做空都是错误的，只有最后一次做空是正确的，如下图所示。但缓跌的市场表现是，经历很长时间 T 却无法获得很大的调整空间 L，所以急涨时对应的操作策略应该顺势做多。

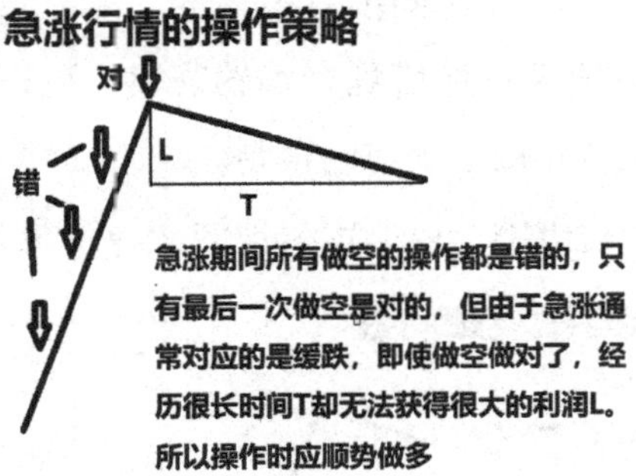

急跌行情对应的操作策略。因为急跌之后大多数都是缓涨，所以急跌期间所有的做多都是错误的，只有最后一次做多是正确的，如下图所示。但缓涨的市场表现是经历很长时间 T 却无法获得很大的获利空间 L，所以急跌时对应的操作策略应该顺势做空。

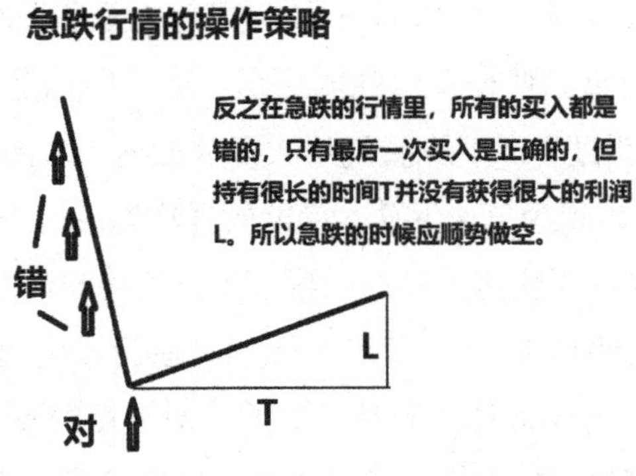

因为缓涨对应急跌，缓跌对应急涨，面对缓速行情的操作策略应该是逆势而为，而非顺势操作。

缓涨行情对应的操作策略。因为缓涨之后大多数都是急跌，所以缓涨期间的做多利润很小，一旦上涨周期结束，多半会引发短而急的下跌。这样的下跌，由于空间较大，所以具备一定的杀伤力。所以面对缓涨的行情时，应尽量在行情的末端逆势做空，而非顺势做多。如下图所示。

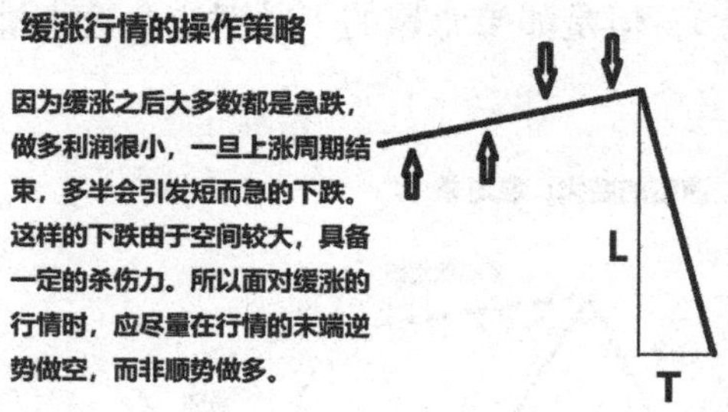

缓跌行情对应的操作策略。因为缓跌之后大多数都是急涨，所以缓跌期间的做空利润很小，一旦下跌周期结束，多半会引发短而急的上涨。这样的上涨短期空间巨大，利润增长速度最高。所以面对缓跌的行情时，很多人不喜欢这样的行情，认为行情走得太慢、太粘。其实这样的行情对应的后续行情，大多数是井喷行情。所以应尽量在行情的末端逆势做多，而非顺势做空。如下图所示。

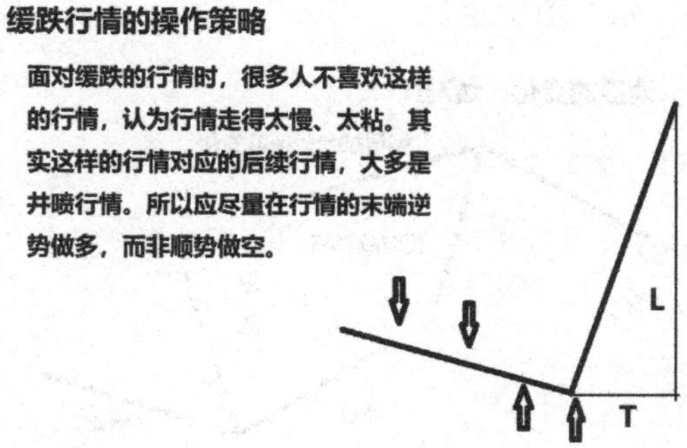

速度的变化

如果按照速度的对应规律，比如急涨对应缓跌，缓跌又对应急涨，那么一种延续的上升趋势就永无休止了吗？实际上没有任何一个趋势是永无休止的，趋势不会没有尽头，所以速度的对应关系会在特定的情况下发生变化，通常发生在趋势的末端。正常时是急对缓或缓对急，变化时则是急对急或缓对缓。

急对急：一轮行情如果是急速的上涨，通常对应的是缓速的下跌（如下图中的虚线），但是如果急速上涨对应急速下跌，就意味着速度在发生变化。同理，一轮行情如果是急速的下跌，通常对应的是缓速的上涨（如下图中的虚线），但是如果急速的下跌对应急速上涨，就意味着速度在发生变化。

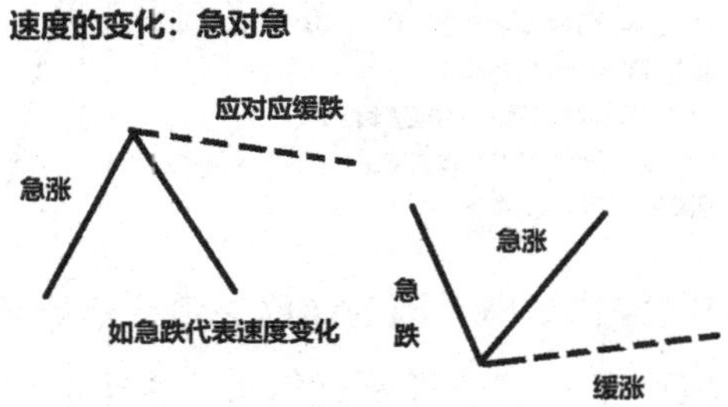

缓对缓：一轮行情如果是缓速的上涨，通常对应的是急速的下跌（如下图中的虚线），但是如果缓速的上涨对应缓速的下跌，就意味着速度在发生变化。同理，一轮行情如果是缓速的下跌，通常对应的是急速的上涨（如下图中的虚线），但是如果缓速的下跌对应缓速的上涨，就意味着速度在发生变化。如下图所示。

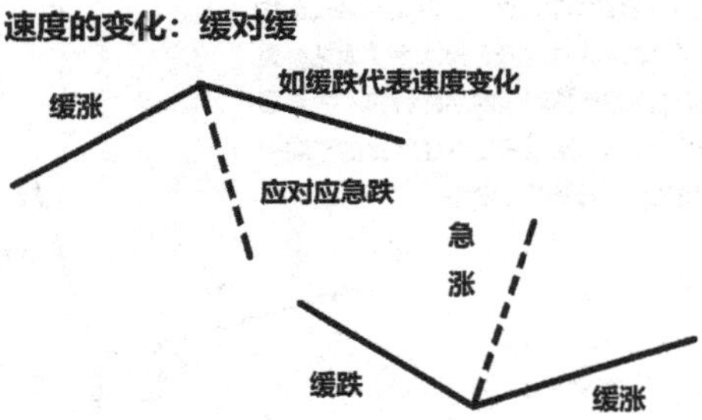

Top24：均价线性回归量化策略源码（MC语言:easy language）

```
inputs:ma(40),jdj(6),jdc(2);
variables:var0(0),var1(0),var2(0),var3(0),var4(0),var5(0),var6(0),oLRSlope(0),oLRAngle(0),oLRIntercept(0),oLRValueRaw(0);

var0=highest(high[1],ma);
```

var1=Lowest(low[1],ma);

var2=(var0+var1)/2;

var3=Average(var2,ma);

ma 个周期内高低点中线加权平均得到平滑的价格中轨线 var3；

var5=LinearReg(var3,3,0,oLRSlope,var4,oLRIntercept,oLRValueRaw);

var4 为中轨线 var3 的斜率；

if var4>jdj then buy("B1") next bar at market;

if var4<-jdj then sellshort("S1") next bar at market;

if marketposition=1 and var4<-jdc then sell next bar at market;

if marketposition=-1 and var4>jdc then buytocover next bar at market;

测评数据如下：

策略应用软件：MultiCharts 中国版

测试范围：铁矿石、螺纹钢、橡胶、甲醇、PTA、焦炭、豆粕、白糖。

历史回测周期：2012 ~ 2018 年 15 分钟数据

应用主要品种：国内期货

策略应用软件：MultiCharts 中国版

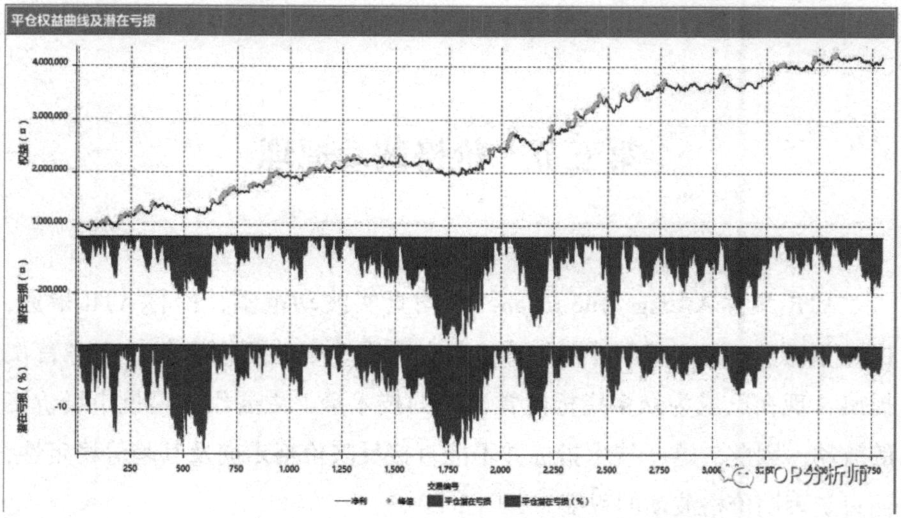

概述

商品	启动日期	结束日期	净额盈利	交易次数
DCE.i HOT	2014-02-11 11:00:00	2019-05-30 15:00:00	¤728,702.46	298
SHFE.rb HOT	2012-02-27 11:00:00	2019-05-30 15:00:00	¤392,982.69	430
SHFE.ru HOT	2012-03-01 09:15:00	2019-05-30 15:00:00	¤212,425.86	520
CZCE.MA HOT	2012-02-27 11:00:00	2019-05-30 15:00:00	¤552,250.62	450
CZCE.TA HOT	2012-02-27 11:00:00	2019-05-30 15:00:00	¤239,186.86	480
DCE.j HOT	2012-02-27 11:00:00	2019-05-30 15:00:00	¤528,085.24	427
DCE.m HOT	2012-08-28 11:00:00	2019-05-30 15:00:00	¤381,658.75	427
DCE.p HOT	2012-03-06 11:00:00	2019-05-30 15:00:00	¤122,250.25	543
CZCE.SR HOT	2012-02-27 11:00:00	2019-05-30 15:00:00	¤32,785.67	493

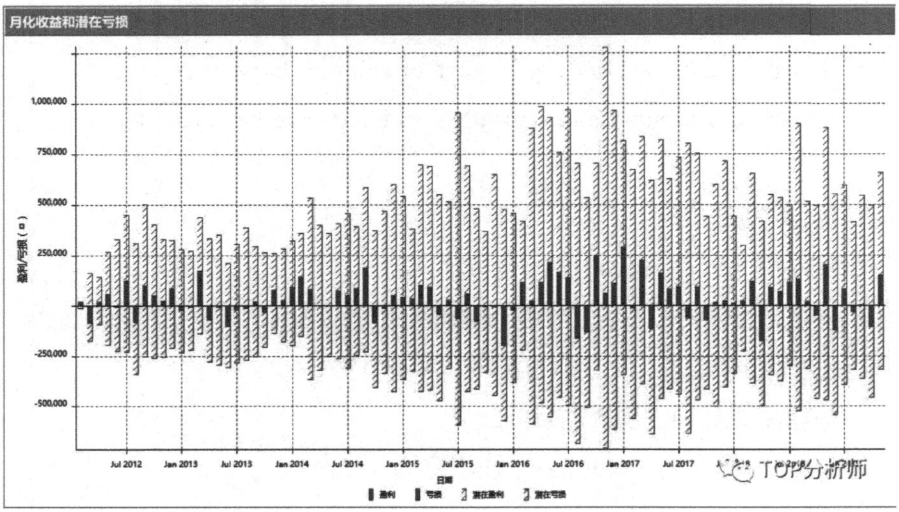

第五节　价格波动原理

ATR 又称 Average true range，平均真实波动范围，简称 ATR 指标，由威尔德（Welles Wilder）在《技术交易系统中的新概念》一书中首次提出，现在已成为众多指标经常引用的技术量，主要用来衡量市场价格的波动。因此，这一技术指标并不能直接反映价格走向及其趋势稳定性，而只是表明价格波动的程度。

ATR 指标非常好理解，单位 K 线（最高价 – 最低价）/ 最高价得出真实波动幅度，我们也通过加权平均方式计算一些特定周期的价格平均波动幅度。

这时候许多小伙伴就会急不可待地打开交易软件，找出 ATR 指标来研究，然后发现这个指标毫无用处。是的，我也曾和大家一样，得到一样的结论。ATR 指标对于主观交易者来说确实远不及 MACD、RSI、KDJ 等传统交易指标来得简单易懂，而在量化交易的范畴内 ATR 地位则要远远高于传统交易指标。

真实波动幅度（ATR）与其说是一个指标不如说是一种交易逻辑。我们始终认为交易是基于价格的变化，研究交易的最好方式是研究价格的波动。传统交易指标往往是对市场价格波动进行多次加工得到的产物，虽然简单易懂却没有 ATR 的纯粹真实。

价格波动的原理：震荡行情中市场情绪较为冷淡，交易量较低，往往此时的波幅较小节奏较慢。趋势行情中市场情绪相较强烈，成交量较大，与此相对的价格波动较大节奏较快。基于价格波动原理我们设计了 TOP16、TOP18 交易策略。

TOP16策略：异动突破量化策略部分逻辑（MC语言:easy language）

一段时间内价格波动较小，即 zq 时间内价格波动小于 fd。

```
var1=highest(high,zq);
var2=lowest(low,zq);
ifvar1<>0then
condition1=(var1-var2)/var1<fd;
var6=CountIf(condition1,zq);
condition2=var6[2]=zq;
```

最近三根 K 线形成单边趋势且幅度为之前行情整体波幅的 bs% 后进场顺势交易。

```
var0=close-open[2];
```

```
var3=open[2]-close;
ifvar1<>var2thenbegin
condition3=var0/(var1-var2)>bs and close>open[2];
condition4=var3/(var1-var2)>bs and open[2]>close;
end;
```

测评数据如下：

策略应用软件：MultiCharts 中国版

测试范围：铁矿石、螺纹钢、橡胶、甲醇、PTA、焦炭、豆粕、白糖、棕榈油。

历史回测周期：2012 ～ 2018 年 30 分钟数据

应用主要品种：国内期货

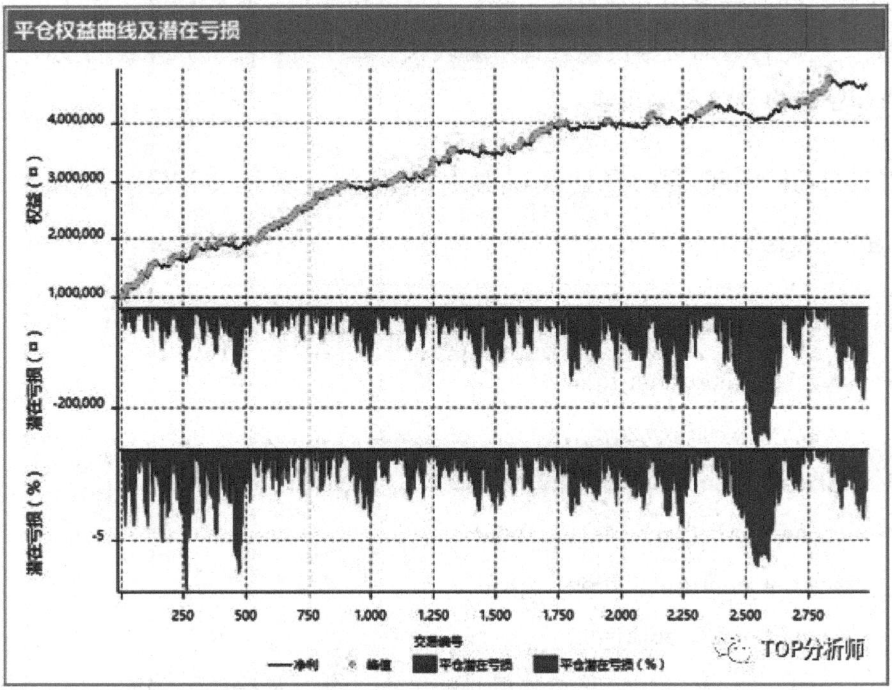

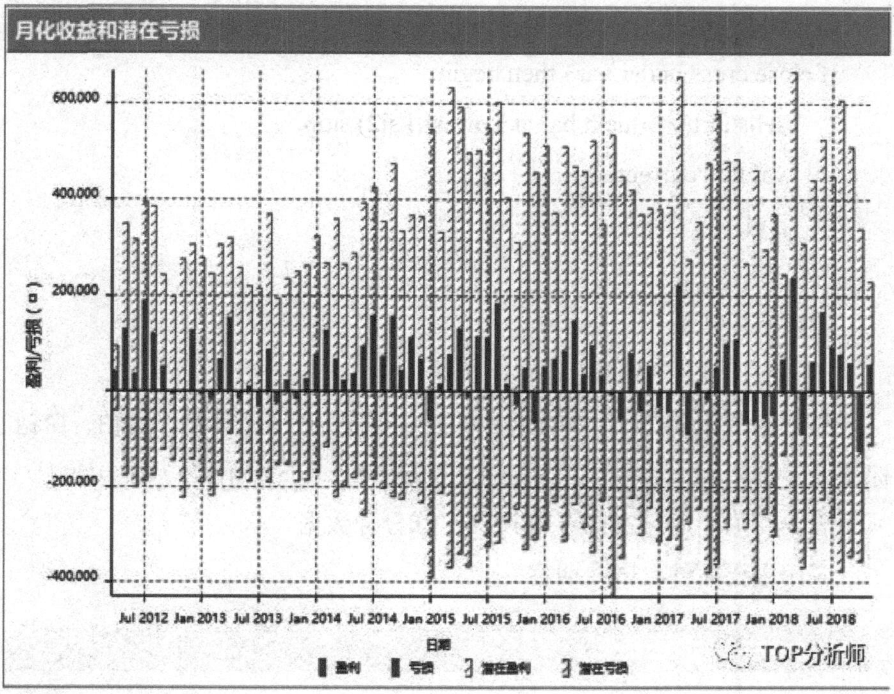

TOP18策略：肯特纳量化策略部分逻辑（MC语言:easy language）

以K线收盘价、最高价、最低价加权平均构筑均线，以价格正态分布原理及真实波动幅度（ATR）构筑金肯特纳通道，当价格突破特定周期ATR的X倍和N周期高低点顺势开单。

```
var0=(close+high+low)/3;
var1=Average(var0,ma);
var2=var1+AvgTrueRange(atr)*fd;
var3=var1-AvgTrueRange(atr)*fd;

if close cross above var2 then begin
    buy(«3») next bar at highest(h,sj2) stop;
    value5=currentbar;
```

```
    end;
if close cross under var3 then begin
    sellshort(«4»)next bar at Lowest(l,sj2) stop;
    value5=currentbar;
    end;
```

测评数据如下：

策略应用软件：MultiCharts 中国版

测试范围：铁矿石、螺纹钢、橡胶、甲醇、PTA、焦炭、豆粕、白糖、棕榈油。

历史回测周期：2012 ~ 2018 年 30 分钟数据

应用主要品种：国内期货

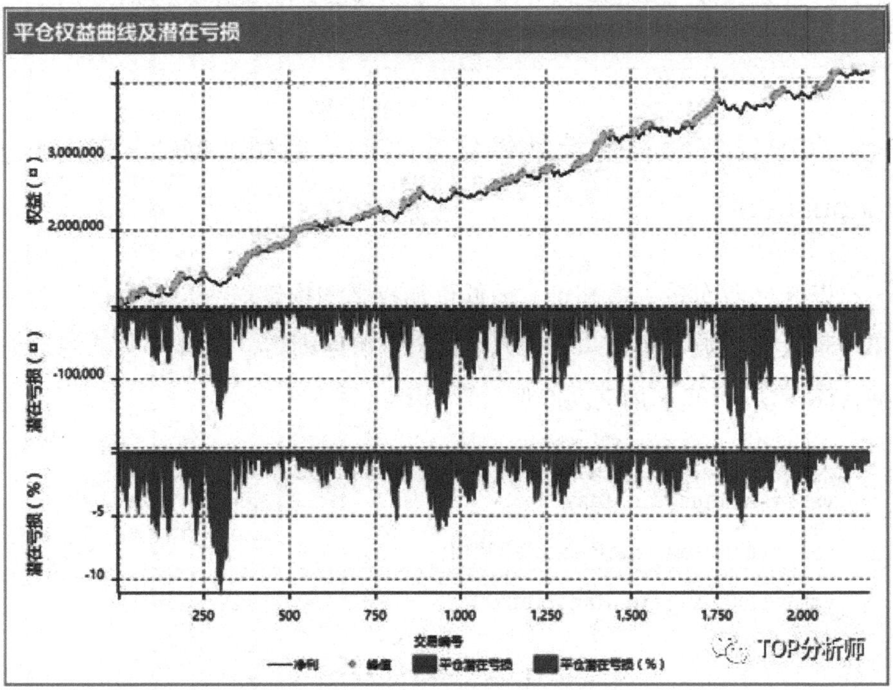

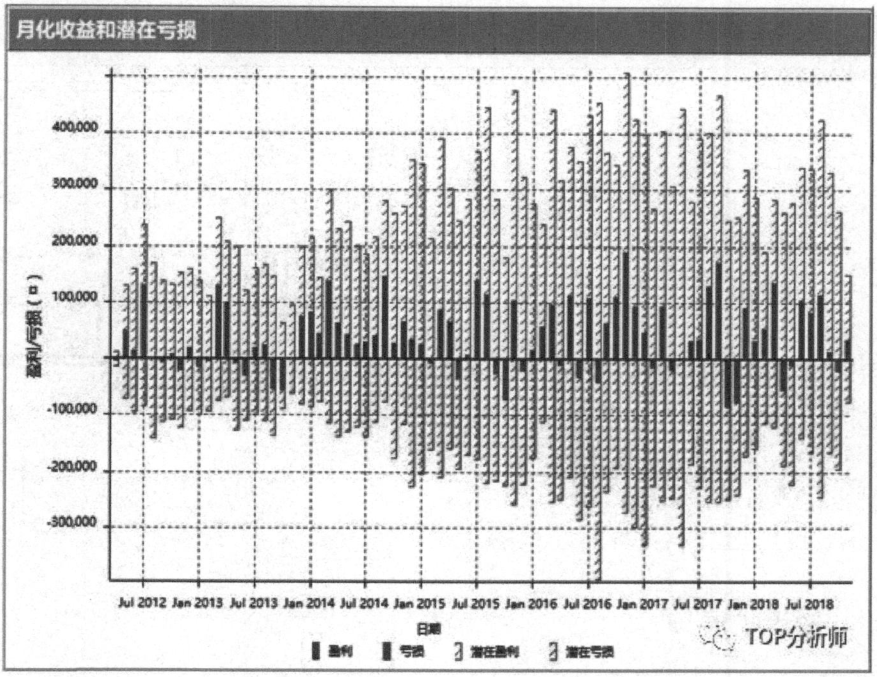

第六节　斐波那契数列 & 黄金分割延展理论

黄金分割线是利用黄金分割比率进行的切线画法，在行情发生转势后，无论是止跌转升或止升转跌，以近期走势中重要的高点和低点之间的涨跌额作为计量的基数，将原涨跌幅按 0.236、0.382、0.5、0.618、0.809 分割为 5 个黄金点，行情在反转后的走势将可能在这些黄金分割点上遇到暂时的阻力或支撑。

黄金分割的原理源自斐波那契神奇数字即大自然数字，0.6180339……是众所周知的黄金分割比率，是相邻的斐波那契级数的比率，反映了斐波那契级数的增长，反映了大自然的静态美与动态美。据此又推算出 0.236、0.382、0.809 等，其中黄金分割线中运用最经典的数字为 0.382、0.5、0.618，极易产生支撑与压力。

实战案例（现货白银2012年6月7日～2013年1月14日）：

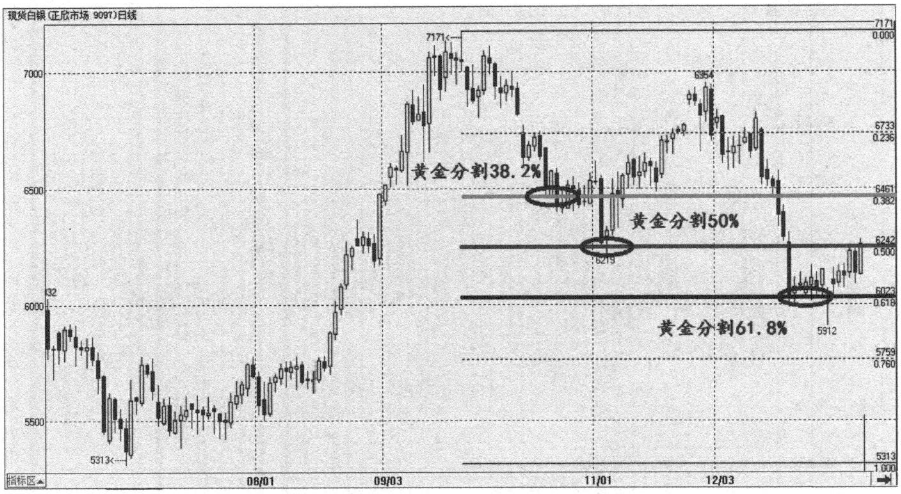

知识扩展

① 一波强势单边行情回调不会击穿黄金分割38.2%回调位置。

② 黄金分割50%回调位置为一波单边行情是回调或反转的多空分界位置。

③ 与上涨（下跌）行情对应的快速回调（反弹），到达黄金分割61.8%回调位置出现反弹（回调）概率达到85%。

④ 上涨（下跌）行情中每一波高点（低点）或重要支撑、阻力位置都会成为未来行情的重要黄金分割回调位置（黄金分割理论延展部分）。

“田昳决策”操作策略

（适用周期：30分钟、1小时、4小时、日线）

在某个特定周期内的单边上涨（下跌）行情出现回调并击穿黄金分割50%回调位置支撑（压力）且消耗时间小于上涨（下跌）时间1/2，即可在此波回调行情的黄金分割38.2%回调压力（支撑）位置做空（做多）。止损设置行情最高点上方，止盈为行情最低点附近。

实战案例（现货白银 2014 年 3 月 26 日 ~ 3 月 27 日）：

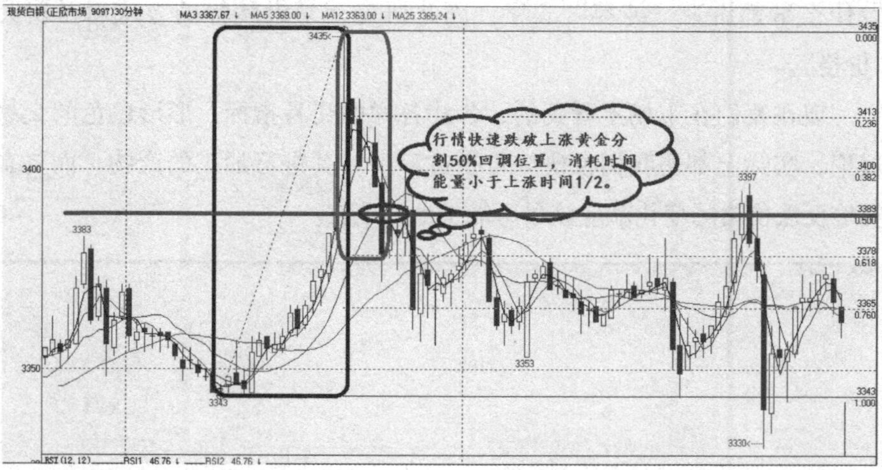

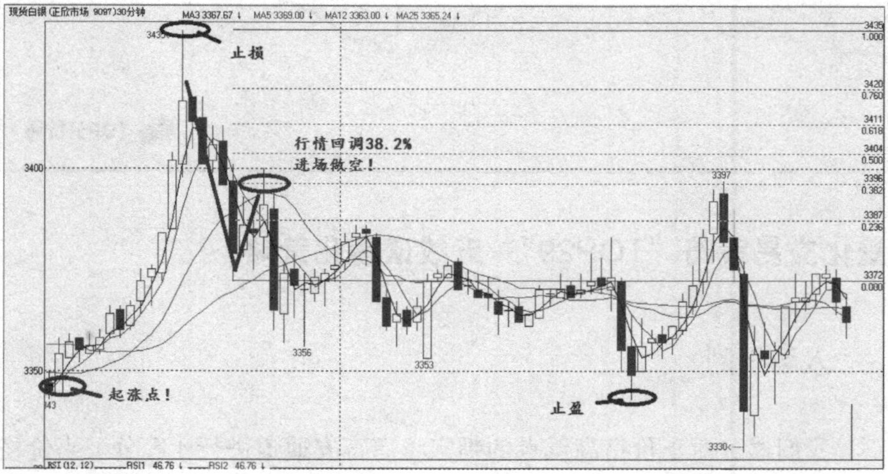

量能——回调消耗价格能量达到上涨能量 1/2；时间能量小于上涨能量 1/2；

趋势——横盘震荡趋势；

形态——V 型反转形态；

均线——无长期均线组黏合；

周期——回调时间小于上涨时间 1/2；

指标——各项指标出现共振信号。

笔者认为，无论从基本面、技术面、订单流还是从人性交易者情绪进行分析和交易，最后无一例外地都会落在价格的涨跌上。这年头做什么事都讲究“纯粹”二字，因此研究交易最纯粹的方式就是研究“价格”。

现在我们在市场上看到的，各式各样的交易指标，形形色色的交易理论，实际上都是我们在研究价格过程中对其进行加工的产物。而要真实地反映价格的变化就应该尽可能少地加工它。

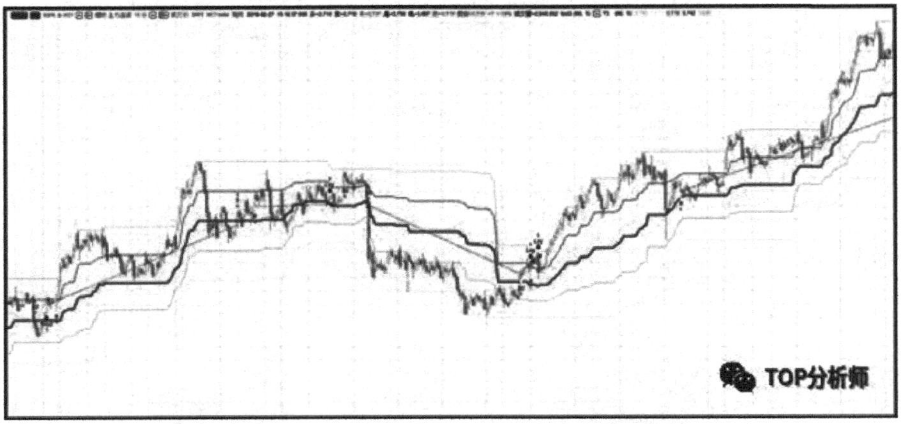

量化交易策略“TOP29”：五线谱量化策略

入场规则

我们通过对于价格高低点的判定将唐奇安通道进行4等分。当价格运行在唐奇安通道中轨上方时做多，当价格运行于唐奇安通道中轨下方时做空；

当单根K线涨幅大于1/4唐奇安通道宽度并满足价格收盘在唐奇安通道中轨上方时做多，当单根K线跌幅大于1/4唐奇安通道宽度并满足价格收盘在唐奇安通道中轨下方时做空。

出场规则

持多仓情况下，唐奇安通道中轨下移平仓；

持空仓情况下，唐奇安通道中轨上移平仓；

持多仓情况下，价格下跌至唐奇安通道下方 25% 位置平仓；

持空仓情况下，价格上涨至唐奇安通道上方 75% 位置平仓。

风控策略

期望值为正时，交易者在追求最大复利收益的同时也可以把坡长的风险尽可能降到最低。

开单仓位 =[胜率 –（1– 胜率）/ 平均盈亏比]/2

Top29策略源码（MC语言:easy language）

```
Inputs:zq（68）,n（7）;
variables:var0(0),var1(0),var2(0),var3(0),var4(0);

var0=highest(high[1],zq);
var1=Lowest(low[1],zq);
var2=(var0+var1)/2;
condition1=CountIf(close[1]>var2,n)=n;
condition2=CountIf(close[1]<var2,n)=n;
var3=(var0-var1)/4+var2;
var4=var2-(var0-var1)/4;

if close[n+1]<var2 and condition1 then buy("B") next bar at market;
if close[n+1]>var2 and condition2 then sellshort("S") next bar at market;
if close>var2[1] and close>open and close-open>(var0[1]-var1[1])/4 then
buy("B2") next bar at market;
if close<var2[1] and close<open and open-close>(var0[1]-var1[1])/4 then
sellshort("S2") next bar at market;
```

```
if marketposition=1 and var2<var2[1] then sell ("Lzy") next bar at market;
if marketposition=-1 and var2>var2[1] then buytocover ("Szy") next bar at market;
if marketposition=1 then sell ("Lzy2") next bar at var4[1] stop;
if marketposition=-1 then buytocover ("Szy2") next bar at var3[1] stop;
```

测评数据如下：

策略应用软件：MultiCharts 中国版

测试范围：铁矿石、螺纹钢、橡胶、甲醇、PTA、焦炭、豆粕、白糖、棕榈油。

历史回测周期：2012 ~ 2018 年 15 分钟数据

应用主要品种：国内期货

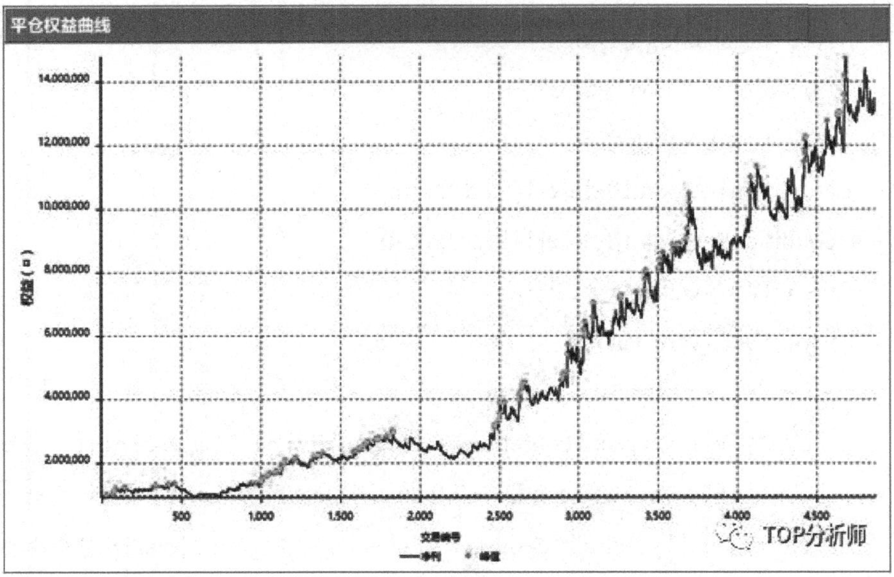

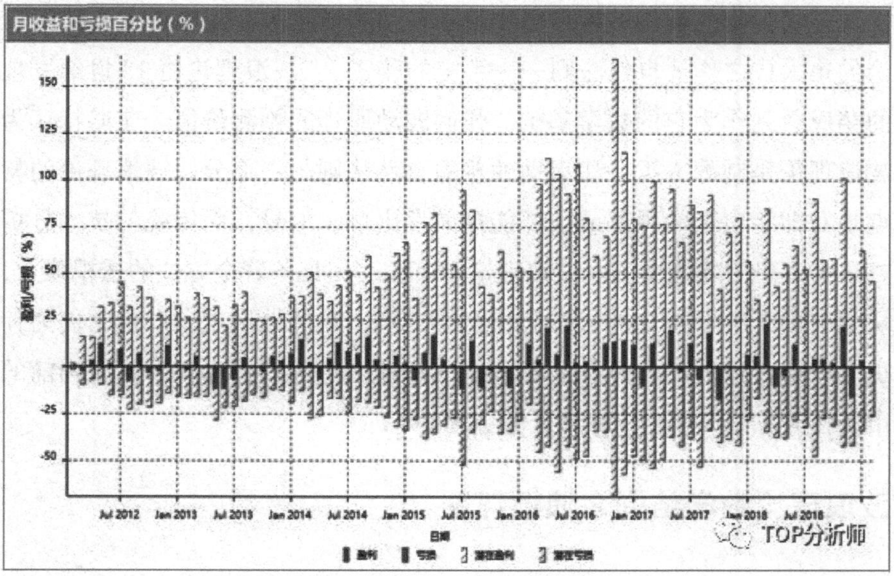

概述

商品	启动 日期	结束 日期	净额 盈利	交易次数
DCE.i HOT	2014-02-11 11:00:00	2019-02-27 14:30:00	¤2,009,439.59	470
SHFE.rb HOT	2012-03-05 10:45:00	2019-02-27 14:30:00	¤3,730,308.92	531
SHFE.ru HOT	2012-02-27 11:00:00	2019-02-27 14:30:00	(¤2,269,817.03)	680
CZCE.MA HOT	2012-02-28 10:00:00	2019-02-27 14:30:00	¤816,220.89	624
CZCE.TA HOT	2012-02-27 11:00:00	2019-02-27 14:30:00	¤1,824,470.20	643
DCE.j HOT	2012-02-27 11:00:00	2019-02-27 14:30:00	¤4,002,697.56	675
DCE.m HOT	2012-09-03 11:30:00	2019-02-27 14:30:00	¤1,937,420.44	555
DCE.p HOT	2012-03-06 11:00:00	2019-02-27 14:30:00	(¤348,737.91)	707
CZCE.SR HOT	2012-02-27 11:00:00	2019-02-27 14:30:00	¤378,188.[illegible]	[illegible]

第七节　实用波浪理论

笔者主观交易是以“能量守恒理论”为核心，以等距箱体理论、黄金分割延展理论、实用波浪理论为主体的交易系统。

1946 年美国证券分析家拉尔夫·纳尔逊·艾略特（R.N.Elliott）利用道琼斯工业指数平均（Dow Jones Industrial Average，DJIA）作为研究工具，发现不断变化的行情结构形态反映了自然和谐之美，完成了关于波浪理论的集大成之作《自然法则——宇宙的秘密》。波浪理论将 13 世纪发现的斐氏数列作为它的数学基础，强调波动原理的预测价值。艾略特认为波浪理论是制约人类一切活动的普遍自然法则的一部分。波浪理论的特点是对即将出现的顶部或底部能提前发出警示信号，而传统的技术分析方法大多事后才能验证。波浪理论对市场运作具备着全方位的透视能力，从而有助于解释特定的形态为什么要出现，在何处出现，以及它们为什么具备如此这般的预测意义等问题。此外，波浪理论也有助判明当前的市场在其总体周期结构中所处的位置。

波浪理论数学结构 8 浪循环图

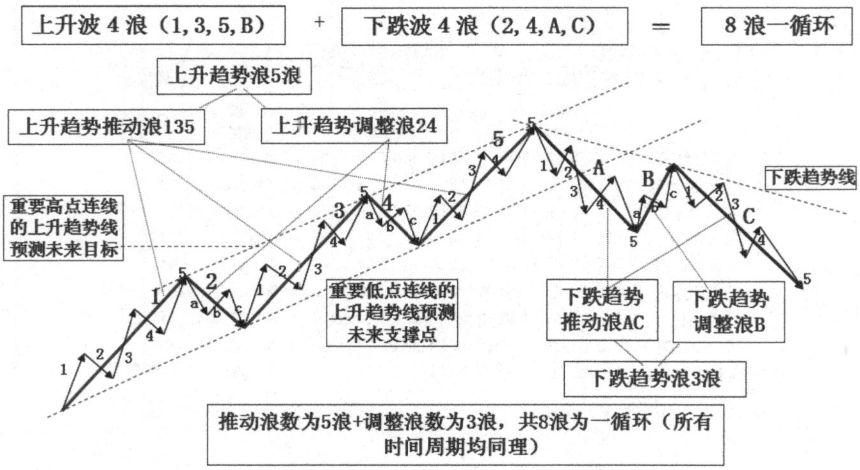

波浪理论的推动浪，浪数为 5（1、2、3、4、5），调整浪的浪数为 3（A、B、C），合起来为 8。

8 浪循环中，前 5 段波浪构成一段明显的上升浪，其中包括 3 个向上的冲击波及两个下降的调整波。在 3 个冲击波之后，是由 3 个波浪组成的一段下跌的趋势，是对前一段 5 浪升势的总调整。这是艾略特对波浪理论的基本描述。而在这 8 个波浪中，上升的浪与下跌的浪各占 4 个，可以理解为艾略特对于行情价格走势对称性的隐喻。

在波浪理论中，最困难的地方是：波浪等级的划分。如果要在特定的周期中正确地指认某一段波浪的特定属性，不仅需要形态上的支持，而且需要对波浪运行的时间做出正确的判断。这也是波浪理论易学难精的原因，易在形态上的归纳、总结，难在价位及时间周期的判定。

未来市场转折点=已知时间周期×分割比率

已知时间周期有两种：

① 循环周期：最近两个顶之间的运行时间或两个底之间的运行时间；

② 趋势周期：最近一段升势的运行时间或一段跌势的运行时间。

一般来讲，用循环周期可以计算出下一个反向趋势的终点，即用底部循环计算下一个升势的顶，或用顶部循环计算下一个跌势的底。而用趋势周期可以计算下一个同方向趋势的终点或是下一个反方向趋势的终点。

推动浪形态

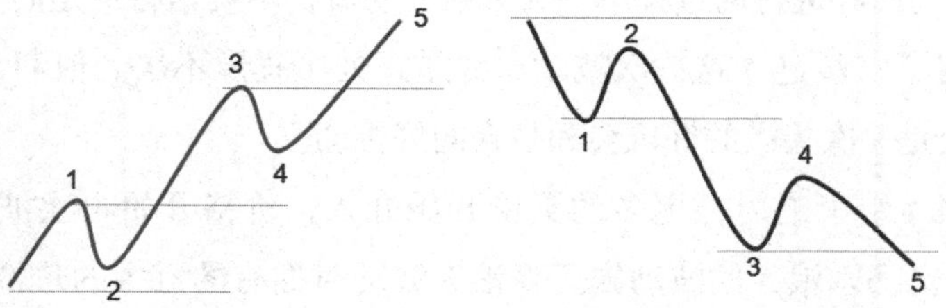

推动浪由五浪构成。第一浪通常只是由一小部分交易者参与的微弱的波动。一旦浪 1 结束，交易者们将在浪 2 卖出。浪 2 的卖出是十分凶恶的，最后浪 2 在不创新低的情况下，市场开始转向启动下一浪波动。浪 3 波动的初始阶段是缓慢的，并且它将到达前一次波动的顶部（浪 1 的顶部）。

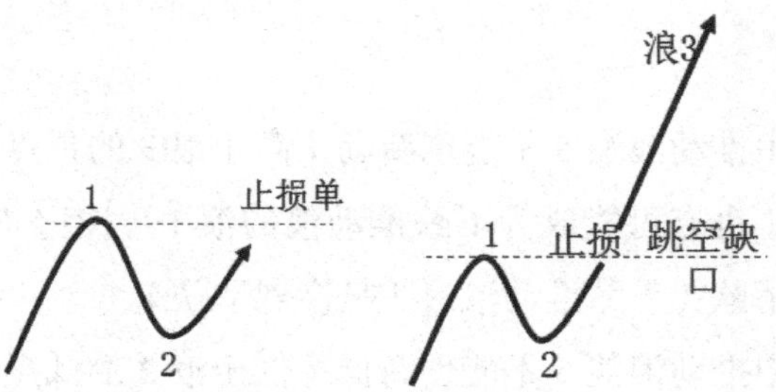

交易者并不确信这是一次向上的趋势，并且利用这次波动增加空头。如果他们的分析是正确的话，市场不能到达前一浪波动的顶部。因此，大量的止损单的现象将在浪 1 顶部上方出现。

浪 3 的波动获得了动力并且到达了浪 1 的顶部。在浪 1 顶部被突破的同时，那些止损单被触及了。根据止损量的大小，将在浪 3 上产生一个跳空缺口。在浪 3 上升的过程中，跳空缺口是一个好的现象，在止损单被触及之后，浪 3 的波动将引起交易者的注意。

初始时在底部做多头的交易者可以观望，他们甚至可能决定增加头寸。处于停损出局状态的交易者（经过一段徘徊不安之后）断定行情是向上的，并决定买进参与波动，这种突增的兴趣给浪 3 的波动提供了动力。

当买进的疯狂变弱，浪 3 进入停滞，获利回吐这时开始蔓延。在低点做多的交易者决定将利润兑现。这就引发一次价格的回落，从而形成浪 4。获利回吐进行的过程中，大多数交易者仍然确信行情是向上的。他们或是迟了一步进入这一次波动，或是正处于犹豫不决。他们认为这次获利回吐是一次买进的好机会和平仓的好机会。

在浪 4 结束之时，更多的买单开始介入，价格开始再次波动上升，从而形成浪 5。浪 5 的波动缺乏像浪 3 波动时拥有的巨大的热情和力量。当价格在浪 3 上方创出新高以后，浪 5 内部的动量相对于浪 3 运行过程是很小的。

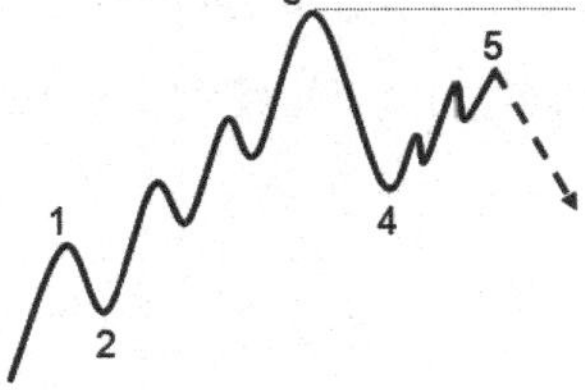

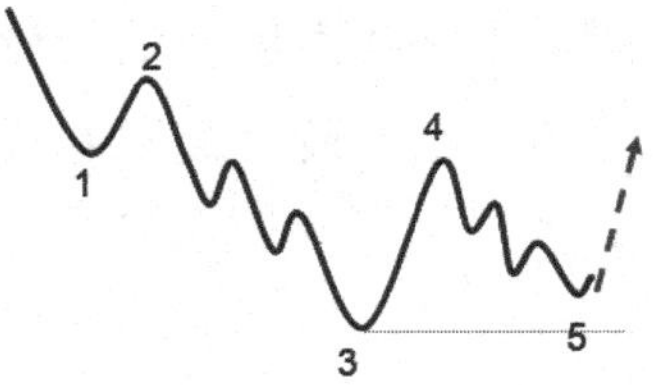

上涨趋势中推动浪浪 5 不能创新高（高于浪 3 的顶点），则浪 4 变为调整浪的浪 A（也有可能成为下跌推动浪的浪 1），浪 5 成为浪 B，之后将面临浪 C 的下跌（下跌推动浪浪 3 是惨烈下跌）。

下跌趋势中推动浪浪 5 不能创新低（低于浪 3 的低点），则浪 4 变为调整浪的浪 A（也有可能成为上升推动浪的浪 1），浪 5 成为浪 B，之后将面临浪 C 的反弹（上升推动浪浪 3 是猛烈上升）。

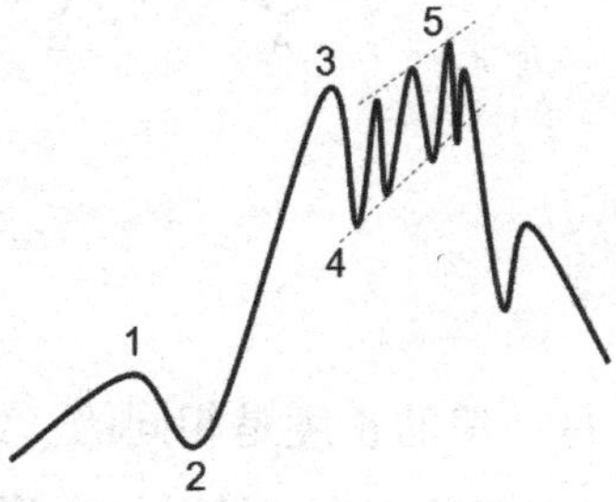

倾斜三角形为推动浪中的一种特殊形态（比较少见），主要出现在第 5 浪的位置。艾略特指出，在股市中，一旦出现一段走势呈现快速上升或赶底的状况，其后经常会出现倾斜三角形态。

调整浪形态

一个推动阶段包括五浪。调整阶段由三浪组成，但有一个三角形的例外。一个推动经常伴随着一个调整的模式。

调整模式可以被分成两类：

① 简单的调整：之字形调整（N 字型调整）；

② 复杂的调整：平坦形、不规则形、三角形。

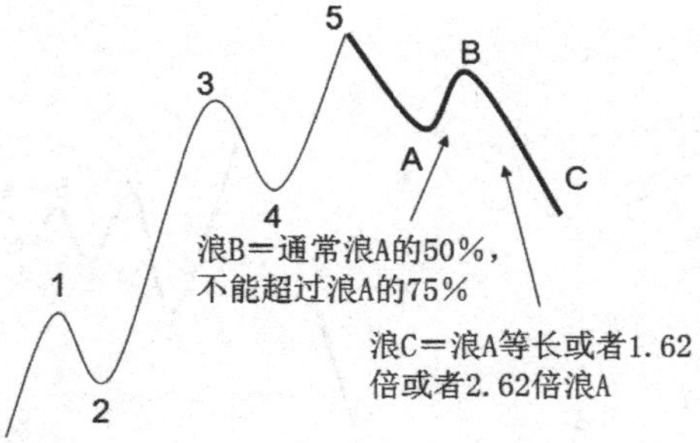

“N 字形调整”是三浪模式，其中 B 浪不能回调到 A 浪的 75% 之上。C 浪将在 A 浪之下形成一个新低，N 字形调整的 A 浪经常会有五浪。在平坦形和不规则形调整中，A 浪有三浪。这样，如果你能识别一个有五浪组成的 A 浪，你就能断定这个调整是“N 字形调整”型。

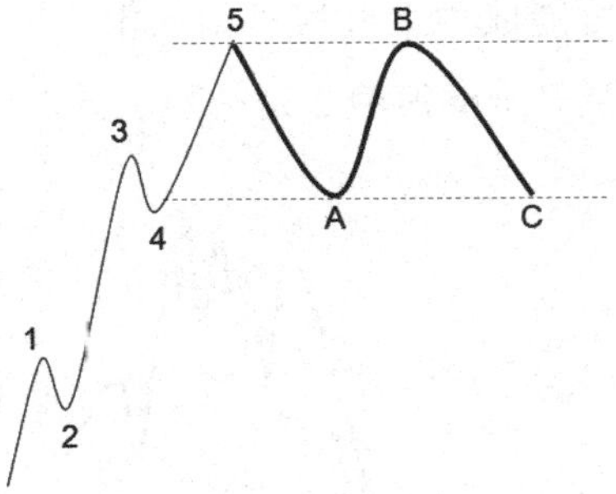

在平坦型调整中，每一浪的长度是相同的。经历过一次五浪的推动模式之后，市场进入浪 A。而后，市场波动向上形成浪 B，并到达前期高位。最后，市场下滑形成浪 C，并到达前期浪 B 的低位。

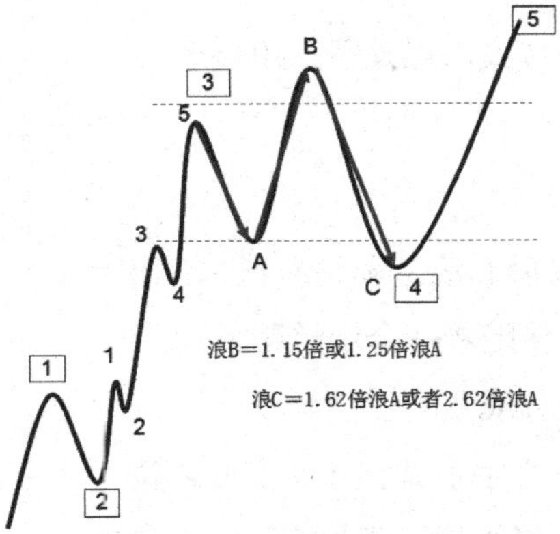

在一些不规则调整中，浪 B 会创新高，最后的浪 C 会下降至浪 B 的开始处甚至更低。

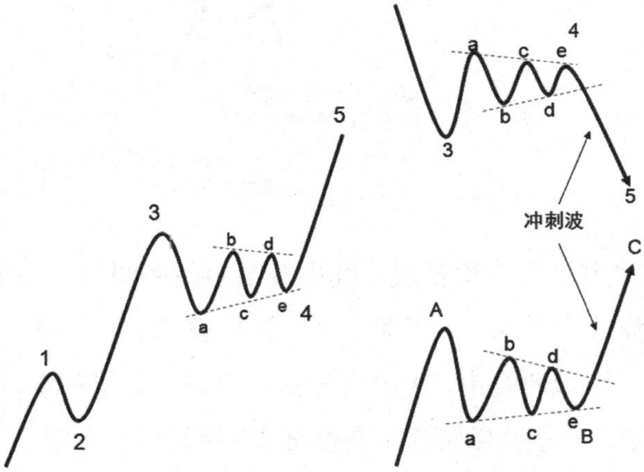

三角形态是一种五浪之间相互穿插的模式。一个三角形的五个次级浪依次呈现浪 A、B、C、D 和 E 序列。大多数普通的三角形是作为第 4 浪出现的（大五浪的第 4 浪），市场将以与浪 3 相同的方向刺破三角形。作为 B 浪调整出现的三角形。市场将以与浪 A 相同的方向刺破三角形。

调整浪的简单与复杂交替准则

如果第 2 浪是一个简单的调整，应当期待第 4 浪是一个复杂的调整。如果第 2 浪是一个复杂的调整，应当期待第 4 浪是一个简单的调整。

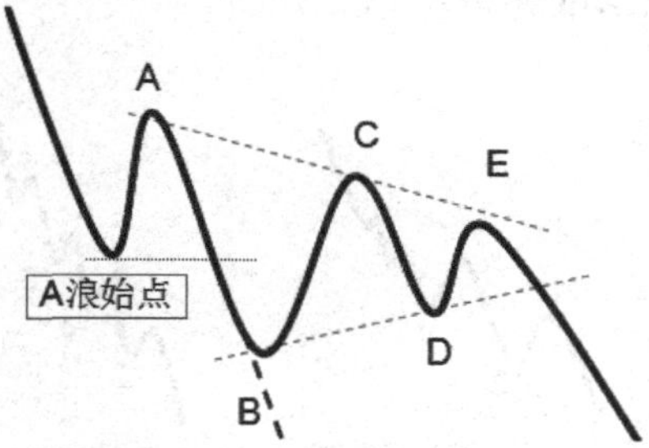

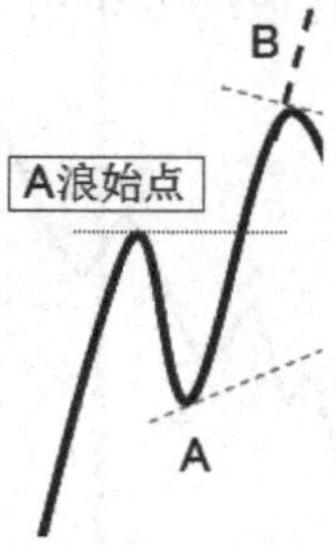

强势三角形，通常三角形态中每一个次级浪均是依次递减（增）的，但在某些时候，特别是收缩三角形中，B 浪会突破 A 浪的始点，这样就形成了强势三角形态。这种情况的出现，说明市道极为强劲。但这究竟是新一轮升势（虚线）还是B浪反弹？

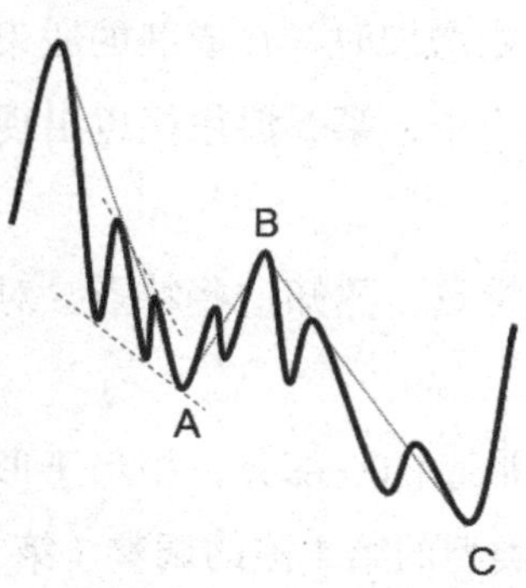

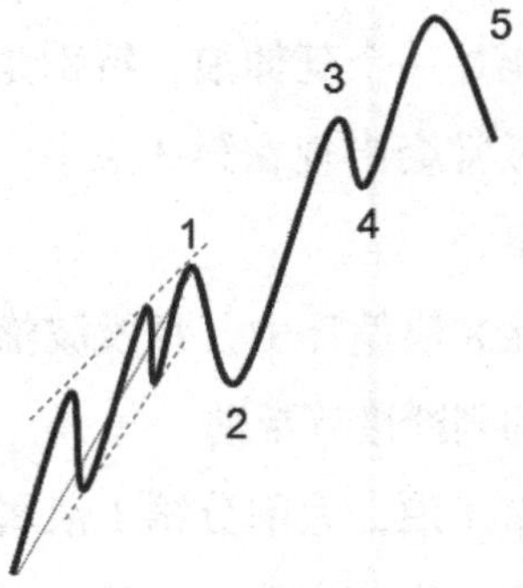

前置三角形通常出现在浪 A 中，有时浪 1 中也会出现。它的内部结构通常为 5-3-5-3-5 的形态。前置三角形态的出现，其后的B浪反弹属于较弱的类型，期望不可过高。

波浪理论三大铁律

① 浪 2 不可以回撤浪 1 的 100%以上；

② 在浪 1、浪 3 和浪 5 中，浪 3 不能最短；

③ 浪 4 不能回撤到浪 1 的领地，即浪 4 不能与浪 1 重叠。

扩延浪

扩延浪也称延伸浪，是指浪的运动发生放大或延长的情况。通过对扩延浪的分析可以预测其后调整浪回落的终点。

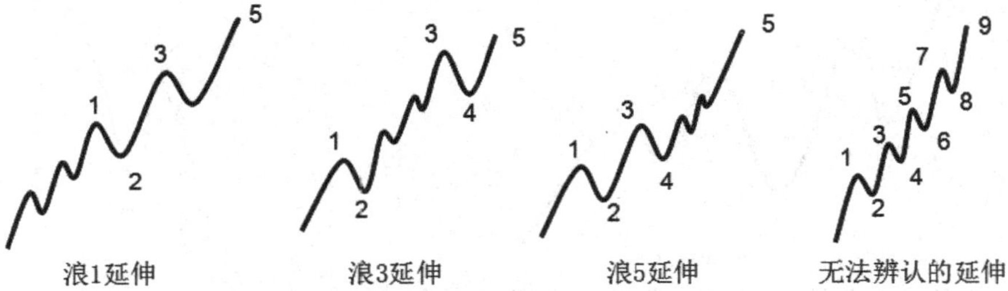

一般情况下，三个推动浪中有且仅有一个浪出现延伸。这使波浪的延伸现象变成了预测推动浪运行长度的一个相当有用的依据。举例来说，如果发觉第 3 浪出现延伸时，那么第 5 浪理应只是一个和第 1 浪相似的简单结构。或者，当第 1 浪与第 3 浪都是简单的升浪，则有理由相信第 5 浪可能是一个延伸浪，特别是当成交量急剧增加时。在成熟的股市，延伸浪经常会出现在第 3 浪中；而在新兴股市中，第 5 浪往往也出现延伸的现象。

在 8 浪循环中，每段波浪都有不同的特点，熟知这些特点，对波浪属性的判断极有帮助。

第 1 浪：大部分第 1 浪属于营造底部形态的一部分，相当于形态分析中头肩底的底部或双底的右底，对这种类型的第 1 浪的调整（第 2 浪）幅度通常较大，理论上可以回到第 1 浪的起点。小部分第 1 浪在大型调整形态之后出现，形态上呈 V 形反转，这类第 1 浪升幅较为可观。在 K 线图上，经常出现带长下影线的大阳线。从波浪的划分来说，在 5-3-5

的调整浪当中，第 1 浪也可以向下运行，通常第 1 浪在分时图上应该显示明确的 5 浪形态。

第 2 浪：在强势调整的第 2 浪中，其回调幅度可能达到第 1 浪幅度的 0.382 或 0.618，在更多的情况下，第 2 浪的回调幅度会达到 100%，形态上经常表现为头肩底的右底，使人误以为跌势尚未结束。在第 2 浪回调结束时，指标系统经常出现超卖、背离等现象。第 2 浪成交量逐渐缩小，波幅较细，这是卖力衰竭的表现。出现传统系统的转向信号，如头肩底、双底等。

第 3 浪：如果运行时间较短，则升速通常较快。在一般情况下为第 1 浪升幅的 1.618 倍。如果第 3 浪升幅与第 1 浪等长，则第 5 浪通常出现扩延的情况。在第 3 浪当中，唯一的操作原则是顺势而为。因为第 3 浪的升幅及时间经常会超出分析者的预测。通常第 3 浪运行幅度及时间最长。属于最具爆发性的一浪。大部分第 3 浪成为扩延浪。第 3 浪成交量最大。出现传统图表的突破信号，如跳空缺口等。

第 4 浪：如果第 4 浪以平坦型或 N 字形出现，a 小浪与 c 小浪的长度将会相同。第 4 浪与第 2 浪经常是交替形态的关系，即单复式交替或平坦型、曲折型或三角形的交替。第 4 浪的低点经常是其后更大级数调整浪中 A 浪的低点。经常以较为复杂的形态出现，尤其以三角形较为多见。通常在第 3 浪中所衍生出来的较低一级的第 4 浪底部范围内结束。第 4 浪的底不会低于第 1 浪的顶。

第 5 浪：除非发生扩延的情况，第 5 浪的成交量及升幅均小于第 3 浪。第 5 浪的上升经常是在指标出现顶底背离或钝化的过程中完成。在第 5 浪出现衰竭性上升的情况下，经常出现上升楔形形态。这时，成交量与升幅也会出现背离的情况。如果第 1、3 浪等长，则第 5 浪经常出现扩延。如果第 3 浪出现扩延浪，则第 5 浪幅度与第 1 浪大致等长。市场处于狂热状态。

第 6 浪（A 浪）：A 浪可以为 3 波或者 5 波的形态。在 A 浪以 3 波调整时，在 A 浪结束时，市场经常会认为整个调整已经结束。在多数情况下，A 浪可以分割为 5 小浪。市场人士多认为市场并未逆转，只视为一个较短暂的调整。图表上，阴线出现的频率增大。

第 7 浪（B 浪）：在 A 浪以 3 波形态出现的时候，B 浪的走势通常很强，甚至可以超越 A 浪的起点，形态上出现平坦型或三角形的概率很大。而 A 浪以 5 波运行的时候，B 浪通常回调至 A 浪幅度的 0.5 至 0.618。升势较为情绪化，维持时间较短，成交量较小。

第 8 浪（C 浪）：除三角形之外，在多数情况下，C 浪的幅度至少与 A 浪等长。杀伤力最强，与第 3 浪特性相似，以 5 浪下跌。

“滔天之澜”操作策略

（适用周期：30分钟、1小时、4小时、日线）

实用波浪理论，意在取其实用，弃其繁冗。主观以浪 3 主升浪为交易利润，基于浪 1 起点和终点制定的交易策略。

上涨行情，浪 1 终点浪 2 起点上方挂单做多，止损浪 2 终点；下跌行情，浪 1 终点浪 2 起点下方挂单做空，止损浪 2 终点。止盈浪 3 与浪 1 等长位置。

实战案例（国际金价 2017 年 10 月 12 日 ~ 2017 年 12 月 18 日）：

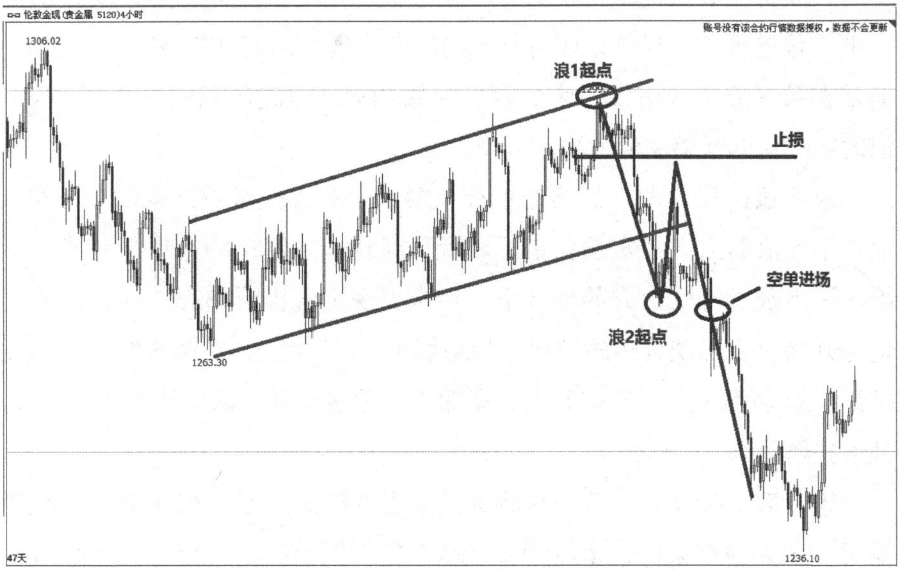

有人认为，波浪理论存在哲学误区，主观认定了和谐结构在事物运

动变化模式上的唯一性。艾略特指出股市有一定的基本韵律和形态，比如在上升结构中，会由五个上升波和三个下降波构成八个波的完整循环。可是，为什么一定是八浪一个循环？是经验？又或是历史？市场的运行为什么不能是七浪上升而后五浪下跌？其实这些都只不过是艾略特的一种想象。

笔者认为，分析是基于客观事实的主观预期，交易是基于分析的客观行为。现在市场较为认同的技术理论，比如波浪理论、道氏理论、蝴蝶理论、江恩理论、易然战法等皆是出于西方哲学理论基础的主观分析理论。因此，我们要做到的只是独立思考问题，不盲目崇拜，不轻易否定。

有人认为，波浪理论是一套预测为主的分析系统而不是以操作为主的分析系统。

笔者认为，没有预测何来操作？分析系统其本身就是在于其预测性。真正服务于交易的并非分析系统，而是策略系统。而无法将波浪理论付诸操作，则往往是因为修习者并未从波浪理论中总结出行之有效的交易策略。

有人认为，波浪理论浪形划分不统一，比如如何确定一个浪已经完成并开始了另外一个浪呢？有时甲看是第一浪，乙看是第二浪。差之毫厘，失之千里，造成千人千浪。

笔者认为，在分析波浪形态时，有时会遇到难以分辨的市势，有时可能同时存在几个可以成立的数浪方式。在这种情况下，利用波浪理论的三个铁律和基本原则，将不可能成立的及可能性较低者剔除，剩下的便是对未来市势发展的最可靠的预测。波浪理论中还有其他的一些预测方法如黄金分割率、平行通道等。所以所谓的千人千浪实际上是不存在的，那只是修习波浪理论不得其法的托词而已。

第二章

实用指标&应用方法

第一节 移动平均线

交易市场是一个很有意思的地方，许多人高喊“技术无用”，然后你问他“那什么是技术？”他们又变得支支吾吾。如果你连技术是什么都说不清，那请问你是以怎样的立场认定它的无用呢？

大多数交易者都有一个误区，当他们使用一个交易指标亏损后往往第一个念头不是寻找自己的问题，而是迅速去寻找下一个指标，下一根“救命稻草”。所以他们不断学习不断抛弃，然后自暴自弃，最后高喊“技术无用论”。

技术分析是描述当下市场行为的方法的总和。交易的决策并不是出于对于市场未来的预期，而是在客观了解当下市场行为的情况下做出的有合理进场、应对不同状况出场并建立完整风控体系的一种策略。即技术分析并不是用来预测未来而是用来描述现在的一种决策工具。

这里我们要说的是技术分析中最常用的一种工具——“均线”。

此时台下定是嘘声一片，心里嘀咕“均线这么简单的技术指标还来炒冷饭，周泽炜你还要不要脸！”那你敢不敢让我考考你，看看你到底有多了解“均线”这个市场应用最广泛的交易指标。

入门题：

① 用语言正确描述什么是均线？

② 均线的中文全称及英语简称是什么？

进阶题：

① 指数移动平均线和传统均线的区别在哪里？

② 在均线周期参数不变的前提下，你能说出多少种不同均线的变化，每种变化又有怎样的不同特点？

交易是一门知易行难的学问。均线是市场中被应用最广泛的交易指标之一，几乎所有交易者、分析师都在使用均线。但其中绝大部分的交易者是亏损的。是均线不好用，还是你技术没有学到家？

移动平均线是由著名的美国投资专家 Joseph E.Granville（葛兰碧，又译为格兰威尔）于 20 世纪中期提出，是当今应用最普遍的技术指标之一，它帮助交易者确认现有趋势、判断将出现的趋势、发现过度延伸即将反转的趋势。

移动平均线，Moving Average，简称 MA，原本的意思是移动平均，由于我们将其制作成线形，所以一般称之为移动平均线，简称均线。它是将某一段时间的收盘价之和除以该周期，比如日线 MA5 指以 5 天为周期收盘价平均值的连线。

移动平均线是一种趋势追踪的工具，便于识别趋势已经终结或反转，领先的趋势正在形成或延续的契机。它不会领先于市场，只是忠实地追随市场，所以它具有滞后的特点，然而却无法造假。

移动平均线的种类很多，但总的来说，可分为短期、中期、长期三种。在行情分析中短期均线具有敏感度高、滞后性低的特点；而中长期均线则更为平滑，稳定性更好。可单独使用，也可多条同时使用。综合观察长、中、短期移动平均线，可以判研市场的多重倾向。如果三种移动平均线并列上涨，该市场呈多头排列；如果三种移动平均线并列下跌，该市场呈空头排列。

笔者将周期 2 ~ 49 的均线归纳为短期均线，代表行情短期的运行趋势；将 50 ~ 99 的均线归纳为中期均线，代表行情中期的运行趋势；将 100 以上的均线定义为长期均线，代表行情长期的运行趋势。

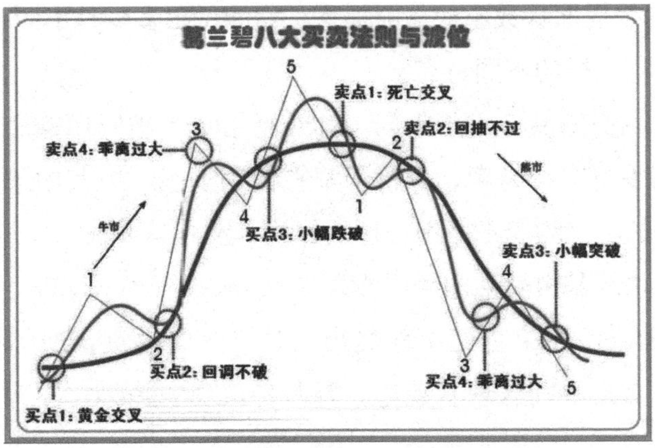

主观交易四大均线应用：专业线、双子线、生命线、织女线

专业线——我们认为不同交易品种及同一交易品种不同周期，皆有其特定的波动规律。根据其周期规律，每个特定交易品种不同周期皆有其最适合的特定均线参数，即“专业线”。

如，现货黄金十彩均线系统：

周线：3、5、12、25、60、99、120、181；

日线：3、5、12、21、25、43、64、86、99、120、840、888；

4 小时：5、12、25、48、58、99、120；

1 小时：5、12、20、25、40、58、80、99、120、200、400；

30 分钟：5、12、25、52、78、99、120、152、180、360。

双子线——双子线是根据短期均线的特点所开发的一种均线应用方法。采用参数分别以快线 28 线为进场线、慢线 48 线为防守线进行短线行情的判断。

生命线——生命线是根据长期均线的特点所开发的一种均线应用方法。不同交易品种均线参数不同，分别为股票的均线 466、900 线；外汇均线 170、410 线；大宗商品均线 200、360 线。

织女线——织女线分别是均线 28、48、58 线。在 28、48、58 三根均线黏合走平的情况下，表明市场短中长期资金的成本到达同一标准线，短期行情出现方向性选择的概率增加。当三根织女线同时穿过同根 K 线实体部分，称作“织女三穿一”。“织女三穿一”是预示后市行情可能大涨也可能大跌的一种信号。

实战案例（美原油指数 2016 年 12 月 13 日 ~ 2017 年 3 月 14 日）：

均线指标拓展

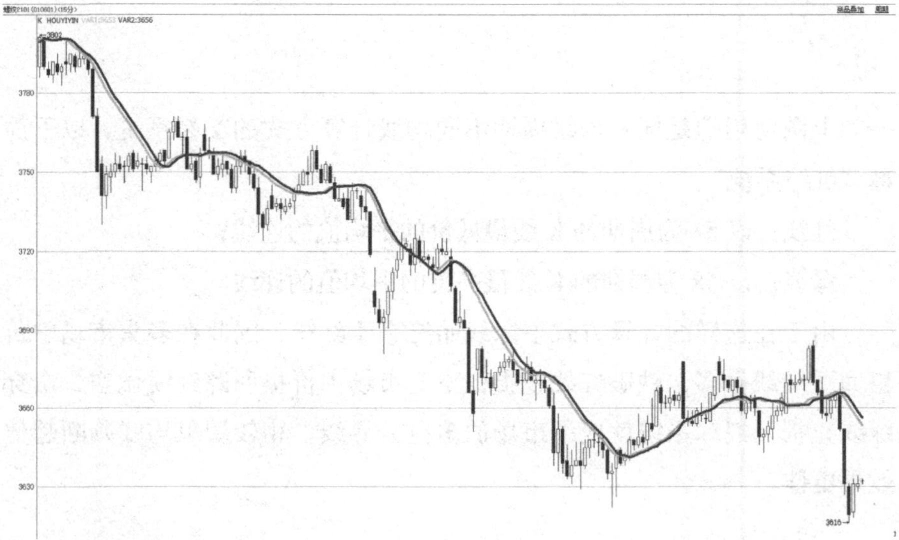

上图使用的是同一均线周期不同均线计算方式的交易系统，以下简称“蓝绿系统”。

蓝线：以 15 为周期的 K 线开盘价的平均值的连线；

绿线：以 15 为周期的 K 线收盘价的平均值的连线。

由于行情多头趋势时 K 线收盘价大多高于开盘价，因此绿线运行于蓝线上方；空头趋势时 K 线收盘价大多小于开盘价，因此绿线运行于蓝线下方。

总结：蓝绿系统可以有效描述市场趋势的变化。

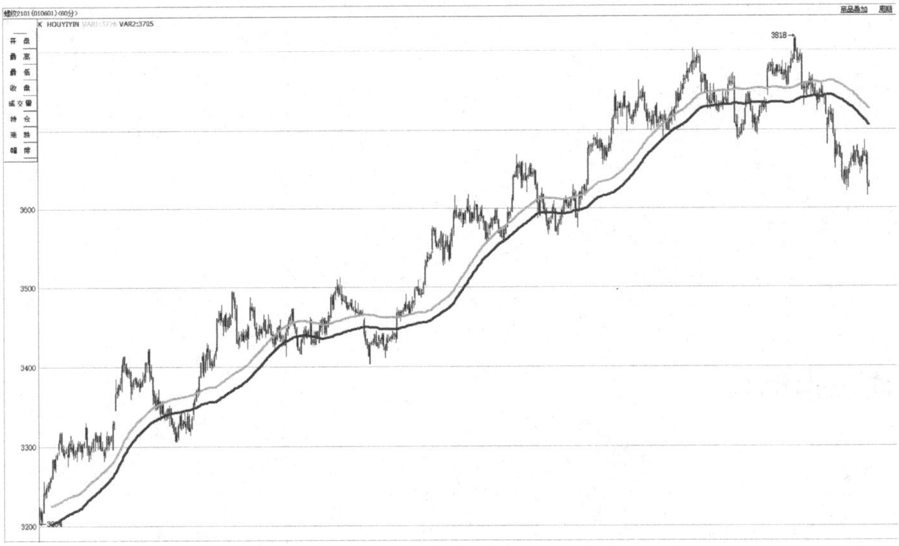

上图使用的是同一均线周期不同均线计算方式的交易系统，以下简称“红绿系统”。

红线：以 58 为周期的 K 线最低价的平均值的连线；

绿线：以 58 为周期的 K 线最高价的平均值的连线。

由于在这样的计算方式下绿线始终高于红线，因此在多头市场中价格回踩绿线做多，跌破红线止损；空头市场中价格回踩红线做空，击穿绿线止损。红绿系统就成了市场的多空分界线，相较用单均线判断趋势效果更佳。

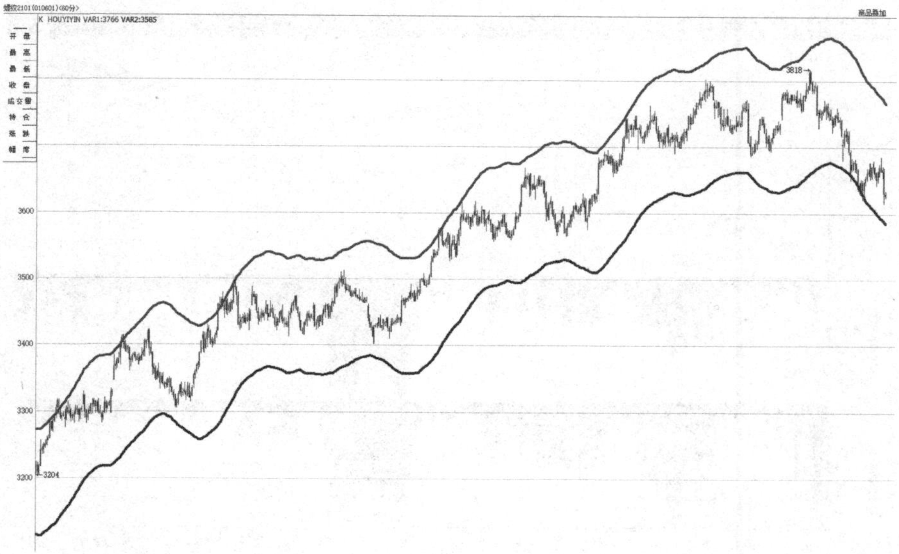

上图使用的是同一均线周期不同均线计算方式的交易系统，以下简称“红蓝系统”。

红线：以 33 为周期的 K 线收盘价的平均值的连线向上平移 2.5%；

蓝线：以 33 为周期的 K 线收盘价的平均值的连线向下平移 2.5%。

红蓝系统被命名为“成本线”通道系统，和其他传统通道系统一样，用以描述价格合理波动区间的一种指标系统。

量化策略分享

我们将上述蓝绿系统和红蓝系统叠加设计量化策略。以蓝绿系统判断行情趋势，红蓝系统决策进场。

测评数据如下：

策略应用软件：MultiCharts 中国版

测试范围：铁矿石、螺纹钢、橡胶、甲醇、PTA、焦炭、豆粕、白糖、棕榈油。

历史回测周期：2012 ~ 2018 年 15 分钟数据

应用主要品种：国内期货

策略应用软件：MultiCharts 中国版

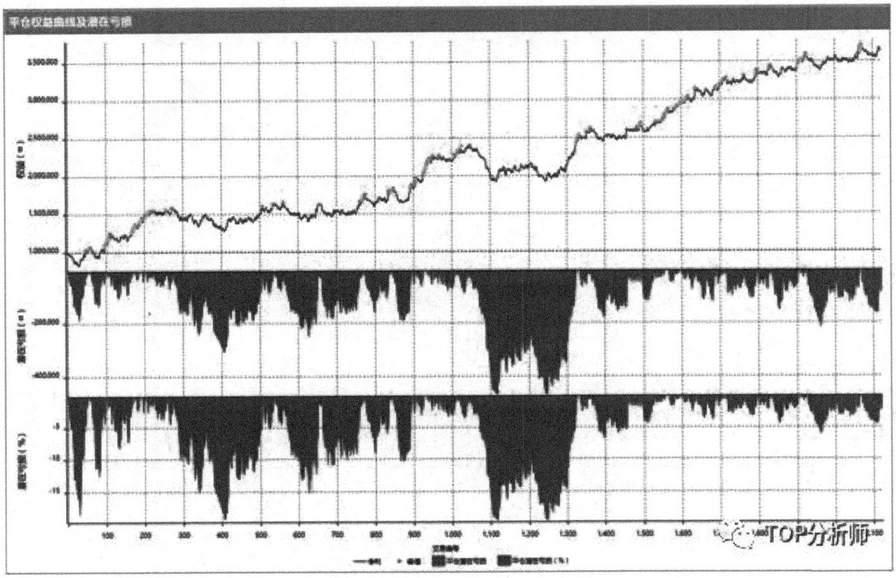
平仓权益曲线及潜在亏损
TOP分析师

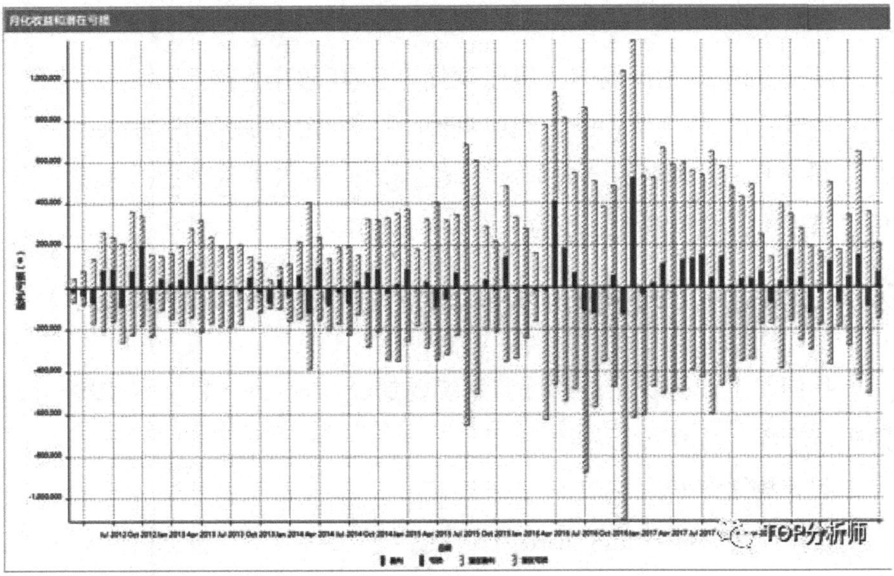
月化收益和潜在亏损
TOP分析师

概述

商品	启动日期	结束日期	净额盈利	交易次数
DCE.i HOT	2014-02-25 09:30:00	2019-01-25 11:30:00	¤767,050.46	428
SHFE.rb HOT	2012-03-07 09:30:00	2019-01-25 11:30:00	¤187,887.63	287
SHFE.ru HOT	2012-03-01 09:30:00	2019-01-25 11:30:00	¤616,945.25	409
CZCE.MA HOT	2012-03-09 09:30:00	2019-01-25 11:30:00	¤155,193.66	247
CZCE.TA HOT	2012-03-07 09:30:00	2019-01-25 11:30:00	(¤87,732.05)	181
DCE.j HOT	2012-05-21 09:30:00	2019-01-25 11:30:00	¤216,780.02	422
DCE.m HOT	2012-09-05 09:30:00	2019-01-25 11:30:00	¤250,883.22	148
DCE.p HOT	2012-03-15 11:15:00	2019-01-25 11:30:00	¤529,967.58	162
CZCE.SR HOT	2012-04-23 09:30:00	2019-01-25 11:30:00	(¤8,87[illegible]3)	[illegible]

第二节 经典交易系统“金肯特纳”

肯特纳（Chester Keltner）于 1960 年提出了均线的应用，设计了肯特纳交易系统，在之后非常长的一段时间内取得了非常好的成绩。直至今日虽然原版系统已没发布时那样的神奇，但其策略的思想，依然对今天许多交易者的交易产生着深远的影响。同时，金肯特纳交易系统也是一个入门级的资金管理模型，其思想值得推敲下。

知识点

移动平均线（MA）：特定周期收盘价平均值的连线。

指数移动平均线（EMA）：特定周期 K 线收盘价以指数式递减加权的移动平均。

金肯特纳系统均线：特定周期 K 线最高价、最低价、收盘价相加除以 3 后加权平均得到的平均值的连线。

金肯特纳通道：基于三价均线加减真实波幅（ATR）计算而来的通道上下轨。

交易原理

当价格突破金肯特纳通道上轨做多，下破下轨做空。

相较20年前的交易市场，交易者变得更聪明，而诱多诱空的行情也越来越多。这时金肯特纳交易系统和传统趋势交易系统就面临了同样的一个难题——假突破。假突破中，通道的突破并没有带来趋势的确定，反而是价格动能的衰竭，会迅速回落并反向运动。因此金肯特纳交易系统在移动平均线附近设置止损，在进场交易后给予保护。

而我们依然会遇到一个基本的资金管理问题。若大部分的交易都会失败，我们还值不值得做这笔交易（也就是成功率低于50%的策略是否要执行）？任何交易都是有成本的，在交易中，失败就是成功的成本。金肯特纳是一个长期趋势系统，那么我们必须忍受短周期的波动，但这个不会影响最后的系统的结果。因为所捕捉到的少数大趋势就足以覆盖假突破带来的损失成本。

最后，金肯特纳交易系统采用了真实振幅。振幅是指用当日最高价减去当日最低价。而真实振幅（TR）=最大值（昨日收盘价，当日最高价）—最小值（昨日收盘价，当日最低价），扩展后的振幅包括了前日收盘价与当日K线的跳空。我们认为真实振幅给出了对市场波动更准确的衡量。

传统金肯特纳系统源码（MC语言:easy language）

```
inputs:ma(56),atr(3);
variables:var0(0),var1(0),var2(0),var3(0),var4(0),var5(0),var6(0),var7(0);


var0=(close+high+low)/3;
var1=Average(var0,ma);
var2=var1+AvgTrueRange(atr);
var3=var1-AvgTrueRange(atr);
```

```
If close cross over var2 then buy("B") next bar at market;
If close cross under var3 then sellshort("S")next bar at market;

If close<var3 then sell next bar at market;
If close>var2 then buytocover next bar at market;
```

测评数据如下：

策略应用软件：MultiCharts 中国版

测试范围：铁矿石、螺纹钢、橡胶、甲醇、PTA、焦炭、豆粕、白糖、棕榈油。

历史回测周期：2012 ~ 2018 年 30 小时数据

应用主要品种：国内期货

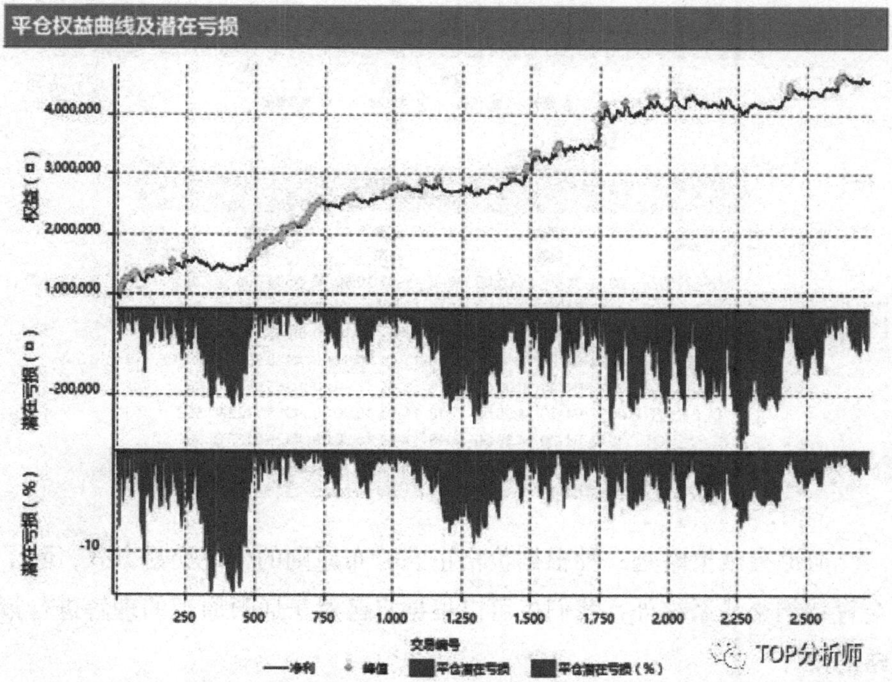

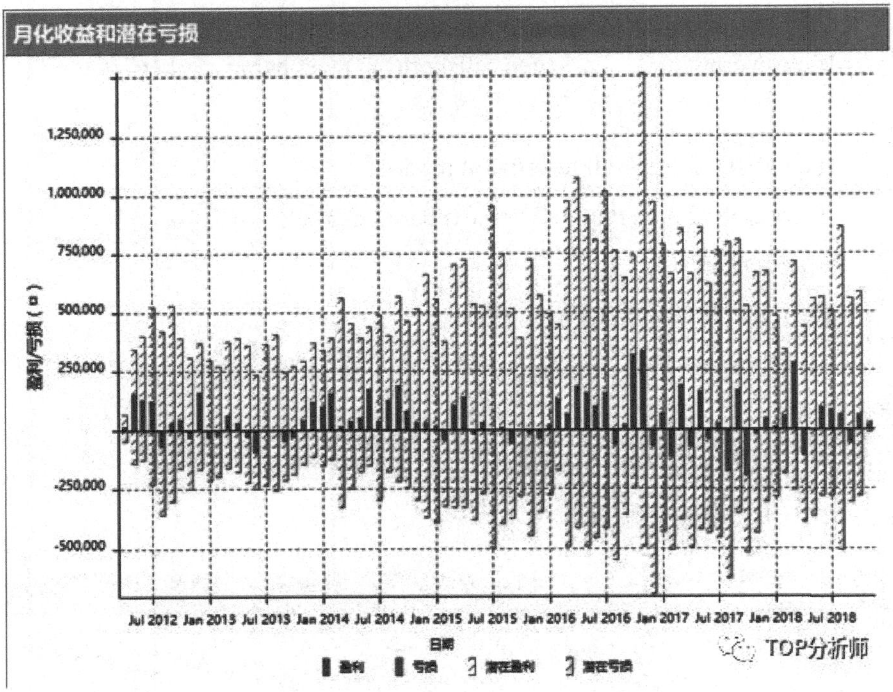

概述

商品	启动日期	结束日期	净额盈利	交易次数
DCE.i HOT	2014-01-28 15:00:00	2018-11-01 10:30:00	¤534,060.68	288
SHFE.rb HOT	2012-04-20 14:30:00	2018-11-01 10:30:00	¤550,446.03	314
SHFE.ru HOT	2012-04-25 10:00:00	2018-11-01 10:30:00	¤245,177.24	352
CZCE.MA HOT	2012-04-25 09:30:00	2018-11-01 10:30:00	¤428,592.25	337
CZCE.TA HOT	2012-04-23 14:00:00	2018-11-01 10:30:00	¤385,078.06	353
DCE.j HOT	2012-04-20 14:30:00	2018-11-01 10:30:00	¤953,172.94	352
DCE.m HOT	2012-04-20 14:30:00	2018-11-01 10:30:00	¤329,018.70	360
DCE.p HOT	2012-04-20 14:30:00	2018-11-01 10:30:00	¤122,199.74	410
CZCE.SR HOT	2012-04-20 14:30:00	2018-11-01 10:30:00	¤52,705.66	334

通道突破策略是一种根据价格正态分布原则的传统交易方式，除了金肯特纳交易系统外，我们也可以根据自己对于通道原理的理解进行策略的设计。

量化交易策略“TOP17”：指数移动平均线量化策略

策略逻辑一：

使用指数移动平均线和与指数移动平均线的相对价差构筑通道。

策略逻辑二：

使用指数移动平均线走平的状态描述行情震荡充分程度。

策略逻辑三：

当价格上破通道上轨做多，下破下轨做空。

设计三重出场：均线反穿出场、固定止盈出场、时间止盈出场。

测评数据如下：

策略应用软件：MultiCharts 中国版

测试范围：铁矿石、螺纹钢、橡胶、甲醇、PTA、焦炭、豆粕、白糖、棕榈油。

历史回测周期：2012 ~ 2018 年 30 小时数据

应用主要品种：国内期货

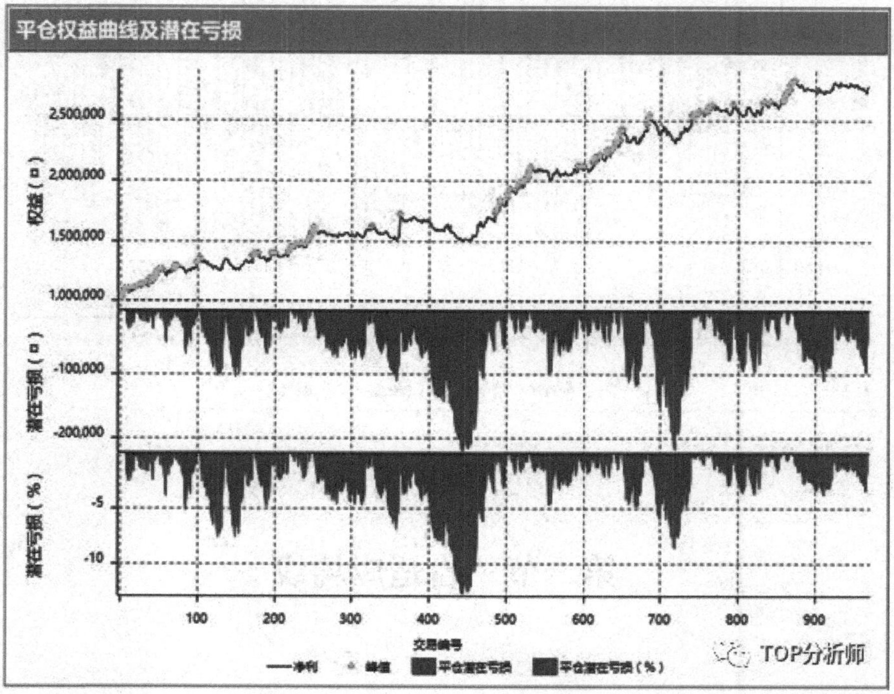

概述

商品	启动日期	结束日期	净额盈利	交易次数
DCE.i HOT	2014-01-21 10:00:00	2018-11-01 15:00:00	¤484,124.53	152
SHFE.rb HOT	2012-07-10 14:30:00	2018-11-01 15:00:00	¤406,915.67	118
SHFE.ru HOT	2012-05-09 10:30:00	2018-11-01 15:00:00	¤226,909.88	174
CZCE.MA HOT	2012-05-14 10:00:00	2018-11-01 15:00:00	¤237,653.91	132
CZCE.TA HOT	2012-05-23 14:00:00	2018-11-01 15:00:00	¤110,916.02	89
DCE.j HOT	2012-05-14 11:00:00	2018-11-01 15:00:00	¤346,573.09	155
DCE.m HOT	2012-05-09 10:00:00	2018-11-01 15:00:00	(¤23,636.27)	85
DCE.p HOT	2012-05-14 10:30:00	2018-11-01 15:00:00	¤58,812.55	90
CZCE.SR HOT	2012-04-23 10:00:00	2018-11-01 15:00:00	(¤58,144.02)	42

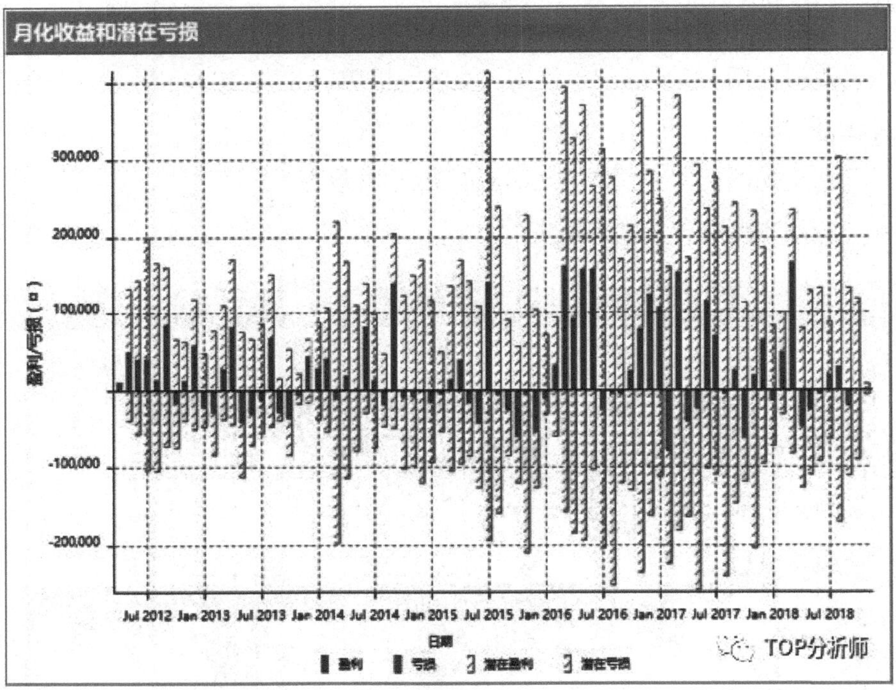

第三节 自适应均线

传统趋势交易指标往往都会有一个共同的缺点，使用短期参数时指标较为敏感，但是噪音和虚假信号较多，使用长期参数时虽然信号稳定性有所提高，但是滞后性也变得比较明显。

通过分析我们使用的移动平均线，可以得出如下结论：当价格沿一个方向快速移动时，短期的移动平均线是最好的；当价格在横盘的过程中，长期移动平均线是最好的。

我们理想中的移动平均线是什么样子的呢？当价格无目标地移动时，它的反应会比较慢，像长期移动平均线；当价格有了快速变化的时候，它又能很快地跟上价格的走势，像短期移动平均线。

这样的移动平均线存在吗？

当然存在！这里我们要分享的就是考夫曼在《精明交易者》一书中提出的自适应均线（AMA）理论。

要构建自适应的均线，我们就必须先确定股票价格的趋势和速度。当股票价格持续上涨或持续下跌的时候，自适应均线就应该采用短周期均线的平滑系数；而当市场处于横盘波动过程中的时候，自适应均线就应该采用长周期的平滑系数。

如果采用指数平滑移动平均线的平滑系数，最短周期采用 2 日 EMA，长周期采用 30 日 EMA。那么自适应均线应该在 2 日～ 30 日 EMA 之间平滑过渡。

还有一个问题：如何测量价格变动的速率。

采用的方法是，在一定的周期内，计算每个周期价格变动的累加，用整个周期的总体价格变动除以每个周期价格变动的累加，我们采用这个数字作为价格变化的速率。如果股票持续上涨或下跌，那么变动的速率就是 1；如果股票在一定周期内涨跌的幅度为 0，那么价格的变动速率就是 0。变动速率为 1，对应的最快速的均线 –2 日的 EMA；变动速率为 0，则对应最慢速的均线 –30 日 EMA。

考夫曼自适应均线计算方式：

每个周期价格变动的累加 := 收盘价 –1 日前的收盘价的绝对值的 N 日累和；

整个周期价格的总体变动 := 收盘价 –N 日前的收盘价的绝对值；

变动速率 := 整个周期价格的总体变动 / 每个周期价格变动的累加。

自适应均线系统横向移动时，系统告诉你：最近的 N 个周期中，价格上涨的幅度和下跌的幅度基本相当（是幅度，而不是周期数）；

自适应均线系统上翘时，系统告诉你：最近N个周期中，价格上涨的幅度要大于下跌的幅度，价格逐渐进入强势的状态；

自适应均线系统下垂时，系统告诉你：最近N个周期中，价格下跌的幅度要大于上涨的幅度，价格逐渐进入强势的状态。

指标源码（MC语言:easy language）

```
inputs:PriceValue(numericseries),EffRatioLen(numericsimple),FastAvgLen(numericsimple),SlowAvgLen(numericsimple);
variables:var0(0),var1(0),var2(0),var3(0),var4(2/(SlowAvgLen+1)),var5(2/(FastAvgLen+1)),var6(var5-var4);

if CurrentBar=1 then
    AdaptiveMovAvg=PriceValue
else
    begin
    var0=AbsValue(PriceValue-PriceValue[EffRatioLen]);
    var1=Summation(AbsValue(PriceValue-PriceValue[1]),EffRatioLen);
    if var1>0 then
        var2=var0/var1
    else
        var2=0;

    var3=Square(var4+var2*var6);
      AdaptiveMovAvg=AdaptiveMovAvg[1]+var3*(PriceValue-AdaptiveMovAvg[1]);
    end;
```

相同原理，我们构建了以 ADX 指标为基础的自适应均线：

```
inputs:adx2(14),ma2(51),dx(1);
variables:var0(0),var1(0),var2(0),var3(0),var4(0),var5(0),var6(0);

var1=ADX(adx2);
if var1>0 and var1<=10 then var4=ma2;
if var1>10 and var1<=15 then var4=ma2-1*dx;
if var1>15 and var1<=20 then var4=ma2-2*dx;
if var1>20 and var1<=25 then var4=ma2-3*dx;
if var1>25 and var1<=30 then var4=ma2-4*dx;
if var1>30 and var1<=35 then var4=ma2-5*dx;
if var1>35 and var1<=40 then var4=ma2-6*dx;
if var1>40 and var1<=45 then var4=ma2-7*dx;
if var1>45 and var1<=50 then var4=ma2-8*dx;
if var1>50 and var1<=55 then var4=ma2-9*dx;
if var1>55 and var1<=60 then var4=ma2-10*dx;
if var1>60 and var1<=65 then var4=ma2-11*dx;
if var1>65 and var1<=70 then var4=ma2-12*dx;
if var1>70 and var1<=75 then var4=ma2-13*dx;
if var1>75 then var4=ma2-14*dx;

var5=Average((close+high+low)/3,var4);
var6=Average(var5,dx);

Plot1(var6);
```

相同原理，我们构建了以 RSI 指标为基础的自适应均线：

```
inputs:adx2(12),ma2(51),dx(2);
variables:var0(0),var1(0),var2(0),var3(0),var4(0),var5(0),var6(0);
```

```
var1=rsi(close,adx2);
if var1>=45 and var1<=55 then var4=ma2;
if var1>55 and var1<=60 then var4=ma2-1*dx;
if var1>60 and var1<=65 then var4=ma2-2*dx;
if var1>65 and var1<=70 then var4=ma2-3*dx;
if var1>70 and var1<=75 then var4=ma2-4*dx;
if var1>75 and var1<=80 then var4=ma2-5*dx;
if var1>80 and var1<=85 then var4=ma2-6*dx;
if var1>85 then var4=ma2-7*dx;
if var1<45 and var1>=40 then var4=ma2-1*dx;
if var1<40 and var1>=35 then var4=ma2-2*dx;
if var1<35 and var1>=30 then var4=ma2-3*dx;
if var1<30 and var1>=25 then var4=ma2-4*dx;
if var1<25 and var1>=20 then var4=ma2-5*dx;
if var1<20 and var1>=15 then var4=ma2-6*dx;
if var1<15 then var4=ma2-7*dx;

var5=Average((close+high+low)/3,var4);
var6=Average(var5,dx);

Plot1(var6);
```

总结：自适应均线的原理是根据计算价格趋势强弱自主调整传统均线参数的一种指标构建方式。相同原理，我们还可以构筑自适应布林指标、自适应唐奇安通道等。

量化交易策略“TOP36”：自适应均线量化策略

当价格处于自适应均线上方同时突破 N 周期高点做多，价格跌破均线平仓；当价格处于自适应均线下方同时突破 N 周期低点做空，价格击穿均线平仓。

测评数据如下：

策略应用软件：MultiCharts 中国版

测试范围：铁矿石、螺纹钢、橡胶、甲醇、PTA、焦炭、豆粕、白糖。

历史回测周期：2012 ~ 2018 年 15 分钟数据

应用主要品种：国内期货

策略应用软件：MultiCharts 中国版

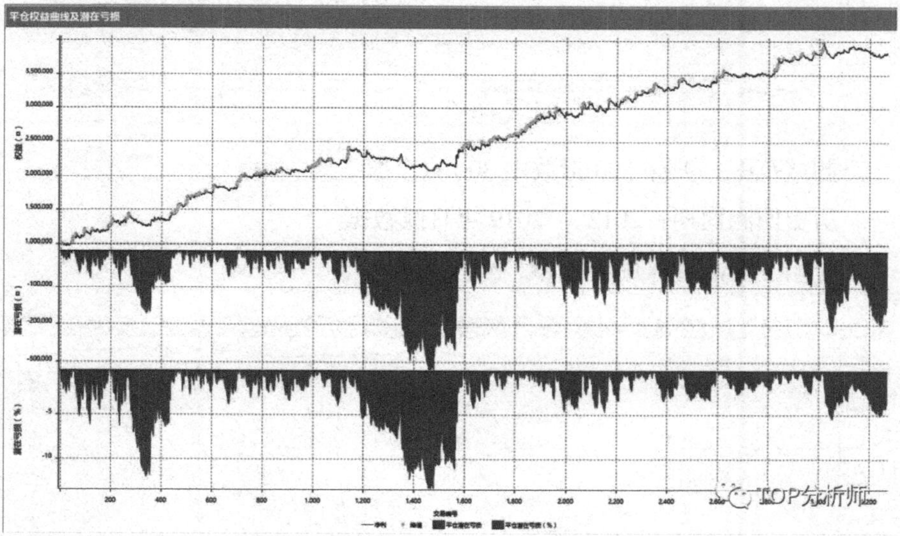

概述

商品	启动 日期	结束 日期	净额 盈利	交易次数
DCE.i HOT	2014-02-11 14:45:00	2019-05-17 23:00:00	¤762,117.04	395
SHFE.rb HOT	2012-02-27 11:00:00	2019-05-17 23:00:00	¤437,087.70	460
SHFE.ru HOT	2012-03-01 11:30:00	2019-05-17 23:00:00	¤163,199.09	473
CZCE.MA HOT	2012-02-27 15:00:00	2019-05-17 23:30:00	¤303,748.22	498
CZCE.TA HOT	2012-02-27 11:15:00	2019-05-17 23:30:00	¤308,399.31	482
DCE.j HOT	2012-02-27 11:00:00	2019-05-17 23:00:00	¤441,329.62	494
DCE.m HOT	2012-08-30 09:15:00	2019-05-17 23:00:00	¤247,796.17	458
CZCE.SR HOT	2012-02-28 09:15:00	2019-05-17 23:30:00	¤169,8[illegible]1.54	497

TOP分析师

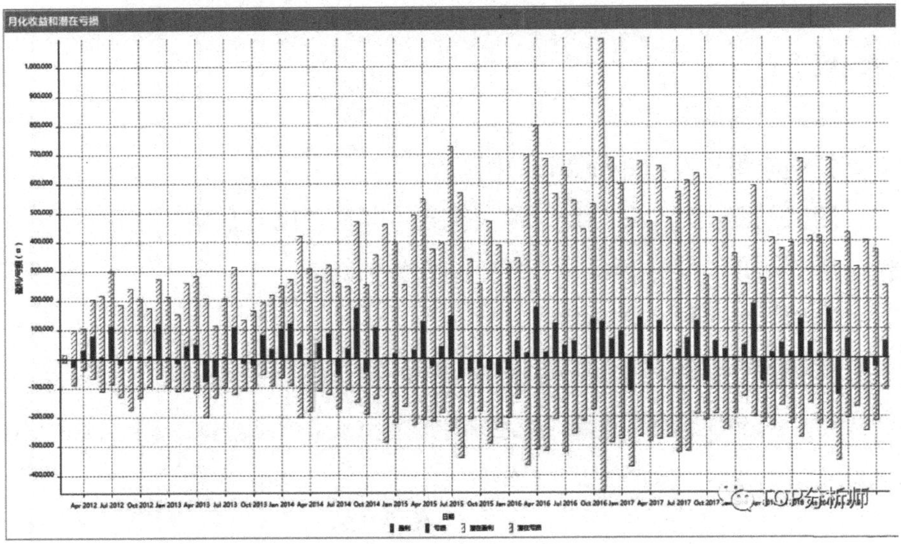

测试范围：沪深 300 指数中 300 只个股

历史回测周期：2012 ~ 2019 年日线数据

应用主要品种：中国 A 股

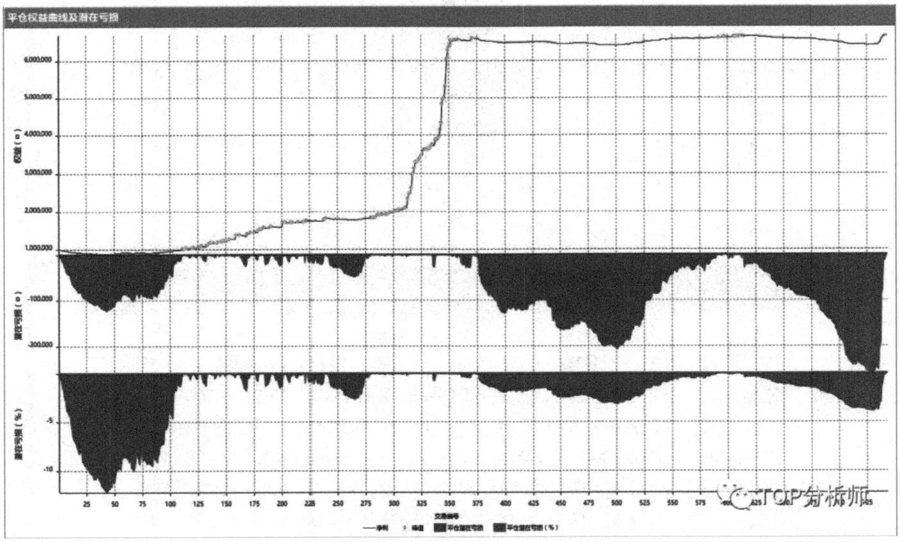

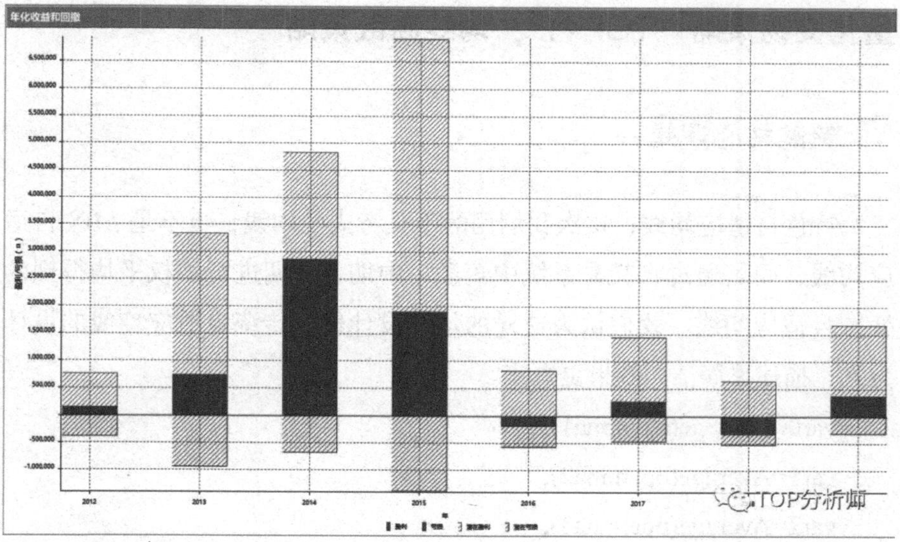

现在的量化圈往往认为，研究 AI 智能、机器学习这样的“黑匣子”策略才是走在时代的前沿、行业的前端，但“黑匣子”并不告诉你买卖的理由，你也不知道市场到底因为发生了些什么“黑匣子”才会发出“买”和“卖”的指令。这样的策略真能成为交易的“圣杯”吗？对此我的看法是有所保留的。而自适应交易系统或许是传统交易策略与未来 AI 策略之间的一种更好的过渡。

周泽炜说

趋势系统：趋势计算把价格移动归纳为一个净方向，并假设价格将会继续沿着这个方向运动。趋势跟踪系统则是对趋势做出反应，而不是对它们进行预期。

量化交易策略“TOP41”：均线离散策略

策略核心逻辑一

特色自适应均线，这次我们用的不是考夫曼均线，也不是 ADX 自适应均线，而是通过将交易系统中短期、中期、长期进行加权平均得到的变数自适应均线。我们认为这样的均线设计优于传统自适应均线的设计方式，描述更简洁，效果更真实。

```
var0=Average(open,ma1);
var1=Average(open,ma2);
var2=Average(open,ma3);
var3=(var0+var1+var2)/3;
```

策略核心逻辑二

我们通过计算均线之间的离散值得到特色均线离散指标，通过短期、中期、长期均线离散值收窄描述震荡充分。

```
inputs:ma1( 参数 1),ma2( 参数 2),ma3( 参数 3);
variables:var0(0),var1(0),var2(0),var3(0),var4(0),var5(0),var6(0),var7(0);

var0=Average(open,ma1);
var1=Average(open,ma2);
var2=Average(open,ma3);
var3=maxlist(var0,var1,var2);
var4=minlist(var0,var1,var2);
var5=100*(var3-var4)/((var3+var4)/2);

plot1(var5);
plot2(0.5);
```

```
plot3(2);
plot4(0);
```

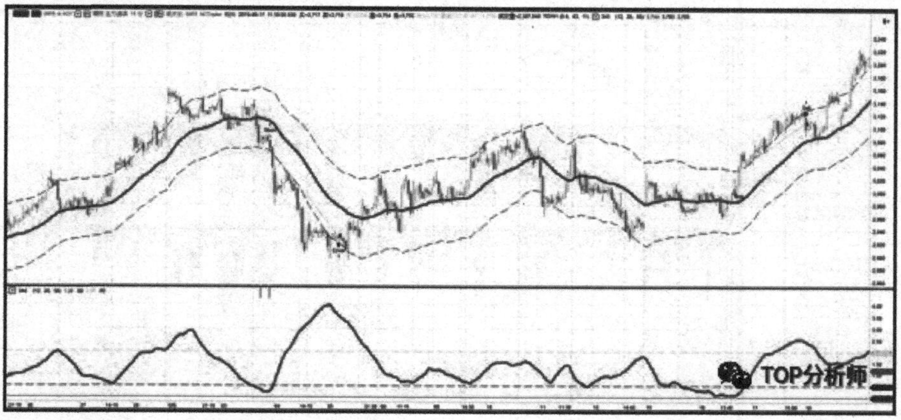

总结

我们通过计算短中长期三均线离散值描述价格震荡充分的开仓条件，根据自适应均线构筑 ATR 通道，当价格有效突破通道后进场。使用布林强盗策略中的自适应均线出场方式离场。

测评数据如下：

策略应用软件：MultiCharts 中国版

测试范围：铁矿石、螺纹钢、橡胶、甲醇、PTA、焦炭、豆粕、白糖、棕榈油。

应用主要品种：国内期货

手续费设计：万 2 手续费（覆盖 2 个滑点）

历史回测周期：2012 ~ 2019 年 15 分钟数据

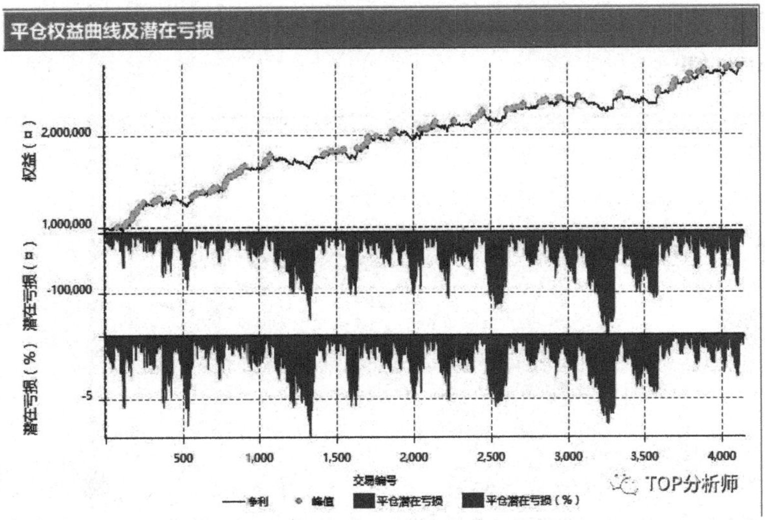

概述

商品	启动日期	结束日期	净额盈利	交易次数
DCE.i HOT	2013-11-01 10:00:00	2019-06-17 11:30:00	¤470,785.37	236
SHFE.rb HOT	2012-01-20 11:30:00	2019-06-17 11:30:00	¤216,305.52	420
SHFE.ru HOT	2012-02-02 11:15:00	2019-06-17 11:30:00	¤188,564.01	384
CZCE.MA HOT	2012-02-02 11:15:00	2019-06-17 11:30:00	¤363,682.48	505
CZCE.TA HOT	2012-02-02 11:00:00	2019-06-17 11:30:00	¤90,790.46	579
DCE.j HOT	2012-01-30 09:30:00	2019-06-17 11:30:00	¤289,297.65	423
DCE.m HOT	2012-04-25 09:45:00	2019-06-17 11:30:00	¤54,746.17	596
DCE.p HOT	2012-02-02 09:30:00	2019-06-17 11:30:00	¤12,730.06	710
CZCE.SR HOT	2012-01-31 11:30:00	2019-06-17 11:30:00	¤81,41[illegible]5	[illegible]

历史回测周期：2012 ~ 2019 年 30 分钟数据

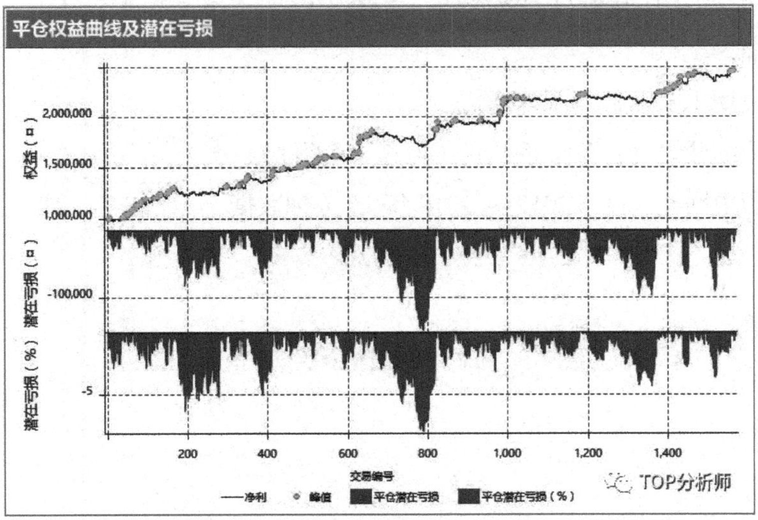

概述

商品	启动日期	结束日期	净额盈利	交易次数
DCE.i HOT	2013-11-15 14:00:00	2019-06-17 11:30:00	¤315,355.01	84
SHFE.rb HOT	2012-02-07 14:30:00	2019-06-17 11:30:00	¤114,039.33	143
SHFE.ru HOT	2012-02-16 14:00:00	2019-06-17 11:30:00	¤165,558.57	127
CZCE.MA HOT	2012-02-09 10:30:00	2019-06-17 11:30:00	¤339,732.86	174
CZCE.TA HOT	2012-02-08 14:30:00	2019-06-17 11:30:00	¤157,071.78	214
DCE.j HOT	2012-02-09 09:30:00	2019-06-17 11:30:00	¤8,124.94	158
DCE.m HOT	2012-08-20 10:30:00	2019-06-17 11:30:00	¤247,743.47	216
DCE.p HOT	2012-02-20 09:30:00	2019-06-17 11:30:00	¤61,809.92	274
CZCE.SR HOT	2012-02-07 09:30:00	2019-06-17 11:30:00	¤33,81[illegible]5	[illegible]

历史回测周期：2012 ~ 2019 年 60 分钟数据

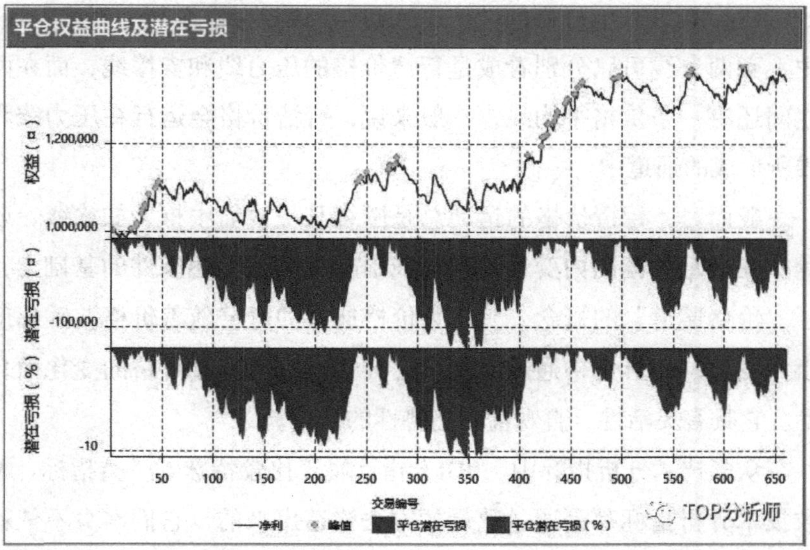

概述

商品	启动日期	结束日期	净额盈利	交易次数
DCE.i HOT	2014-02-07 10:00:00	2019-06-17 11:30:00	¤133,725.39	32
SHFE.rb HOT	2012-03-09 10:00:00	2019-06-17 11:30:00	¤27,186.24	46
SHFE.ru HOT	2012-03-19 10:00:00	2019-06-17 11:30:00	(¤17,573.98)	48
CZCE.MA HOT	2012-02-29 11:00:00	2019-06-17 11:30:00	(¤6,191.19)	77
CZCE.TA HOT	2012-03-13 10:00:00	2019-06-17 11:30:00	¤49,654.77	88
DCE.j HOT	2012-03-07 10:00:00	2019-06-17 11:30:00	¤5,109.40	72
DCE.m HOT	2013-03-29 14:30:00	2019-06-17 11:30:00	¤42,480.24	83
DCE.p HOT	2012-03-07 10:00:00	2019-06-17 11:30:00	(¤19,837.47)	105
CZCE.SR HOT	2012-02-27 10:00:00	2019-06-17 11:30:00	¤129,6[illegible]10	135

第四节　布林线实用方法

BOLL指标是美国股市分析家约翰·布林根据统计学中的标准差原理设计出来的一种非常简单实用的技术分析指标，是通过计算行情价格的“标准差”，再求行情价格的“信赖区间”。该指标在图形上画出三条线，其中上下两条线可以分别看成是行情价格的压力线和支撑线，而在两条线之间还有一条价格平均线，一般来说，行情价格会运行在压力线和支撑线所形成的通道中。

一般而言，行情价格的运动总是围绕某一价值中枢（如均线、成本线等）在一定的范围内变动，布林线指标正是在上述条件的基础上，引进了“价格通道”的概念，其认为价格通道的宽窄随着价格波动幅度的大小而变化，而且价格通道又具有变异性，它会随着价格的变化而自动调整。它具有灵活性、直观性和趋势性的特点。

在众多技术分析指标中，BOLL指标属于比较特殊的一类指标。绝大多数技术分析指标都是通过数量的方法构造出来的，它们本身不依赖趋势分析和形态分析，而BOLL指标却与行情价格的形态和趋势有着密不可分的联系。BOLL指标中的“价格通道”概念正是价格趋势理论的直观表现形式。BOLL是利用“价格通道”来显示行情波动中的各种价位，当行情价格波动很小处于盘整时，价格通道就会变窄，这可能预示着股价的波动处于暂时的平静期；当行情波动超出狭窄的价格通道的上（下）轨时，预示着价格的异常激烈的向上（下）波动即将开始。

计算公式

中轨线=N周期的移动平均线

上轨线 = 中轨线 + 两倍的标准差

下轨线 = 中轨线 – 两倍的标准差

标准差 MD= 平方根 N 周期的（收盘价 -MA）的两次方之和除以 N

中轨线 MB=（N-1）周期的 MA

上轨线 UP=MB+2 × MD

下轨线 DN=MB-2 × MD

使用方法

BOLL 主要是观察指标上下轨之间的距离，对那些两轨之间距离逐渐变小的行情就要多加留意了。因为布林线指标两轨之间距离逐渐变小代表股价的涨跌幅度逐渐变小，多空双方力量趋于一致，价格将会选择方向突破，而且两轨之间距离越小，价格突破的力度就越大。那么到底两轨之间距离多小才算小，这里可引入极限宽指标（WIDTH），即表示布林线指标开口大小的指标。有的软件没有这个指标，可以通过以下方法计算：WIDTH=（布林上限值 – 布林下限值）/ 布林股价平均值。

实战案例（欧元兑美元 2017 年 10 月 7 日 ~ 2018 年 2 月 14 日）：

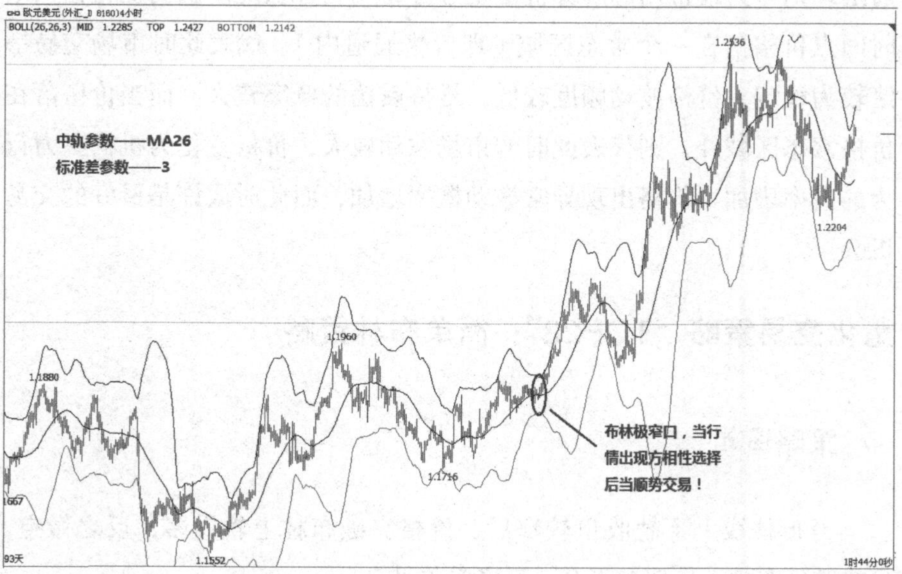

布林线指标作为许多交易者再熟不过的交易指标，由于其使用原理简单易懂，便顺理成章地成为许多交易者进入投资市场后的入门指标。今天的投资市场对于交易指标其实是褒贬不一的，虽然很多人口口声声喊着“指标无用”还是能在他们的交易界面上看到许多指标的身影，可见大家对指标可谓是又爱又恨，爱它简单明了的描述价格波动规律，恨它把握行情的滞后、未来函数的诡变。

我们往往认为价格运行于布林带上下轨之间为价格的常态运行情况，即信赖区间，更关注布林线上下轨之内的行情。而当价格接近或击穿布林线上轨则意味价格超买，往往是做空的信号；当价格接近或击穿布林线下轨则代表价格超卖，更多当作做多的信号。在布林线的参数设计上我们更倾向于减少价格出轨的情况。

但这种认知方式真的对吗？这样使用布林线真的赚钱吗？如果以上对于“布林线”的理解是错误的，那我们应该怎样去认知呢？

如果说红灯就是用来闯的，所以有了一个词“闯红灯”，那“指标通道”就应该是拿来突破的，所以叫作“通道突破”，你有没有想过，只有价格突破了通道才能看到另一片蓝天！如同在量化交易的逻辑中，通道理论作为最常用的解释价格正态分布的一种状况。我们认为在某个时间点价格落在一个常态区域（即价格通道内），代表此时市场交易情绪较为稳定，价格波动频度较低，维持震荡的概率较大。而当价格落在价格常态区域外，则代表此时的市场波动较大，价格变化为机构主力行为的概率增加，价格出现异常波动概率增加，而此时或许是最好的交易机会。

量化交易策略“TOP22”：简单布林策略

策略逻辑

当布林线上下轨收口较窄后，价格突破布林上轨做多，反之做空。价格跌破布林下轨多单平仓，反之空单平仓。

策略源码（MC语:easy language）

```
inputs:boll(48),boll2(1.8),bn(1.011);
variables:ma(0),var0(0),var1(0),var2(0),var3(0),var4(0),var5(0),var6(0);

var0=BollingerBand(open,boll,boll2);
var1=BollingerBand(open,boll,-boll2);

condition1=var0/var1<bn;
condition2=open>close[1] and open/close[1]<1.001;
condition3=open<close[1] and close[1]/open<1.001;
condition4=condition2 or condition3;

if close cross above var0 and condition1 and condition4 then buy("B") next bar at market;
if close cross under var1 and condition1 and condition4 then sellshort ("S") next bar at market;
if marketposition=1 and close<var1 then sell ("Lzy") next bar at market;
if marketposition=-1 and close>var0 then buytocover ("Szy") next bar at market;
```

测评数据如下：

策略应用软件：MultiCharts 中国版

测试范围：铁矿石、螺纹钢、橡胶、甲醇、PTA、焦炭、豆粕、白糖、棕榈油。

历史回测周期：2012 ~ 2018 年 15 分钟数据

应用主要品种：国内期货

策略应用软件：MultiCharts 中国版

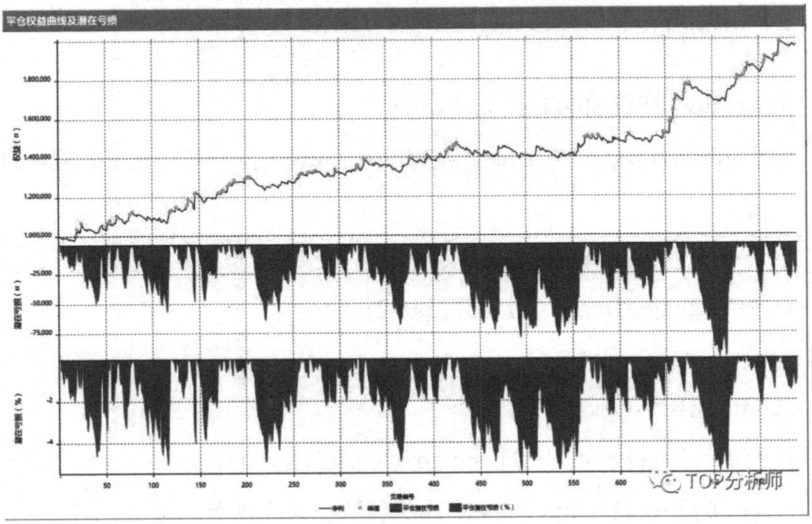

概述

商品	启动日期	结束日期	净额盈利	交易次数
DCE.i HOT	2018-03-01 23:30:00	2019-01-08 23:30:00	¤46,165.18	2
SHFE.rb HOT	2012-03-15 09:30:00	2019-01-08 23:00:00	¤241,530.02	71
SHFE.ru HOT	2013-12-12 10:45:00	2019-01-08 23:00:00	¤40,737.26	21
CZCE.MA HOT	2012-04-25 09:30:00	2019-01-08 23:30:00	¤237,897.05	80
CZCE.TA HOT	2012-03-23 09:30:00	2019-01-08 23:30:00	¤145,001.03	122
DCE.j HOT	2012-03-05 10:45:00	2019-01-08 23:30:00	¤38,433.76	80
DCE.m HOT	2013-07-22 10:00:00	2019-01-08 23:30:00	¤81,393.82	124
DCE.p HOT	2012-03-06 14:00:00	2019-01-08 23:30:00	¤107,708.69	126
CZCE.SR HOT	2012-03-13 09:30:00	2019-01-08 23:30:00	¤29,310.94	188

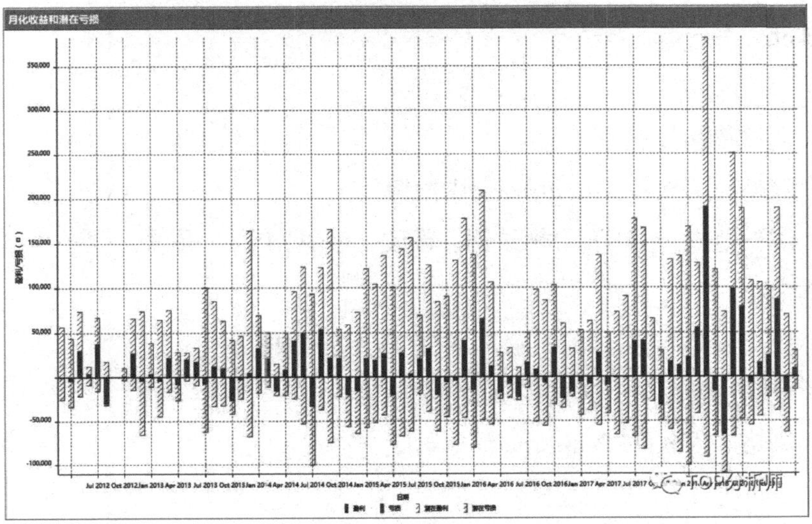

测试范围：外汇、黄金

历史回测周期：2014 ~ 2018 年 1 小时数据

应用主要品种：欧元、英镑、加元、日元、纽元、瑞士法郎、黄金（由于各外汇平台报价的细微差异性可能破坏测试结果，因此我们最终决定使用国际期货报价进行测试）

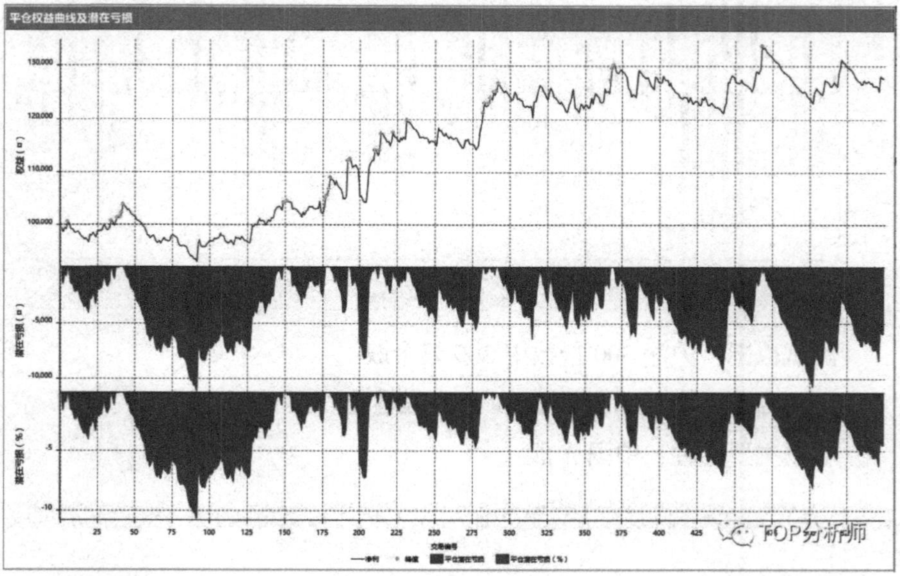

概述

商品	启动 日期	结束 日期	净额 盈利	交易次数
CME.6E HOT	2014-01-28 19:00:00	2019-01-09 01:00:00	¤3,961.40	110
CME.6A HOT	2014-04-03 10:00:00	2019-01-09 01:00:00	(¤167.15)	36
CME.6B HOT	2014-03-07 18:00:00	2019-01-09 01:00:00	¤7,125.01	88
CME.6C HOT	2014-01-17 21:00:00	2019-01-09 01:00:00	¤5,835.14	91
CME.GC HOT	2014-05-27 14:00:00	2019-01-09 01:00:00	¤16,094.18	21
CME.6S HOT	2014-01-23 09:00:00	2019-01-09 01:00:00	(¤13,983.54)	116
CME.6N HOT	2014-02-26 19:00:00	2019-01-09 01:00:00	(¤1,665.33)	26
CME.6J HOT	2014-01-20 10:00:00	2019-01-09 01:00:00	¤10,585.68	92

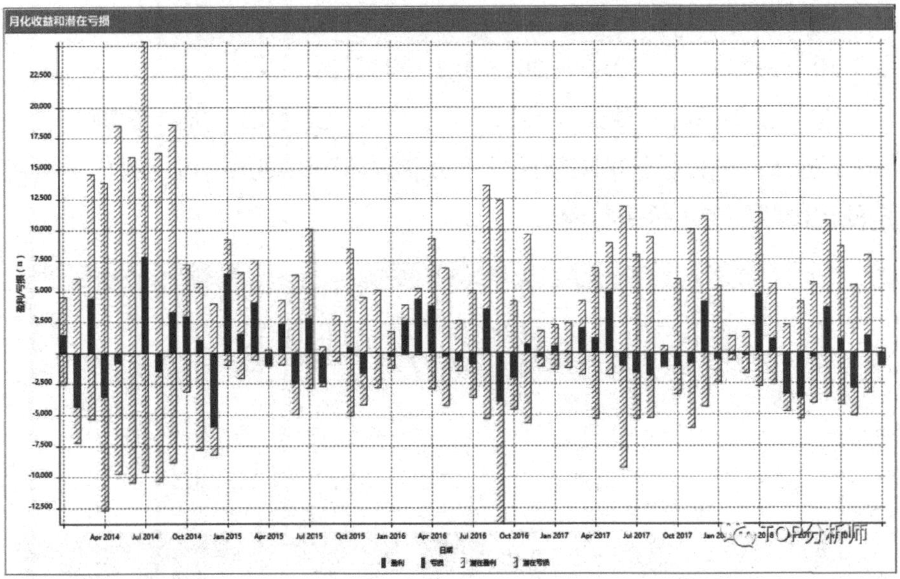

测试范围：沪深300指数中300只个股

历史回测周期：2010 ~ 2018年日线数据

应用主要品种：中国A股

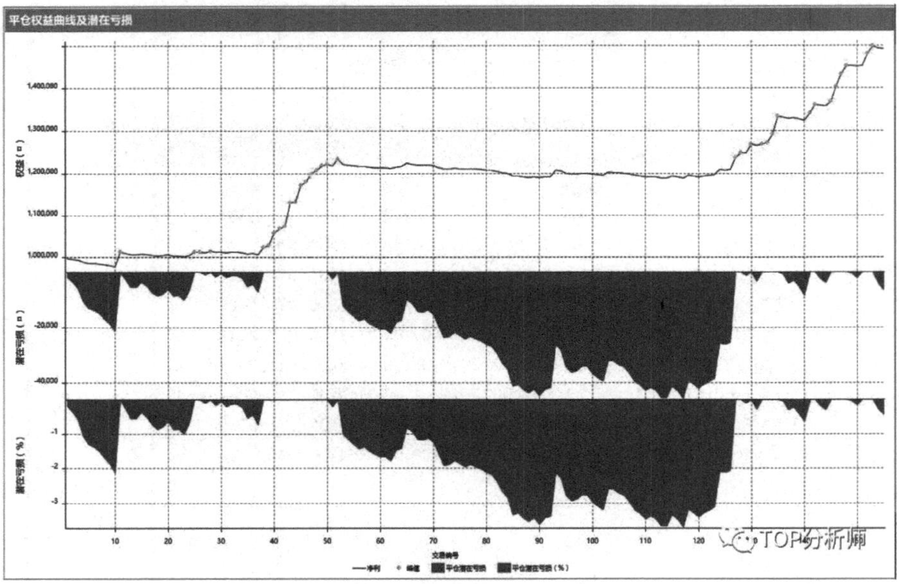

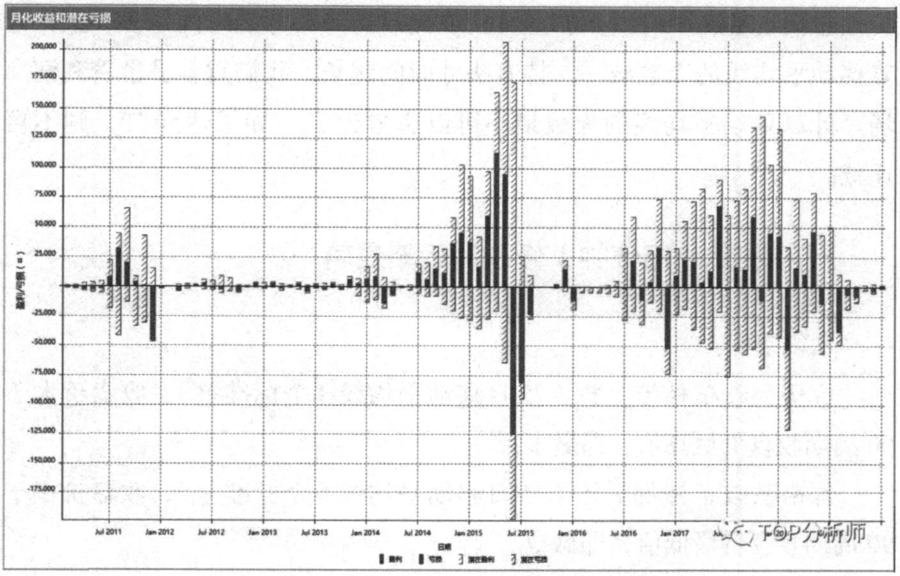

经典策略强盗布林

传统强盗布林交易系统是一个中长线策略。

入场交易规则（日线）

价格超过 50 日移动平均线上方 1 个标准差作为买进信号的标准，跌破 50 日移动平均线下方 1 个标准差作为卖出信号的标准（主体交易条件）。

当日收盘价必须高于 30 日前的收盘价才能做多，当日收盘价必须低于 30 日前的收盘价才能做空。这个额外的要求是一个趋势过滤器。我们只希望在上升趋势中做多或者在下降趋势中做空。

出场交易规则（日线）

我们都知道常规 3 条线组成的通道策略，都是以突破上下轨开仓，回归中轨平仓。但是这种平仓方式，将舍弃很大一块利润。布林强盗交易系统采用了一个较另类、较积极的方式（主条件）：当建立仓位时，保护性止损设置在 50 日均线（中轨）。之后持有头寸的时间每多一天，计算移动平均线的天数减一。持有头寸时间越长，我们越容易带着利润离场。计算移动平均线的天数最小可以递减到 10，如果达到 10，则不再递减。

国内期货（15分钟）修改后策略逻辑

入场条件：

价格突破布林带上轨（75 日移动平均线 3 个标准差），收盘价大于 90 周期收盘价最高值，即做多；

价格跌破布林带下轨（75 日移动平均线 3 个标准差），收盘价小于 90 周期收盘价最低值，即做空。

出场条件：

持多仓的情况下，收盘价小于出场 MA 平仓；

持空仓的情况下，收盘价大于出场 MA 平仓；

出场 MA 的值根据持仓周期变化。刚开仓为 44，持仓每增加一个周期，减 1，最小到 18。

策略源码（MC语言:easy language）

```
inputs:bl(75),blc(3),zq(90),ma(44),ma2(18);
variables:var0(0),var1(0),var2(0),var3(0),var4(0),var5(0),var6(50),var7(0), mp(0);

var1=BollingerBand(close,bl,blc);
var2=BollingerBand(close,bl,-blc);
var3=Highest(close,zq);
var4=Lowest(close,zq);

if close < var1 and close>var3[1] then buy ("B1") next bar at market;
```

```
if close  < var2 and close<var4[1] then sellshort ("S1") next bar at market;

mp=marketposition;
if mp[1]=0 and mp<>0 then var5=currentbar;
var6=ma+var5-currentbar;
if var6<=ma2 then var6=ma2;
if mp[1]<>0 and mp=0 then var6=ma;
var0=Average(open,var6);

if marketposition=1 then sell next bar at var0 stop;
if marketposition=-1 then  buytocover next bar at var0 stop;
```

风控策略

期望值为正时，交易者在追求最大复利收益的同时也可以把坡长的风险尽可能降到最低。

开单仓位 =[胜率 –（1– 胜率）/ 平均盈亏比]/2

测评数据如下：

策略应用软件：MultiCharts 中国版

测试范围：铁矿石、螺纹钢、橡胶、甲醇、PTA、焦炭、豆粕、白糖、棕榈油。

历史回测周期：2012 ~ 2018 年 15 分钟数据

应用主要品种：国内期货

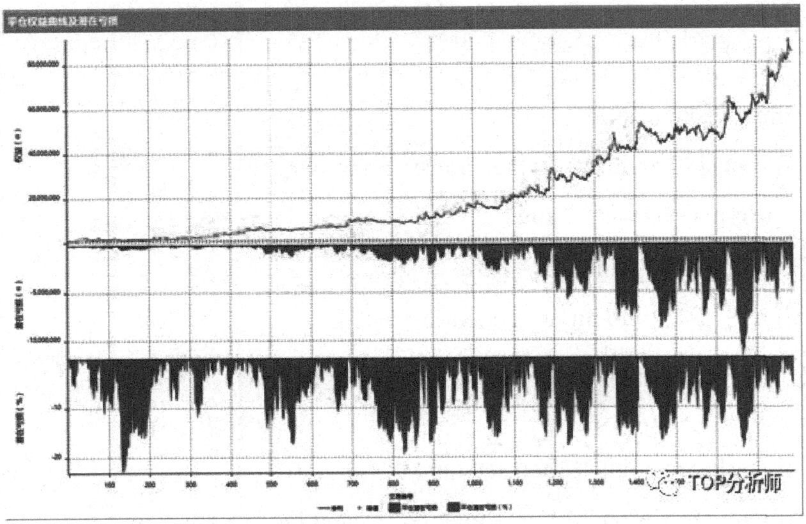

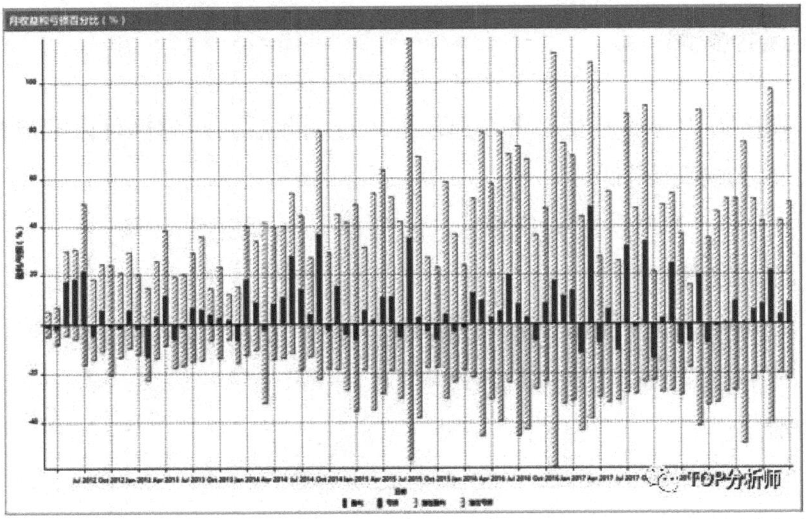

概述

商品	启动 日期	结束 日期	净额 盈利	交易次数
DCE.i HOT	2014-02-17 09:30:00	2019-01-31 11:15:00	¤398,679.83	181
SHFE.rb HOT	2012-03-29 09:45:00	2019-01-31 11:15:00	¤235,997.99	167
SHFE.ru HOT	2012-03-07 09:30:00	2019-01-31 11:15:00	¤344,824.47	213
CZCE.MA HOT	2012-04-10 09:30:00	2019-01-31 11:15:00	¤261,799.10	228
CZCE.TA HOT	2012-03-13 09:30:00	2019-01-31 11:15:00	¤103,504.38	213
DCE.j HOT	2012-03-14 14:30:00	2019-01-31 11:15:00	¤209,849.42	248
DCE.m HOT	2012-09-03 11:30:00	2019-01-31 11:15:00	(¤19,250.01)	213
DCE.p HOT	2012-03-09 10:45:00	2019-01-31 11:15:00	¤43,368.31	238
CZCE.SR HOT	2012-03-13 11:00:00	2019-01-31 11:15:00	¤161,54[illegible].95	[illegible]

第五节　RSI 指标实用方法

RSI 是 Relative Strength Index 的缩写，即相对强弱指数。RSI 是根据一定时期内上涨点数和涨跌点数之和的比率制作出的一种技术曲线，能够反映出市场在一定时期内的景气程度，由威尔斯·威尔德（Welles Wilder）最早应用于期货买卖。后来人们发现在众多的图表技术分析中，强弱指标的理论和实践极其适合于投资市场的短线投资，于是被用于投资市场升跌的测量和分析中。

数学原理

RSI 的原理简单来说是以数字计算的方法求出买卖双方的力量对比，譬如有 100 个人面对一件商品，如果 50 个人以上要买，竞相抬价，商品价格必涨。相反，如果 50 个人以上争着卖出，价格自然下跌。

强弱指标理论认为，任何市价的大涨或大跌，均在 0 ~ 100 之间变动。"常态分配论"认为，RSI 值多在 30 ~ 70 之间变动，通常 80 甚至 90 时被认为市场已到达超买状态，至此市场价格自然会回落调整。当价格低跌至 20 以下即被认为是超卖状态，市价将出现反弹回升。

公式代码

```
RSI:=SMA(MAX(Close-LastClose,0),N,1)/SMA(ABS(Close-LastClose),N,1)*100
```

参数修改

RSI是主观交易中较常见的辅助指标之一。根据“唯一特性理论”，即任何交易品种都有其唯一性，而各周期皆存在其独特且不可取代的运行规律。因此我们为不同交易品种不同周期都设定了相应的独立参数。例如：股票日线周期参数15、外汇及大宗商品日线周期参数15、4小时周期参数12、1小时周期参数12、30分钟周期参数9、15分钟参数12、5分钟周期参数9、1分钟周期参数12。

四种用途

① 顶点及底点：RSI80及20通常为超买及超卖讯号。

② 支撑及压力：RSI30及70为多空分界位置，有时比价格图更能清晰反映支持及压力位置。

③ 结合“织女三穿一”确定突破点：RSI30及70为多空分界位置，能有效提示行情突破。

④ 结合“昳汐成本线”指标确定支撑压力：RSI80及20结合成本线判断支撑及压力位置。

实战案例（欧元兑美元2017年10月23日～11月1日）：

实战案例（欧元兑美元 2017 年 8 月 22 日 ~ 8 月 31 日）：

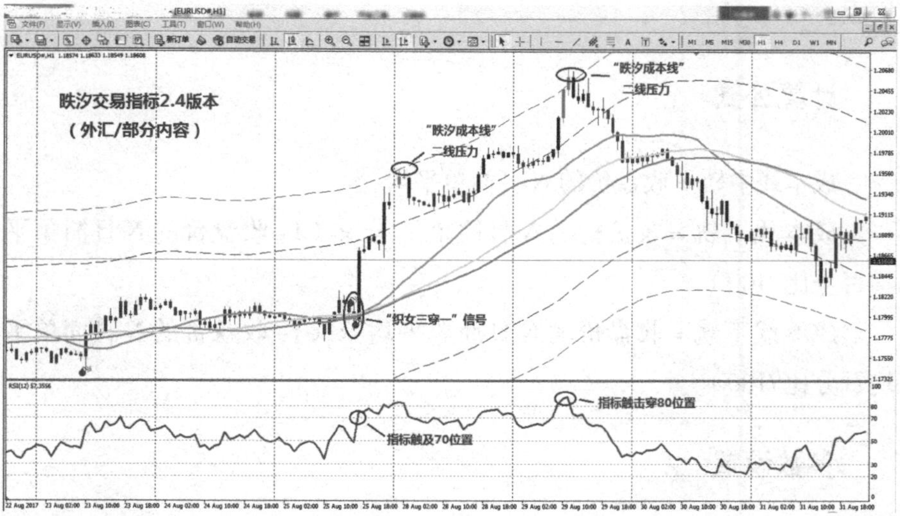

第六节 映汐成本线指标实用方法

映汐成本线指标是笔者经过多年实盘交易经验总结以移动平均原理派生的一项技术指标，其功能主要是通过测算股价在波动过程中与移动平均线出现偏离的程度，从而得出行情在剧烈波动时因偏离移动平均趋势而造成可能的回档或反弹，以及价格在正常波动范围内移动而形成继续原有势的可信度。

成本线的核心逻辑：如果价格偏离移动平均线太远，不管股价在移动平均线上方或下方，都有可能趋向平均线。而成本线则反应价格偏离趋向移动均线指标的某种程度。

成本线指标起源于葛兰碧的平均线定律，它的理论基础主要从投资者心理角度来分析。因为均线可以代表平均持仓成本，因此当行情价格离均线太远，就会随时出现短期反转的可能。而行情突破成本线上轨则代表超买，价格回调概率较大；反之当行情突破成本线下轨则代表超卖，价格反弹概率较大。这就是成本线指标提供的买卖依据形成的原因。

计算公式

成本线中轨 = 收盘价的 N 日简单平均

成本线上轨 = 收盘价的 N 日简单平均 ×（1+ 收盘价的 N 日简单平均百分比 /100）

成本线下轨 = 收盘价的 N 日简单平均 ×（1– 收盘价的 N 日简单平均百分比 /100）

参数设置

根据“唯一特性理论”，即任何交易品种都有其唯一性，而各周期皆存在其独特且不可取代的运行规律。因此我们为不同交易品种不同周期都设定了相应的独立参数。例如：股票日线周期中轨均线 58，上下轨参数 19%；外汇及大宗商品 1 小时中轨均线 58，上下轨参数 1.4%；外汇及大宗商品 30 分钟中轨均线 58，上下轨参数 0.9%；外汇及大宗商品 30 分钟中轨均线 200，上下轨参数 1.3%。

两种用途

① 顶点及底点：成本线上下轨通常为超买及超卖讯号，有时比价格图更能清晰反映支持及压力位置。

② 结合 RSI 指标确定支撑压力：RSI80 及 20 结合成本线判断支撑及压力位置。

实战案例（欧元兑美元 2018 年 3 月 27 日 ~ 4 月 6 日）：

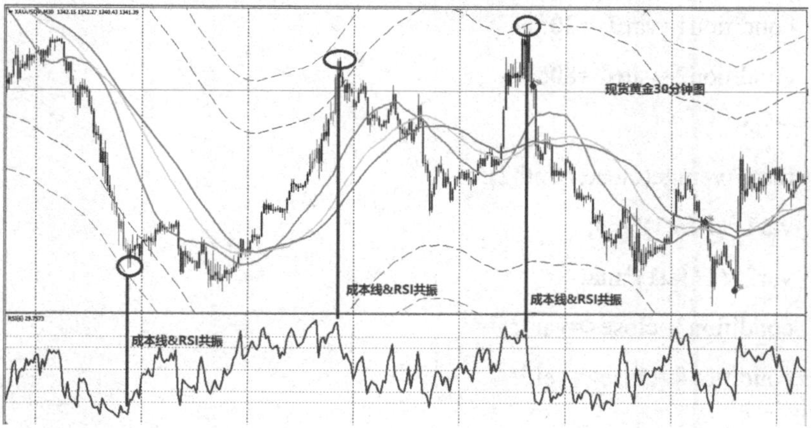

量化交易策略“TOP3”：价格回归量化策略

策略逻辑

当价格出现单边趋势 RSI 指标跌破 20 位置，价格击穿 N 周期均线下方 X% 位置为判定条件，且满足当时 K 线跌幅减小，进场做多。设置固定百分比止盈止损，进场后 Y 个交易周期价格未触及止盈止损即保本平仓；

当价格出现单边趋势 RSI 指标击穿 80 位置，价格击穿 N 周期均线下方 X% 位置为判定条件，且满足当时 K 线涨幅减小，进场做空。设置固定百分比止盈止损，进场后 Y 个交易周期价格未触及止盈止损即保本平仓。

TOP3策略源码（MC语言:easy language）

```
Inputs:Lenth1(5),Lenth2(33),fat1(0.009),fat2(0.0024),pLy(0.0075),pLs(0.0058),pm(30);
variables:ma(0),var0(0),var1(0),var2(0),zf(0),df(0),vbar(0);

var0=RSI(close,Lenth1);
```

```
condition1=var0<=20;
condition2=var0>=80;

ma=Average(close,Lenth2);
var1=(1-fat1)*ma;
var2=(1+fat1)*ma;
condition3=close<=var1;
condition4=close>=var2;

if close<close[1] and close[1]<>0 then df=(close[1]-close)/close[1];
if close>close[1] and close[1]<>0 then zf=(close-close[1])/close[1];
condition5=df<=fat2;
condition6=zf<=fat2;

if condition1 and condition3 and condition5 then begin
    buy ("B1") next bar at market;
    vbar=currentbar;
    end;

if condition2 and condition4 and condition6 then begin
    sellshort ("S1") next bar at market;
    vbar=currentbar;
    end;

value1=(1-pLs)*entryprice;
value2=(1+pLy)*entryprice;
value3=(1+pLs)*entryprice;
value4=(1-pLy)*entryprice;
if currentbar>vbar then begin
```

```
    sell ("Lzs") next bar at value1 stop;
    sell ("Lzy") next bar at value2 limit;
    buytocover ("Szs") next bar at value3 stop;
    buytocover ("Szy") next bar at value4 limit;
    end;

if currentbar>=vbar+pm then begin
  sell ("SP") next bar at entryprice limit;
  buytocover ("BP") next bar at entryprice limit;
  end;
```

测评数据如下：

策略应用软件：MultiCharts 中国版

测试范围：沪深 300 指数中 300 只个股

历史回测周期：2001 ～ 2018 年日线数据

应用主要品种：中国 A 股

总体交易分析

	所有交易	多头交易	空头交易
交易总数量	573	573	0
未平仓交易总数量	4	4	0
盈利交易次数	325	325	0
亏损交易次数	236	236	0
胜率	56.72%	56.72%	0%
单笔净利	$475.74	$475.74	$0
平均盈利额	$1751.82	$1751.82	$0
平均亏损额	($1257.37)	($1257.37)	$0
平均盈利/平均亏损	1.39	1.39	0

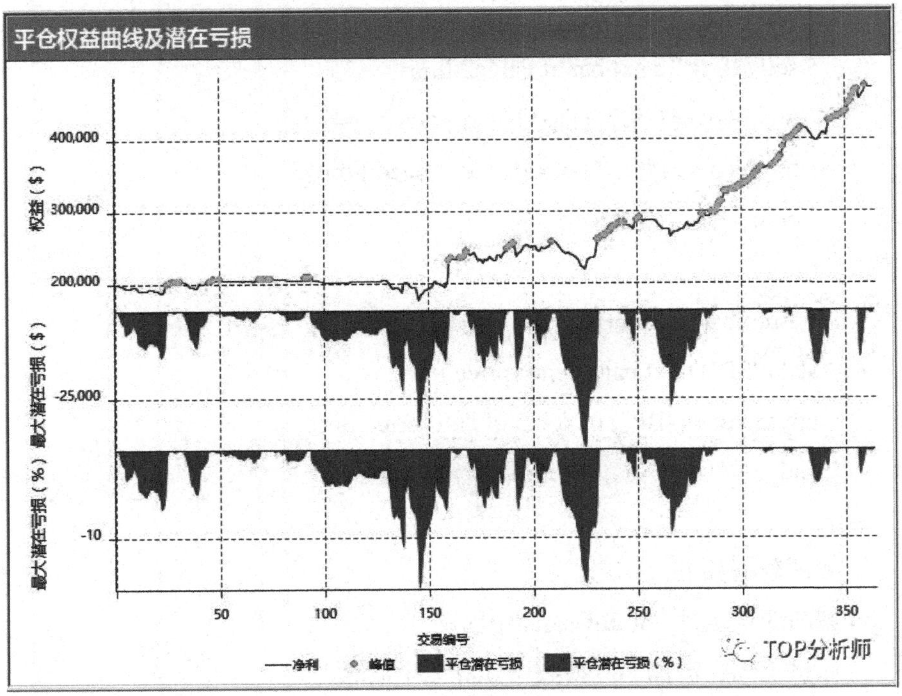

年度周期分析

期间	净利	% 盈利	盈利因子	交易次数	百分比胜率
2018	$37560	8.63%	3.5	22	72.73%
2017	$26280	6.43%	2.22	29	62.07%
2016	$33060	8.8%	10.72	14	71.43%
2015	$15120	4.19%	1	6	100%
2014	$15480	4.48%	11.32	10	80%
2013	$62440	22.08%	7.18	60	83.33%
2012	$46480	19.66%	1.85	98	61.22%
2011	($14820)	(5.9%)	(.76)	83	46.99%
2010	$6340	2.59%	1.22	33	48.48%
2009	$7800	3.29%	1	1	100%
2008	$33100	16.23%	1.62	56	60.71%
2007	$0	0%	0	0	0%
2006	$100	.05%	1	1	100%
2005	$3360	1.68%	2.29	25	52%
2004	($8180)	(3.92%)	(.2)	19	26.32%
2003	$4460	2.18%	2.12	30	60%
2002	$940	.46%	1.05	84	45.24%
2001	$3260	1.63%	1.17	58	[illegible]

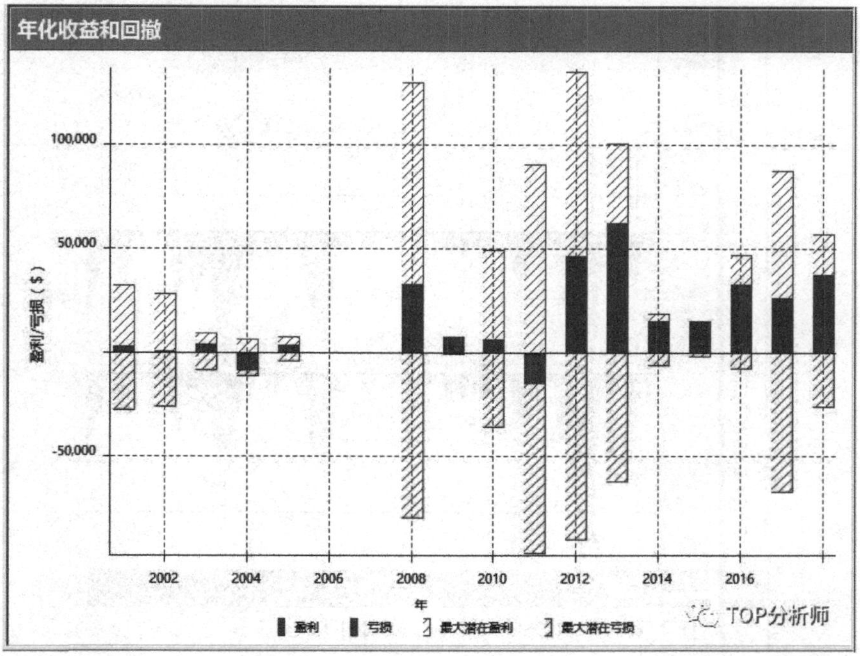

策略应用软件：MultiCharts 中国版

测试范围：外汇、黄金

历史回测周期：2014 ~ 2018 年 1 小时数据

应用主要品种：欧元、英镑、加元、日元、纽元、瑞士法郎、黄金（由于各外汇平台报价的细微差异性可能破坏测试结果，因此我们最终决定使用国际期货报价进行测试）

总体交易分析

	所有交易	多头交易	空头交易
交易总数量	327	140	187
未平仓交易总数量	0	0	0
盈利交易次数	179	78	101
亏损交易次数	148	62	86
胜率	54.74%	55.71%	54.01%
单笔净利	$90.82	$99.74	$84.14
平均盈利额	$515.98	$515.74	$516.16
平均亏损额	($423.4)	($423.61)	($423.24)
平均盈利/平均亏损	1.22	1.22	

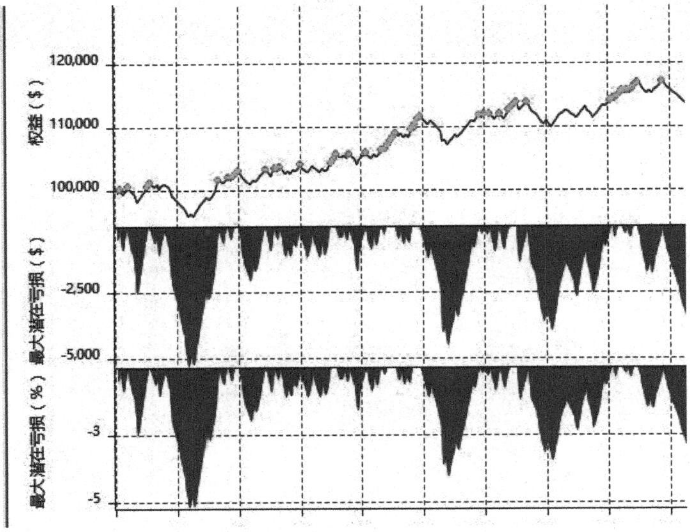

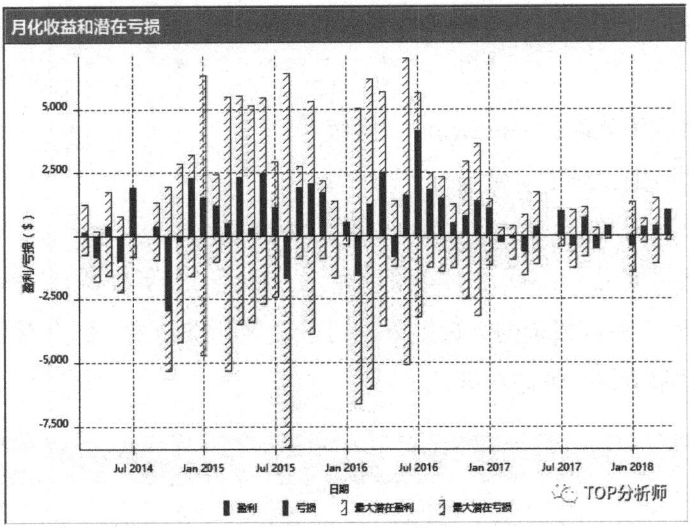

市价单	启动 日期	结束 日期	净额 盈利	交易次数
CME.6E HOT	2015-01-23 02:00:00	2018-04-19 13:00:00	$3381.25	26
CME.6A HOT	2014-09-12 13:00:00	2018-04-19 13:00:00	$1020	35
CME.6B HOT	2015-01-05 23:00:00	2018-04-19 13:00:00	$2675	26
CME.6C HOT	2015-01-22 04:00:00	2018-04-19 13:00:00	$1220	17
CME.GC HOT	2014-03-20 05:00:00	2018-04-19 13:00:00	$18400	103
CME.6S HOT	2015-01-27 02:00:00	2018-04-19 13:00:00	($2450)	20
CME.6N HOT	2014-06-12 16:00:00	2018-04-19 13:00:00	$2020	53
CME.6J HOT	2014-10-31 16:00:00	2018-04-19 13:00:00	$343[illegible].25	47

策略应用软件：MultiCharts 中国版

测试范围：外汇、黄金

历史回测周期：2014 ~ 2018 年 30 分钟数据

应用主要品种：欧元、英镑、加元、日元、纽元、瑞士法郎、黄金（由于各外汇平台报价的细微差异性可能破坏测试结果，因此我们最终决定使用国际期货报价进行测试）

总体交易分析

	所有交易	多头交易	空头交易
交易总数量	1327	668	659
未平仓交易总数量	0	0	0
盈利交易次数	613	337	276
亏损交易次数	682	299	383
胜率	46.19%	50.45%	41.88%
单笔净利	$38.79	$35.93	$41.7
平均盈利额	$579.77	$447.83	$740.87
平均亏损额	($445.63)	($424.48)	($462.14)
平均盈利/平均亏损	1.3	1.06	[illegible].6

TOP分析师

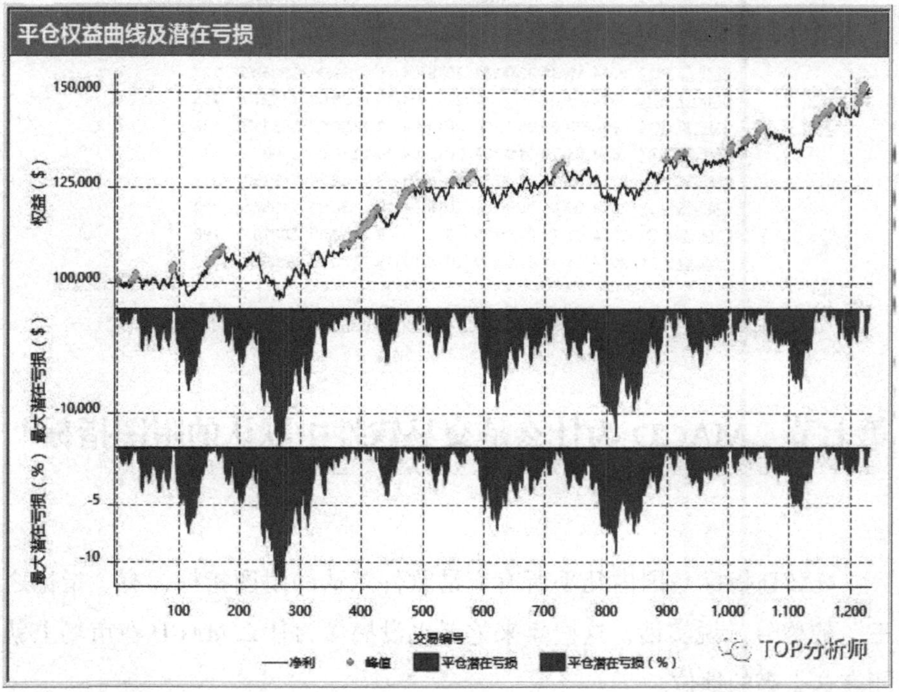

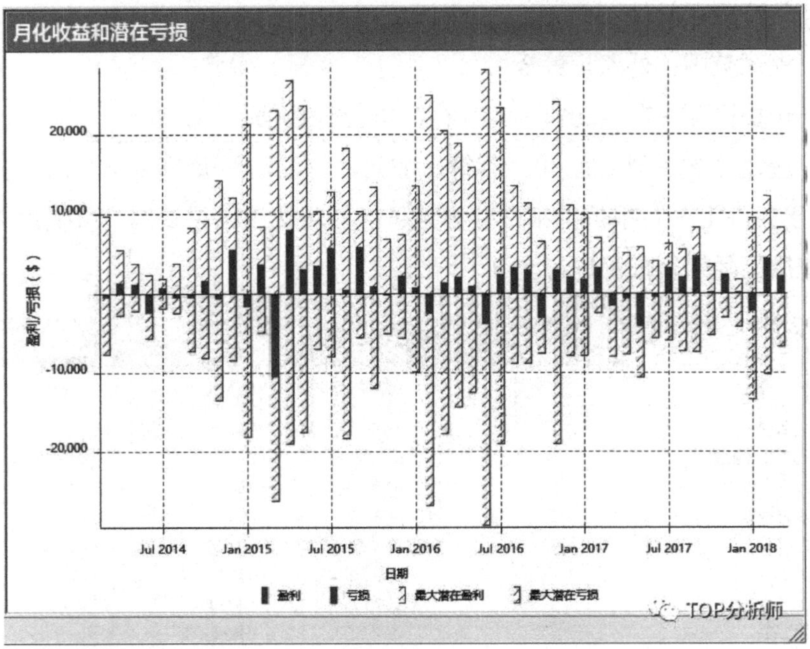

概述

市价单	启动日期	结束日期	净额盈利	交易次数
CME.6E HOT	2014-10-31 22:00:00	2018-04-19 12:30:00	$9962.5	127
CME.6A HOT	2014-03-07	2018-04-19 12:30:00	$13910	165
CME.6B HOT	2014-09-05 08:30:00	2018-04-19 12:30:00	$6343.75	136
CME.6C HOT	2014-03-20 04:00:00	2018-04-19 12:30:00	$600	87
CME.GC HOT	2014-03-12 22:00:00	2018-04-19 12:30:00	$15290	352
CME.6S HOT	2014-09-05 03:30:00	2018-04-19 12:30:00	$1087.5	112
CME.6N HOT	2014-03-13 22:30:00	2018-04-19 12:30:00	$8210	198
CME.6J HOT	2014-03-14 03:00:00	2018-04-19 12:30:00	($3925)	150

第七节　MACD 为什么是交易软件中默认的附图指标?

MACD 指标是国内几乎所有交易软件默认的附图指标，有“指标之王”的称号。说实话，这些年来笔者也没搞懂为什么 MACD 在市场上就能有这么高的地位。

什么是MACD指标?

MACD 称为平滑异同移动平均线，是从双指数移动平均线发展而来的，由快的指数移动平均线（EMA12）减去慢的指数移动平均线（EMA26）得到快线 DIF，再用 2×（快线 DIF-DIF 的 9 日加权移动均线 DEA）得到 MACD 柱。MACD 的意义和双移动平均线基本相同，即由快、慢均线的离散、聚合表征当前的多空状态和股价可能的发展变化趋势，但阅读起来更方便。当 MACD 从负数转向正数，是买的信号。当 MACD 从正数转向负数，是卖的信号。当 MACD 以大角度变化，表示快的移动平均线和慢的移动平均线的差距非常迅速地拉开，代表了一个市场大趋势的转变。

如果说均线（MA）是描述价格波动的指标，那么 MACD 就是描述均线变化的指标。

EMA和MA有什么关系?

移动平均线，Moving Average，简称 MA，MA 是用统计分析的方法，将一定时期内的行情价格（指数）加以平均，并把不同时间的平均值连接起来，形成一根 MA，用以观察走势价格变动趋势的一种技术指标。

指数移动平均值，Exponential Moving Average，也叫 EXPMA 指标，它也是一种趋向类指标，指数移动平均值是以指数式递减加权的移动平均。

理解了 MA、EMA 的含义后，就可以理解其用途了，简单地说，当要比较数值与均价的关系时，用 MA 就可以了，而要比较均价的趋势快慢时，用 EMA 更稳定；有时，在均价值不重要时，也用 EMA 来平滑和美观曲线。

MA 指标是将 K 线收盘价进行算数平均得到的结果；EMA 指标是将 K 线收盘价进行加权平均得到的结果。很多人认为 EMA 相较 MA 更能客观地描述价格的变化。

MACD的核心元素DIF

“离差值”（DIF）即MACD“快速线”，是以快速（一般选12日）移动平均值与慢速（一般选26日）移动平均值作为测量两者（快速与慢速线）间的“离差值”依据，即12日EMA数值减去26日EMA数值。因此，在持续的涨势中，12日EMA在26日EMA之上。其间的正离差值（+DIF）会愈来愈大。反之在跌势中，离差值可能变负（-DIF），也愈来愈大。

DIF计算公式：EMA(12)-EMA(26)

MACD其他元素

DEA：即DIF的加权平均值；

红绿柱：用（DIF-DEA）×2即为MACD柱状图；

零轴：当EMA12下穿EMA26，形成均线死叉后DIF值下穿零轴；当EMA12上穿EMA26形成均线金叉后DIF值上穿零轴。

第八节　SAR抛物线指标

SAR指标又叫抛物线指标或停损转向操作点指标，其全称Stop and Reverse，缩写SAR，是由美国技术分析大师威尔斯·威尔德（Wells Wilder）所创造的，是一种简单易学、比较准确的中短期技术分析工具。

抛物线指标（SAR）也称为停损点转向指标，指标与移动平均线的原理颇为相似，属于价格与时间并重的分析工具。由于组成SAR的点以弧形的方式移动，故称“抛物转向”。

从SAR指标英文全称知道它有两层含义。

一是“Stop”，即停损、止损之意，这就要求交易者在开仓之前，先要设定一个止损价位，以减少投资风险。而这个止损价位也不是一直不变的，随着价格的波动止损位也要不断地随之调整。

如何既可以有效地控制住潜在的风险，又不会错失赚取更大收益的机会，是每个投资者所追求的目标。但是投资市场变幻莫测，而且不同的交易标的不同时期的走势又各不相同，如果止损位设得过高，就可能出现价格在其调整回落时卖出，而卖出后却从此展开一轮新的升势，错失了赚取更大利润的机会，反之，止损位定得过低，就根本起不到控制风险的作用。因此，如何准确地设定止损位是各种技术分析理论和指标所阐述的目的，而 SAR 指标在这方面有其独到的功能。SAR 指标的英文全称的第二层含义是“Reverse”，即反转、反向操作之意，这要求交易者在决定建仓前先设定个止损位，当价格达到止损价位时，交易者不仅要对前期买入的持仓进行平仓，而且在平仓的同时可以进行反向操作，以谋求收益的最大化。

量化交易策略“TOP27”：

策略逻辑

在 SAR 指标多空转换的节点同时满足突破唐齐安通道上下轨后顺势进场。设计自适应均线作为出场条件。

Top27策略源码（MC语言:easy language）

```
inputs:sj(60),ma(49),ma2(16);//67\31\19//62/36/20
variables:var0(0),var1(0),var2(0),var3(0),var4(0),var5(0),var6(0),var7(0),var8(0),var00(0),var11(0),oParCl(0), oParOp(0), oPostion(0),oTransition(0),mp(0);

Value1 = ParabolicSAR(0.02, 0.02, oParCl, oParOp, var2, oTransition);

if var2[1]=-1 and var2=1 then buy("1") next bar at highest[1](h,sj) stop;
```

```
if var2[1]=1 and var2=-1 then sellshort("2") next bar at Lowest[1](l,sj) stop;

mp=marketposition;
if mp[1]=0 and mp<>0 then var5=currentbar;
var6=ma+var5-currentbar;
if var6<=ma2 then var6=ma2;
if mp[1]<>0 and mp=0 then var6=ma;
var0=Average(OPEN,var6);

if marketposition=1 then sell next bar at var0 stop;
if marketposition=-1 then  buytocover next bar at var0 stop;
```

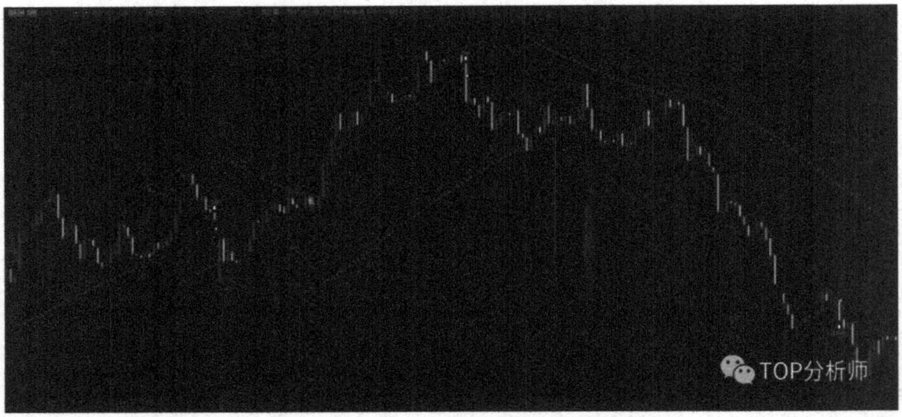

测评数据如下：

策略应用软件：MultiCharts 中国版

测试范围：铁矿石、螺纹钢、橡胶、甲醇、PTA、焦炭、豆粕、白糖、棕榈油。

历史回测周期：2012 ~ 2018 年 15 分钟数据

应用主要品种：国内期货

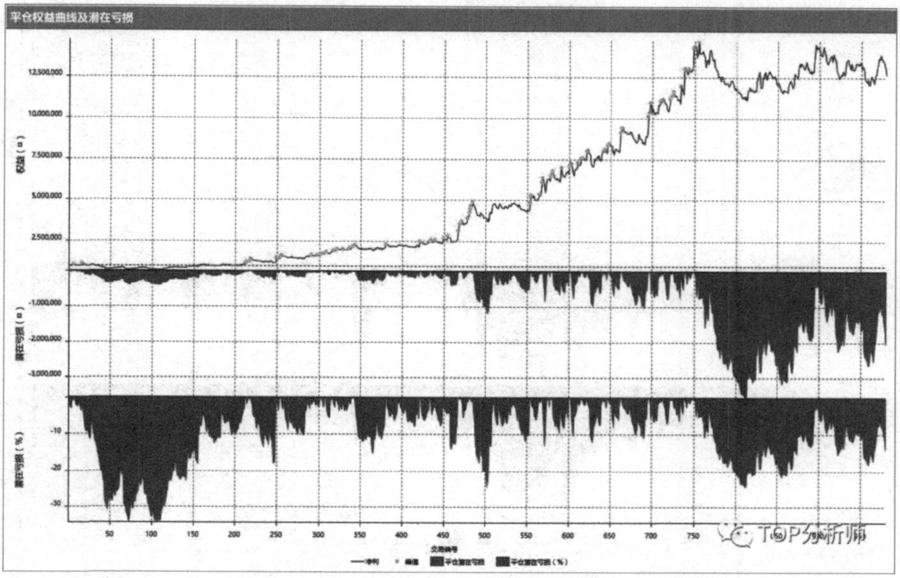

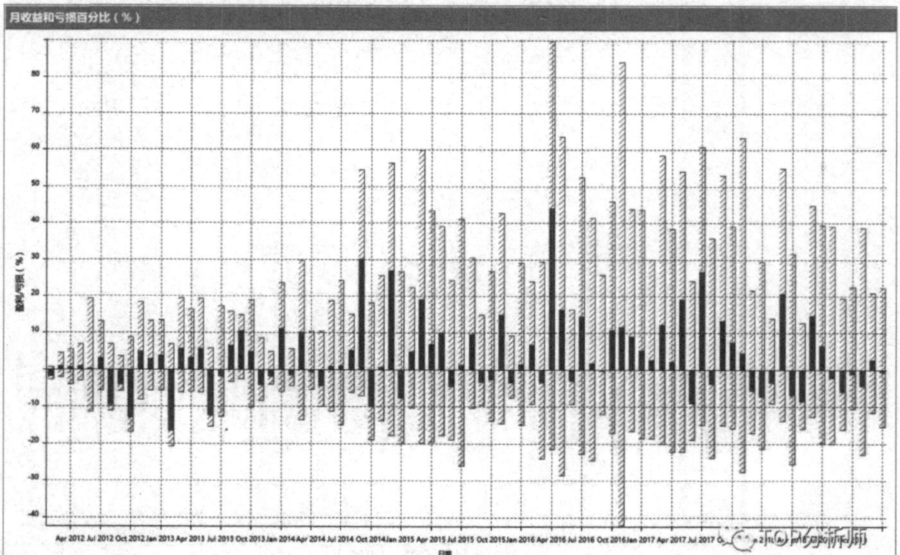

测试范围：外汇、黄金

历史回测周期：2014 ~ 2018 年 1 小时数据

应用主要品种：欧元、英镑、加元、日元、纽元、瑞士法郎、黄金（由于各外汇平台报价的细微差异性可能破坏测试结果，因此我们最终决定使用国际期货报价进行测试）

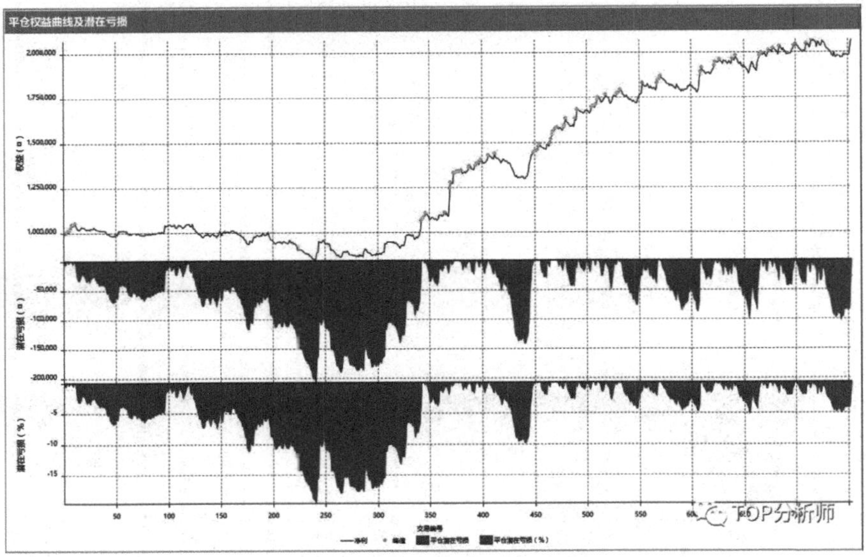

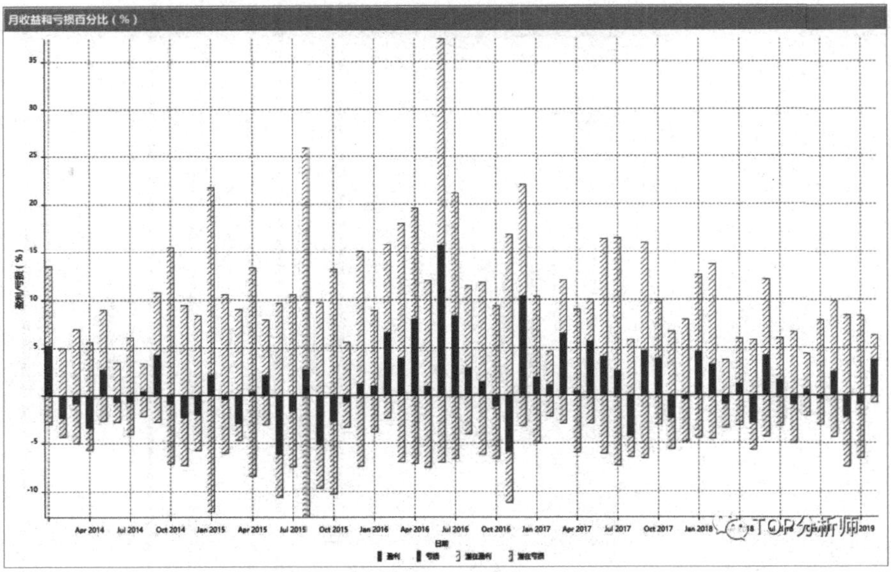

测试范围：沪深 300 指数中 300 只个股

历史回测周期：2010 ~ 2018 年日线数据

应用主要品种：中国 A 股

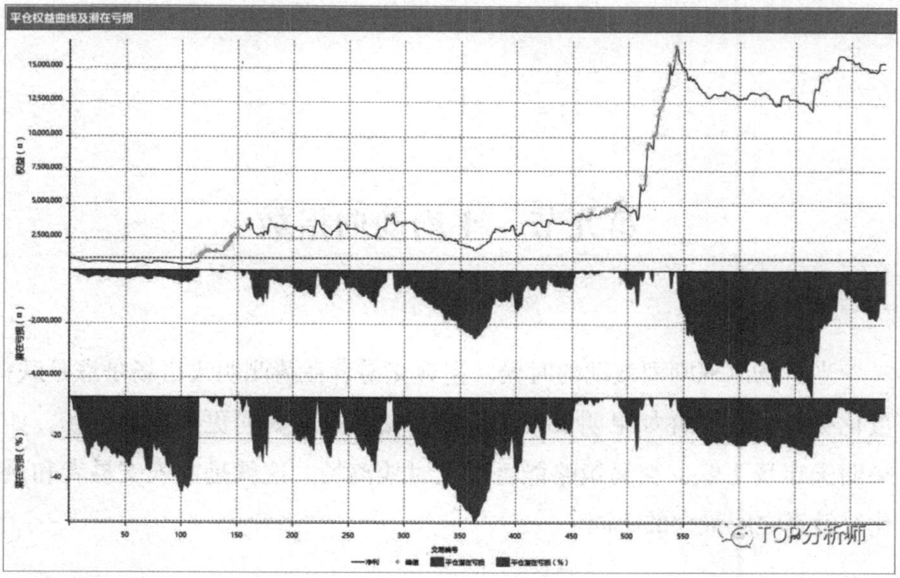
平仓权益曲线及潜在亏损
15,000,000
12,500,000
10,000,000
7,500,000
5,000,000
2,500,000
-2,000,000
-4,000,000
-20
-40
50
100
150
200
250
300
350
400
450
500
550
TOP分析师

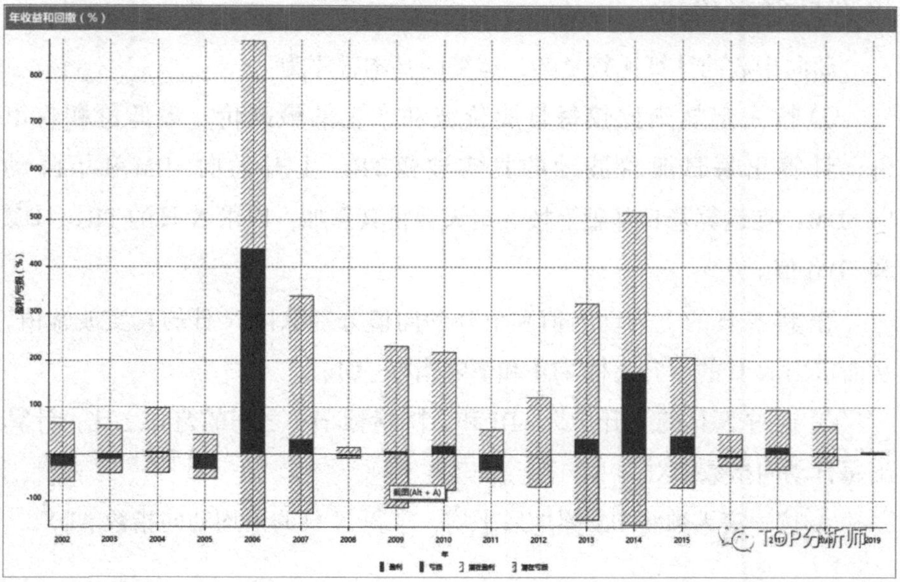
年收益和回撤（%）
800
700
600
500
400
300
200
100
-100
2002
2003
2004
2005
2006
2007
2008
2009
2010
2011
2012
2013
2014
2015
2019
截图(Alt + A)
TOP分析师

第九节　平均动向指数

当市场出现剧烈波动的时候，主观交易者在猜测明天市场是涨是跌；量化交易者在研究如果明天市场上涨，交易策略如何更准确地进场，如果明天市场下跌，交易策略能否更及时地离场。这就是主观交易者和量化交易者之间最大的不同。

指标计算方法

动向指数的计算比较复杂，运算的基本程序为：

① 按一定规则比较每日股价波动产生的最高价、最低价和收市价，计算出每日股价波动的真实波幅 TR、上升动向 +DM 和下降动向 -DM，在运算基日基础上按一定天数将其累加，以求 N 日的 TR、+DM 和 -DM 值。

② 将 N 日的上升动向值和下降动向值分别除以 N 日的真实波幅值，从而求出 N 日的上升指标 +DI 和下降指标 -DI。

③ 通过 N 日的上升指标 +DI 和下降指标 -DI 之间的差和之比，计算出每日动向指数 DX。

④ 按一定天数将 DX 累加后平均，求得 N 日的平均动向指数 ADX。

动向指数的具体计算步骤和公式

（1）计算真实波幅（TR）

动向指数中的真实波幅是通过比较下列三种股价差额的绝对值，取其中最大的价差绝对值作为价格的每日真实波幅。

①当日最高价与当日最低价之间的价差。

②当日最低价与上日收市价之间的价差。

③当日最高价与上日收市价之间的价差。

（2）计算当日动向值

当日动向值分上升动向、下降动向和无动向三种情况，每天的当日动向值只能是三种情况中的一种。

①上升动向（+DM）。当日最高价高于上日最高价的部分为当日上升动向值，即 +DM 值，条件是上升动向值必须大于当日最低价减去上日最低价的绝对值，否则 +DM=0。

②下降动向（-DM）。当日最低价低于上日最低价的部分为当日下降动向值，即 -DM 值，条件是下降动向值必须大于当日最高价减去上日最高价的绝对值，否则 -DM=0。

③无动向（Zero Directional Movement）。无动向代表当日动向值为“零”时的情况，即当日的 +DM=0。有两种价格波动情况可能出现无动向。

当日最高价低于上日最高价并且当日最低价高于上日最低价时；当上升动向值正好与下降动向值相等时；这两情况下的 ±DM 值均为零。

（3）计算 14 日的 TR，+DM 和 -DM

动向指数是一种对股价趋势的分析工具，因此采样一定天数的平均指标更能反映市场趋势。平均指标的采样天数过多，指数摆动较为平滑，采样天数过少，指数摆动又过于敏感，一般是以 14 日采样作为运算的基础天数。

14 日的 TR 即 TR14 为 14 天的 TR 之和，同理，14 日 ±DM 即 ±DM14 为 14 天的 ±DM 之和。

为简化计算过程，在第一个 TR14 计算出来之后，TR14 的计算方法可改为：

当日 TR14= 上日 TR14- 上日 TR14/14+ 当日 TR

+DM14 和 -DM14 的简化方法以此类推。

（4）计算上升指标（+DI）和下降指标（-DI）

上升指标和下降指标的计算方法为分别将其上升动向值和下降动向值除以真实波幅值。即：

+DI14=+DM14/TR14　-DI14=-DM14/TR14

（5）计算动向指数（DX）

动向指数是上升指标与下降指标之间的差和之比，它的计算公式如下：

DX=〖（+DI14）-（-DI14）〗/〖（+DI14）+（-DI14）〗×100%

（6）计算平均动向指数（ADX）

由于每日的动向指数值跟随每日股价波幅涨落，上下起伏较大，为使动向指数表现得比较平滑，一般以平均动向指数作为最终的分析指标。平均动向指数仍按 14 天作为运算基础，它的计算公式为：

ADX=（DX1+DX2+…+DX14）/14

同样，为运算能够简化，在计算出第一个 ADX 后，平均动向指数的计算公式可改为：

当日 ADX=（上日 ADX×13+ 当日 DX）/14

平均动向指标 ADX 的应用法则

当行情走势朝向单一方向发展时，无论是涨势或跌势，ADX 值都会不断递增。因此，当 ADX 值高于上日时，可以断定当前市场趋势正在加剧；当 ADX 值降低至 20 以下，且出现横向移动时，可以断定当前市场为无趋势或弱趋势状态；当 ADX 值从上涨高点转跌时，表示原有趋势正在减弱。

量化交易策略“TOP34”：趋势动向指数量化策略

策略进场逻辑

当 ADX 指数处于 20 以下且数值不断递增，同时特定周期均线数值同步递增则进场做多；当 ADX 指数处于 20 以下且数值不断递增，同时特定周期均线数值同步递减则进场做空。

SAR 指标做移动止盈出场。

TOP34策略源码（MC语言:easy language）

```
inputs:ma(41),adx2(24);
variables:var0(0),var1(0),var2(0),var3(0),var4(0),var5(0),var6(0),var7(0),var8(0),oParCl(0), oParOp(0), oPostion(0), oTransition(0),mp(0),var11(0),var12(0),var10(0),var15(0),var16(0);

var1=adx(adx2);
condition1=var1<20 and var1>var1[1] and var1[1]>var1[2] and var1[2]>var1[3];
var2=Average((high+low+close)/3,ma);
condition2=var2>var2[1] and var2[1]>var2[2] and var2[2]>var2[3];
condition3=var2<var2[1] and var2[1]<var2[2] and var2[2]<var2[3];

if condition1 and close>var2 and condition2 then buy next bar at market;
if condition1 and close<var2 and condition3 then sellshort next bar at market;

Value1 = ParabolicSAR(0.02, 0.2, oParCl, oParOp, var7, oTransition);

if marketposition=1 and var7=-1 and var7[1]=1 then sell next bar at market;
if marketposition=-1 and var7=1 and var7[1]=-1 then buytocover next bar at market;
```

风控策略

期望值为正时，交易者在追求最大复利收益的同时也可以把坡长的风险尽可能降到最低。

开单仓位 =[胜率 –（ 1– 胜率 ）/ 平均盈亏比]/2

测评数据如下：

策略应用软件：MultiCharts 中国版

测试范围：铁矿石、螺纹钢、橡胶、甲醇、PTA、焦炭、豆粕、白糖、棕榈油。

历史回测周期：2012 ~ 2018 年 15 分钟数据

应用主要品种：国内期货

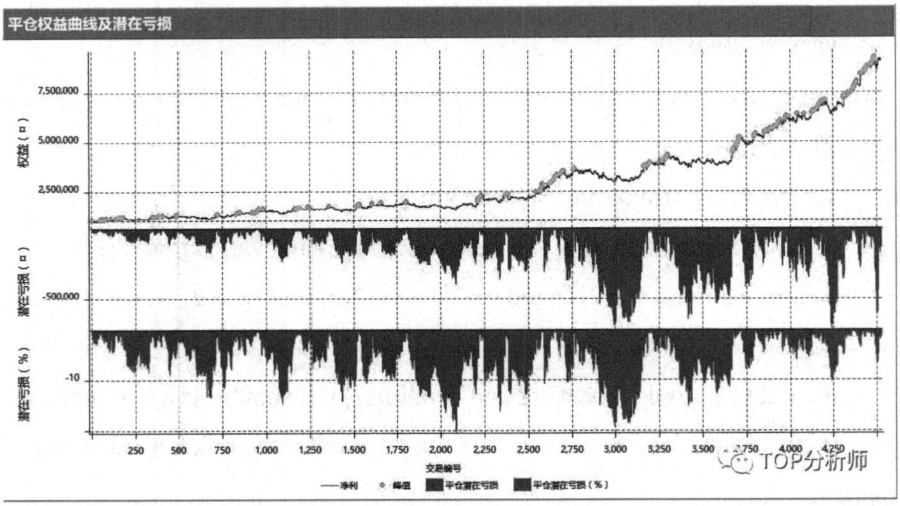

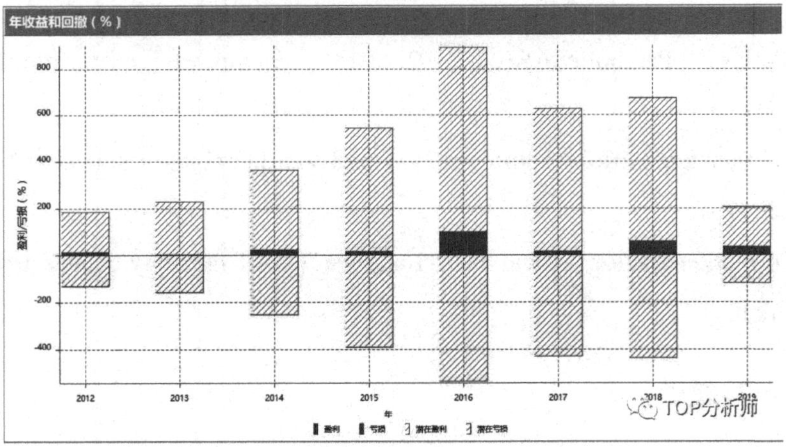

概述

商品	启动 日期	结束 日期	净额 盈利	交易次数
DCE.i HOT	2014-02-12 14:30:00	2019-04-26 23:00:00	¤529,505.76	480
SHFE.rb HOT	2012-03-05 09:45:00	2019-04-26 23:00:00	¤323,564.69	539
SHFE.ru HOT	2012-03-05 10:15:00	2019-04-26 23:00:00	(¤30,066.61)	569
CZCE.MA HOT	2012-03-28 14:30:00	2019-04-26 23:30:00	¤367,816.67	575
CZCE.TA HOT	2012-03-07 10:00:00	2019-04-26 23:30:00	¤189,638.19	611
DCE.j HOT	2012-03-05 11:15:00	2019-04-26 23:00:00	¤127,403.48	629
DCE.m HOT	2012-08-30 11:30:00	2019-04-26 23:00:00	¤190,482.66	469
DCE.p HOT	2012-03-06 13:45:00	2019-04-26 23:00:00	(¤62,265.33)	649
CZCE.SR HOT	2012-03-13 10:00:00	2019-04-26 23:30:00	¤143,[illegible].82	555

测试范围：沪深 300 指数中 300 只个股

历史回测周期：2002 ~ 2019 年日线数据

应用主要品种：中国 A 股

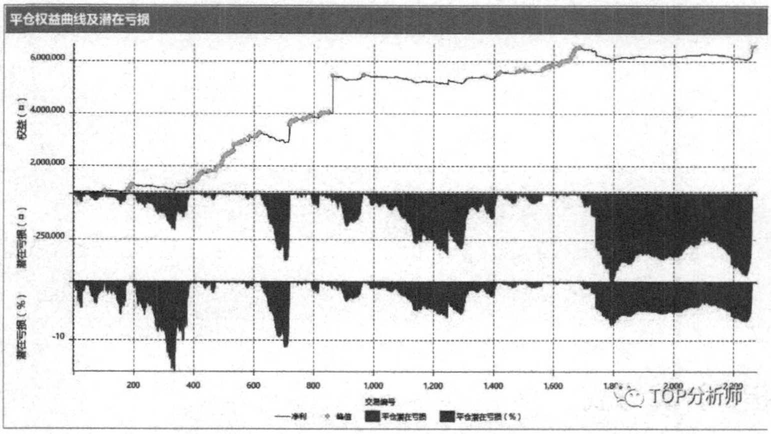

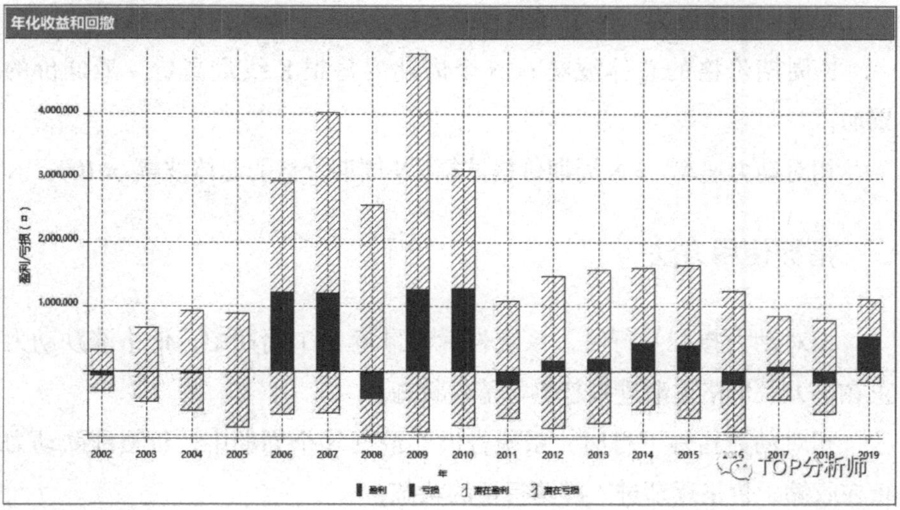

第十节　相对动力指标

指标计算方式

N 周期价格波幅 :=N 个周期内的最高价 –N 个周期内的最低值；

N 周期价格的总体波幅 := N 个周期内每根 K 线最高价 – 最低价的累加；

相对动力速率：= N 周期价格波幅 / N 周期价格的总体波幅 ×100。

指标使用方法

相对动力指标上行时，系统告诉你最近 N 个周期中，价格涨跌动力正在扩大，价格逐渐进入趋势行情的状态；

相对动力指标下行时，系统告诉你最近 N 个周期中，价格涨跌动力正在收缩，价格逐渐进入震荡行情的状态；

相对动力指标处于低位，系统告诉你最近 N 个周期中，价格涨跌动力正在聚集，短期价格出现趋势性行情概率增加；

相对动力指标处于高位，系统告诉你最近 N 个周期中，价格涨跌动力大量释放，短期价格进入震荡行情概率较大。

指标源码（MC语言:easy language）

```
inputs:md(52);
variables:ma(0),var0(0),var1(0),var2(0);

var0=highest(high[1],md)-lowest(low[1],md);
var1=Summation(high[1]-low[1],md);
var2=var0/var1*100;

plot1(var2);
plot2(15);
plot3(40);
```

文华财经指标源码（属性：附图指标，参数N1:52）

```
VAR0:=HHV(REF(H,1),N1)-LLV(REF(L,1),N1);
VAR1:=SUM(REF(H,1)-REF(L,1),N1);
VAR2:VAR0/VAR1*100,RGB(0,128,255),LINETHICK2;
VAR3:14,RGB(255,128,255),DASH;
```

基于相对动力指标的特点，我们设计了 TOP48 量化策略。

测评数据如下：

策略应用软件：MultiCharts 中国版

测试范围：沪深 300 指数中 300 只个股

历史回测周期：2012 ~ 2019 年日线数据

应用主要品种：中国 A 股

手续费设计：千二

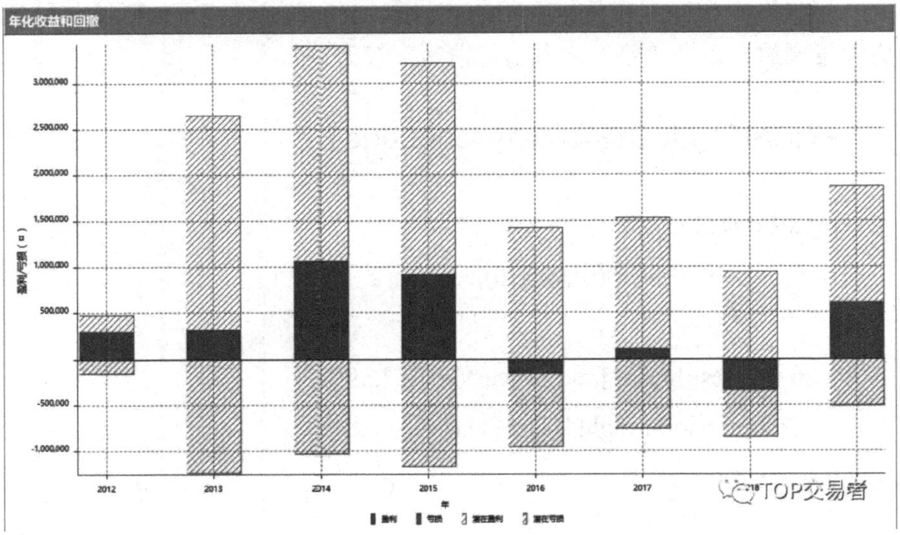

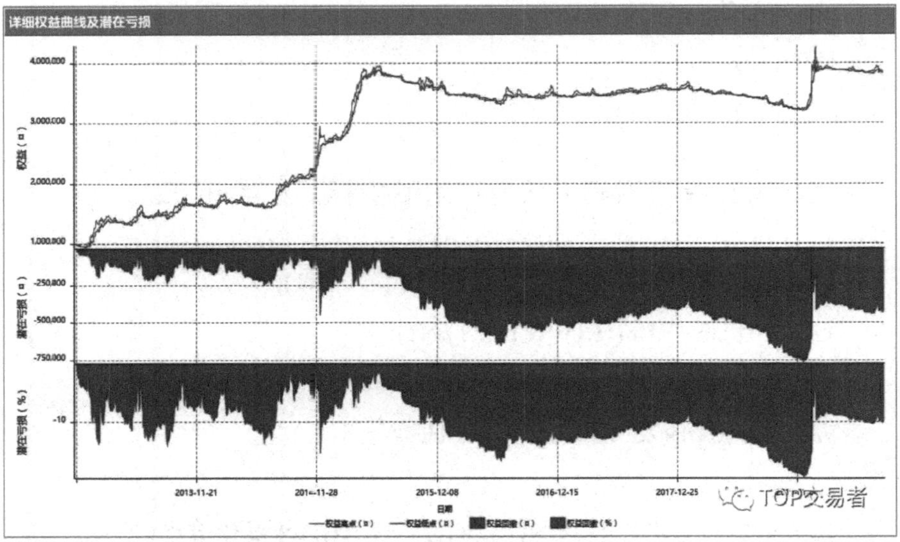

测试范围：铁矿石、螺纹钢、橡胶、甲醇、PTA、焦炭、豆粕、白糖、棕榈油。

应用主要品种：国内期货

手续费设计：万2手续费（覆盖1个滑点）

历史回测周期：2012 ~ 2019年15分钟数据

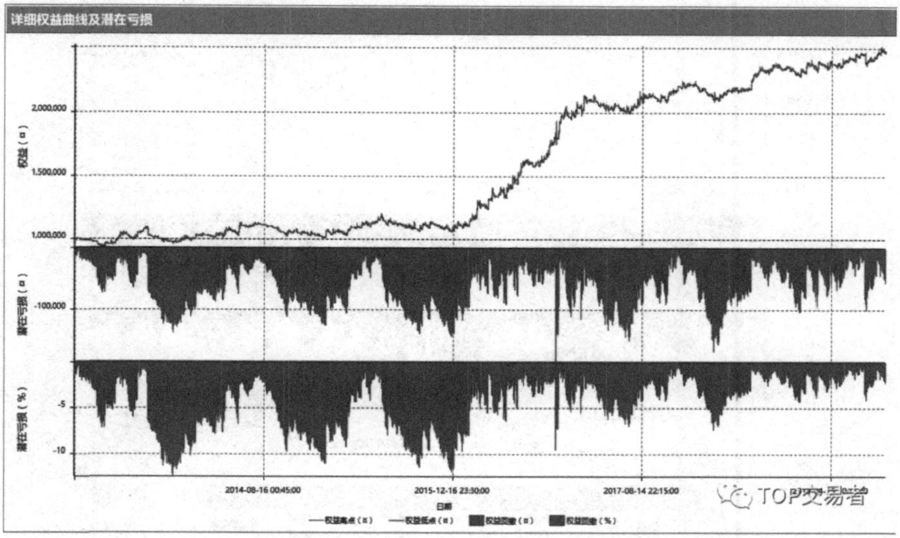

概述

商品	启动日期	结束日期	净额盈利	交易次数
DCE.i HOT	2013-11-01 09:30:00	2019-09-30 15:00:00	¤465,757.06	354
SHFE.rb HOT	2012-01-30 09:15:00	2019-09-30 15:00:00	¤338,560.74	349
SHFE.ru HOT	2012-02-03 11:30:00	2019-09-30 15:00:00	(¤20,544.44)	337
CZCE.MA HOT	2012-02-17 09:15:00	2019-09-30 15:00:00	¤89,907.52	366
CZCE.TA HOT	2012-02-27 09:15:00	2019-09-30 15:00:00	¤247,666.91	359
DCE.j HOT	2012-01-30 10:15:00	2019-09-30 15:00:00	¤194,372.18	402
DCE.m HOT	2012-08-20 14:45:00	2019-09-30 15:00:00	¤51,305.29	311
DCE.p HOT	2012-02-13 11:30:00	2019-09-30 15:00:00	¤59,840.97	367
CZCE.SR HOT	2012-01-20 09:15:00	2019-09-30 15:00:00	¤37,73[illegible]	348

测试范围：铁矿石、螺纹钢、橡胶、甲醇、PTA、焦炭、豆粕、白糖、棕榈油。

应用主要品种：国内期货

手续费设计：万 2 手续费（覆盖 1 个滑点）

历史回测周期：2012 ～ 2019 年 30 分钟数据

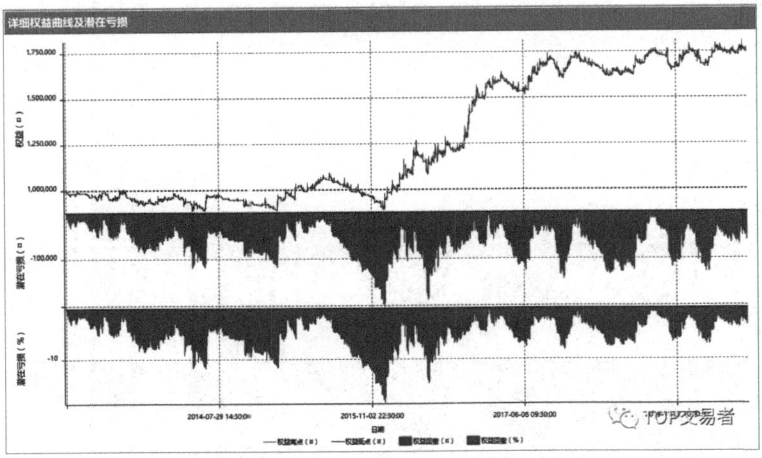

概述

商品	启动日期	结束日期	净额盈利	交易次数
DCE.i HOT	2013-11-29 09:30:00	2019-09-30 15:00:00	¤414,628.75	173
SHFE.rb HOT	2012-03-09 10:30:00	2019-09-30 15:00:00	¤104,292.62	162
SHFE.ru HOT	2012-03-01 11:30:00	2019-09-30 15:00:00	¤19,470.78	159
CZCE.MA HOT	2012-02-20 09:30:00	2019-09-30 15:00:00	¤16,565.78	208
CZCE.TA HOT	2012-02-27 11:30:00	2019-09-30 15:00:00	¤49,007.17	166
DCE.j HOT	2012-02-09 09:30:00	2019-09-30 15:00:00	¤23,127.80	181
DCE.m HOT	2012-08-20 10:30:00	2019-09-30 15:00:00	¤106,815.70	134
DCE.p HOT	2012-02-20 09:30:00	2019-09-30 15:00:00	(¤9,659.09)	182
CZCE.SR HOT	2012-02-07 09:30:00	2019-09-30 15:00:00	¤28,19[illegible]8	[illegible]

测试范围：铁矿石、螺纹钢、橡胶、甲醇、PTA、焦炭、豆粕、白糖、棕榈油。

应用主要品种：国内期货

手续费设计：万 2 手续费（覆盖 1 个滑点）

历史回测周期：2012 ~ 2019 年 60 分钟数据

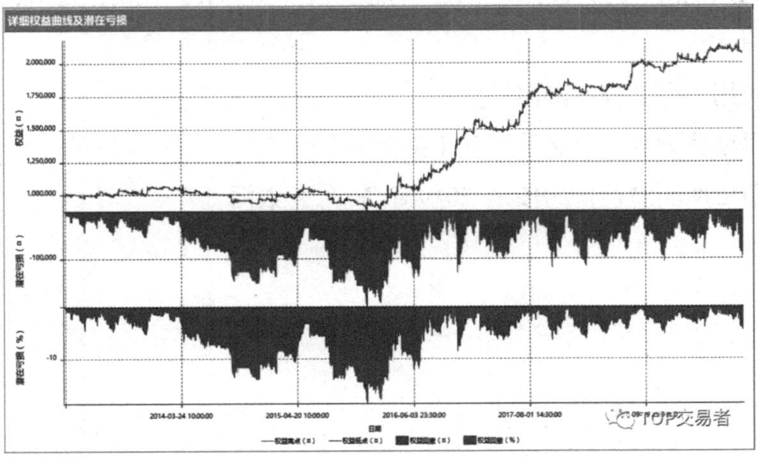

概述

商品	启动日期	结束日期	净额盈利	交易次数
DCE.i HOT	2014-03-26 10:00:00	2019-09-30 15:00:00	¤445,960.10	102
SHFE.rb HOT	2012-03-09 10:00:00	2019-09-30 15:00:00	¤155,863.94	94
SHFE.ru HOT	2012-09-10 10:00:00	2019-09-30 15:00:00	¤120,141.43	99
CZCE.MA HOT	2012-02-29 11:30:00	2019-09-30 15:00:00	¤20,426.70	130
CZCE.TA HOT	2012-03-01 11:30:00	2019-09-30 15:00:00	¤22,353.08	100
DCE.j HOT	2012-02-27 11:30:00	2019-09-30 15:00:00	¤275,106.38	98
DCE.m HOT	2012-11-27 10:00:00	2019-09-30 15:00:00	¤42,911.64	75
DCE.p HOT	2012-03-26 10:00:00	2019-09-30 15:00:00	(¤6,913.97)	95
CZCE.SR HOT	2012-02-27 10:00:00	2019-09-30 15:00:00	¤1,330.1[illegible]	[illegible]

第十一节　阿隆指标

“阿隆指标”（Aroon 指标），Aroon 在梵文中的意思是“黎明的曙光”。它并不像 MA、MACD、KDJ 那样被人广为熟知，是由图莎尔·钱德（Tushar Chande）在 1995 年 9 月出版的《股票商品技术分析》杂志中首次发表，其作者还发明了钱德动量摆动指标（CMO）和日内动量指数（IMI）。有人认为一个技术指标知道的人越多，使用的人也越多，那么其赚钱能力也就可能越低，那么站在这个角度看，Aroon 指标也许是一个不错的选择。

阿隆指标由 3 条线组成：阿隆上升线（AroonUp）、阿隆下行线（AroonDown）以及显示二者区别的阿隆震荡线（Aroon Oscillator），可以用来显示一个新趋势的开始并测量趋势强度。通过计算自价格达到近期最高值和最低值以来所经过的期间数，来帮助判断价格趋势到趋势区域（或者反过来，从趋势区域到趋势）的变化。

指标计算方法

首先，需要设定一个时间段（或周期），一般预设为 25 天。各项具体指标的计算方法如下：

Aroon(上升)=[(计算期天数－最高价后的天数)/ 计算期天数]×100

Aroon(下降)=[(计算期天数－最低价后的天数)/ 计算期天数]×100

举个例子，若取时间段为 25 天，如果今天为最高价，则“最高价后的天数”为 0，AroonUp =（25–0）/25×100%= 100%；如果 10 天前为最高价，则“最高价后的天数”为 10，AroonUp =（25–10）/25×100%= 60%。

指定一个计算区间（一般为 25 天），这个区间内创出收盘最高价的那天到起始日的时间距离作为分子，除以 25 天，即为 AROON_UP 指标；它反映了有多长时间，股价走势在近期最高点之下。AROON_DN 指标的计算方法及意义相似，只是将“收盘最高价”换成“收盘最低价”。与这两个指标相关联的 AROON Osc，是用 AROON_UP 减去 AROON_DN 得到的。

原指标使用方法

阿隆上线和阿隆下线反映的是当前时间与之前最高价或最低价的远近，如果时间越近值就越大，如果时间越远值就越小。并且当两条线发生交叉就预示着价格方向可能会发生改变，如果 AroonUp 在 AroonDown 之上说明价格处于上涨趋势，未来价格可能会进一步上涨；如果 AroonDown 在 AroonUp 之上说明价格处于下跌趋势，未来价格可能进一步下跌。

当 UP 线达到 100 时，市场处于多头强势；如果维持在 70 ~ 100 之间，表示处于多头上升趋势；

如果 DOWN 线达到 100 时，市场处于空头强势；如果维持在 70 ~ 100 之间，表示处于空头下降趋势。

当 UP 线达到 0 时，表示多头处于极弱势，如果维持在 0 ~ 30 之间，表明多头处于较弱势；

当 DOWN 线达到 0 时，表示空头处于极弱势，如果维持在 0 ~ 30 之间，表明空头处于较弱势。

如果两条线同处于底部，表示处于盘整时期，无趋势。

如果两条线平行运动时，表明市场原有趋势仍在继续，只到由极值水平或交叉穿行而改变市场方向为止。

当下行线上穿上行线时，表明原有趋势逐渐减弱，预计趋势将开始反转。反之亦然。

阿隆震荡线高于零表示为上升趋势，低于零表示为下降趋势，偏离零线越远，走势越强。

指标改良后——“文华财经”源码

DOWN:HHVBARS(H,95+1)/95*100,COLORLIGHTGREEN,LINETHICK3;

UP:LLVBARS(L,95+1)/95*100,COLORRED,LINETHICK3;

震荡线：（UP-DOWN）/2+50,COLORMAGENTA,DASH;

底线 :45,RGB（128,128,255）,DASHDOT;

指标改良后——“通达信”源码

```
DOWN:HHVBARS(H,95+1)/95*100,COLORGREEN,LINETHICK3;
UP:LLVBARS(L,95+1)/95*100,COLORRED,LINETHICK3;
震荡线 :(UP-DOWN)/2+50,COLORYELLOW,DOTLINE;
底线 :45,RGB(128,128,255),COLORWHITE,DOTLINE;
DRAWTEXT(CROSS(UP,DOWN),CLOSE,' 做多 '),COLORFFFF99;
DRAWTEXT(CROSS(DOWN,UP),HIGH,' 平多 1'),COLORFFFF99;
DRAWTEXT(CROSS(DOWN,45),LOW,' 平多 2'),COLORFFFF99;
```

以下策略源码可在国内期货全品种 15 分钟以上全周期使用。丢弃做空信号，保留做多信号可在中国 A 股 3800+ 股票中使用。

量化策略源码分享一（MC版本）

```
inputs:ma(98),nb(45);
variables:var0(0),var1(0),var2(0),var3(0),var4(0),var5(0),var6(0),var7(0),
mp(0),var15(0),var16(0),var10(0);

var0=Highestbar(high,ma)/ma*100;
var1=Lowestbar(low,ma)/ma*100;

if var1 cross above var0 and var0<nb then buy next bar at market;
if var0 cross above var1 and var1<nb then sellshort next bar at market;

if var0>nb then sell next bar at market;
if var1>nb then buytocover next bar at market;
```

策略设计逻辑

当 UP 线上穿 DOWN 线同时满足 DOWN 线小于 45，做多，DOWN 线上穿 UP 线同时满足 DOWN 线小于 45，做空；当 DOWN 大于 45 则多单平仓，当 UP 大于 45 则空单平仓。

量化策略源码分享二（MC版本）

```
inputs:ma(95),zq1(22);
variables:var0(0),var1(0),var2(0),var3(0);

var0=Highestbar(high[1],ma)/ma*100;
var1=Lowestbar(low[1],ma)/ma*100;
var2=CountIf(var0>0,zq1);
var3=CountIf(var1>0,zq1);

if var2=zq1 then buy next bar at highest(high[1],88) stop;
if var3=zq1 then sellshort next bar at lowest(low[1],88) stop;

if marketposition=1 and barssinceentry(0)<=44
then sell("b1") next bar at lowest(low[1],88) stop;
if marketposition=-1 and barssinceentry(0)<=44
then buytocover("s1") next bar at highest(high[1],88) stop;
if marketposition=1 and barssinceentry(0)>44
then sell("b2") next bar at
highest(high[1],88)-2*Average(high[1]-low[1],99) stop;
if marketposition=-1 and barssinceentry(0)>44
then buytocover("s2") next bar at lowest(low[1],88)+2*Average(high[1]-
low[1],99)stop;
```

策略设计逻辑

价格持续 22 个周期以上未突破 95 个周期高点，当价格有效突破 88 个周期高点顺势做多（初始设计想法，当价格长期无法突破前高后出现多头信号，策略使用的多头信号为小周期突破，我们认为上涨的概率增加）；

价格持续22个周期以上未跌破95个周期低点，当价格有效跌破88个周期低点顺势做空。使用两段出场方式，持仓时间小于44周期时反穿唐奇安通道88线出场，持仓时间大于44个周期时自极值回落2个ATR离场。

量化策略源码分享三（MC版本）

```
inputs:ma(95),zq1(22);
variables:var0(0),var1(0),var2(0),var3(0);

var0=Highestbar(high[1],ma)/ma*100;
var1=Lowestbar(low[1],ma)/ma*100;

if marketposition=0 and var0<50 and var1>50
then buy next bar at market;
if marketposition=0 and var0>50 and var1<50
then sellshort next bar at market;

if var1=0 then sell next bar at market;
if var0=0 then buytocover next bar at market;
```

策略设计逻辑

当UP值小于50、DOWN值大于50时，在下一根K线做多；当UP值大于50、DOWN值小于50时，在下一根K线做空。当DOWN值等于0多单离场，当UP值等0空单离场。（初始设计想法：当价格长期不能突破前高，短期刚突破前低后市场处于空头趋势，做空优于做多。当持有空单时价格突破周期高点代表趋势出现反转概率较大，当离场了结。反之亦然。）

第十二节　经典交易系统"三重滤网"

三重滤网交易系统是俄罗斯知名技术分析师亚历山大·埃尔德（Alexander Elder）设计，于 1986 年四月首度在《期货杂志》发表的一套经典交易系统。

设计者认为任何交易在通过三重测试和过滤之后能有效提高交易的成功率。简而言之，"三重滤网"同时采用数种顺势的方法与逆势的技巧，它由数个不同的时间架构分析潜在的交易机会。也有人认为，"三重滤网"从严格意义来讲并不属于交易系统的层次，而是一种方法、一种交易风格。

在交易中，同样的行情遇到不同的指标却常发出相互矛盾的讯号。上升趋势中，顺势指标发出买进讯号，但摆荡指标因为超买而发出卖出讯号；下降趋势中，顺势指标发出沽空讯号，但摆荡指标因为超卖而发出买进讯号。顺势指标适合趋势行情，不擅长横盘走势，而摆荡指标适合震荡行情，不适应单边走势。

而"三重滤网"交易系统的逻辑就是同时采用数种顺势指标与摆荡指标，希望过滤两者的缺点而保留它们的优点。

第一层滤网：利用顺势指标辨识大周期的趋势，确定趋势方向顺势交易。

三重滤网交易系统首先是分析长期走势图，较你所交易的时间架构高出一个层次。例如很多交易者习惯关注日线行情，但如果分析周线图，你的视野就能扩大 5 倍。

"三重滤网"最初的系统是采用周线 MACD 柱状图的斜率辨识趋势的方向。斜率是由最近两支柱状图的关系决定，如果斜率向上，代表多头居于主控地位，仅由多方进行交易。如果斜率向下，代表空头居于主控地位，仅由空方进行交易。

周线 MACD 柱状图的每个跳动都代表趋势的变动。发生在零线下方的向上跳动，它所提供的买进机会优于零线之上。同理，发生在零线上方的向下跳动，它所提供的卖出机会优于零线之下。

在三重滤网的第一层滤网中，交易者首先必须观察周线图，然后再分析日线图。如果周线图的趋势向上，我们仅可以由多方进行交易或在场外观望。而如果周线图的趋势向下，我们仅可以由空方进行交易或在场外观望。当周线的 MACD 柱状图斜率向上，代表买进的讯号。当指标在零线下方翻升，买进讯号比较理想。当周线的 MACD 柱状图斜率向下，代表卖出的讯号，当指标在零线上方回挫，卖出讯号比较理想。一旦判定周线 MACD 柱状图的趋势之后，转到日线图上寻找相同方向的交易机会。

周泽炜说

第一重滤网的作用：运用趋势指标判断交易方向。大部分的顺势指标都可以作为“三重滤网”的第一层滤网。例如：指数移动平均线EMA、趋势指标CYE、趋向指标DMI等。甚至可以采用震荡指标的突破特性进行设计。

交易中我们有三个选择：买进、放空或观望。“三重滤网”的第一层滤网剔除其中一个选择。在主要的上升趋势中，仅考虑买进或观望。在主要的下降趋势中，仅操作沽空或观望。

第二层滤网：运用摆荡指标在小周期寻找交易机会。即上升趋势，利用下跌寻求做多机会；下降趋势，利用上涨寻求沽空机会。

当大周期趋势向上，“三重滤网”仅接受小周期摆荡指标的买进讯号，忽略卖出讯号。当大周期趋势向下，“三重滤网”仅接受小周期摆荡指标的沽空讯号，忽略买进讯号。

“劲道指数”“艾达透视指标”“随机指标”“威廉指数”都可以作为第二层滤网。

第三层滤网：寻找小周期K线突破进场交易。如果大周期趋势向上而小周期摆荡指标向下，利用追踪型停止买单捕捉盘中的向上突破。如果大周期趋势向下而小周期摆荡指标向上，利用追踪型停止卖单捕捉盘中的向下突破。

在“三重滤网”交易系统中，第一层滤网是辨认行情的主趋势，第二层滤网是寻找最佳的交易区域，第三层滤网是确定交易进场点。

量化交易策略“TOP30”：地平线三重滤网量化策略

第一层滤网

我们寻求一根平滑的多空分界线，以价格运行于分界线上方为多头市场，分界线下方为空头市场。因此将唐奇安通道中轨进行了加权平均得到较传统移动平均线更平滑的“飞跃线”。

唐奇安通道是特定周期内最高低点的连线。唐奇安通道最早大名远扬是在1970年，美国有个公司对当时最流行的机械交易系统进行了模拟测试和比较研究，其研究结果表明，在所有测试对象中唐奇安通道规则最为成功。1983年，他被推举为首届“最佳获利奖”得主，并将此奖项改为唐奇安奖。后来美国又有个著名的“海龟法则”，当时有两个高手聚集了十几个人进行培训，并拿出200万美元给这十几个人进行实际操作，结果造就了不少千万富翁。当时海龟法则是保密的，过了十几年，海龟法则解密了，人们才发现他们用的是修正版的唐奇安通道规则。

飞跃线源码（MC 语言 :easy language）：

```
var0=highest（high[1], 周期参数）；
```

var1=Lowest（low[1], 周期参数）;
var2=（var0+var1）/2;
var3=Average（var2, 周期参数）;

第二层滤网

我们需要在多头市场相对低位区域寻求做多的机会，在空头市场相较高位寻求做空的机会。这里我们使用了真实波幅（ATR）作为衡量这一区域的标准。

真实波幅ATR指标，是取一定时间周期内的价格波动幅度的移动平均值，主要用于研判买卖时机。均幅指标是显示市场变化率的指标，由威尔德在《技术交易系统中的新概念》一书中首次提出，目前已成为众多指标经常引用的技术量。

第二层滤网源码（MC 语言 :easy language）:

atr=high-low;
var6=Average（atr,72）;
var4=var3+var6* 单位参数 ;
var5=var3-var6* 单位参数 ;

第三层滤网

在通过第二层确定交易进场区域后，第三层滤网使用 SAR 指标锁定开单建仓点。

SAR指标又叫抛物线指标或停损转向操作点指标，全称Stop and Reverse，缩写SAR，是由美国技术分析大师威尔斯·威尔德（Wells Wilder）所创造的一种简单易学、比较准确的中短期技术分析工具。这种指标与移动平均线的原理颇为相似，属于价格与时间并重的分析工具。由于组成SAR的点以弧形的方式移动，故称“抛物转向”。

第三层滤网源码（MC 语言 :easy language）:

```
Value1=ParabolicSAR（0.02,0.02,oParCl,oParOp,var7,oTransition）;
condition1=open>var3andopen<var4andvar7=1andvar7[1]=-1;
condition2=open<var3andopen>var5andvar7=-1andvar7[1]=1;
```

出场逻辑

① 当价格距离飞跃线 N 个 ATR;

② 当 SAR 指标由多转空，多单平仓; SAR 指标由空转多，空单平仓。

测评数据如下:

策略应用软件: MultiCharts 中国版

测试范围: 铁矿石、螺纹钢、橡胶、甲醇、PTA、焦炭、豆粕、白糖、棕榈油。

历史回测周期: 2012 ~ 2018 年 15 分钟数据

应用主要品种: 国内期货

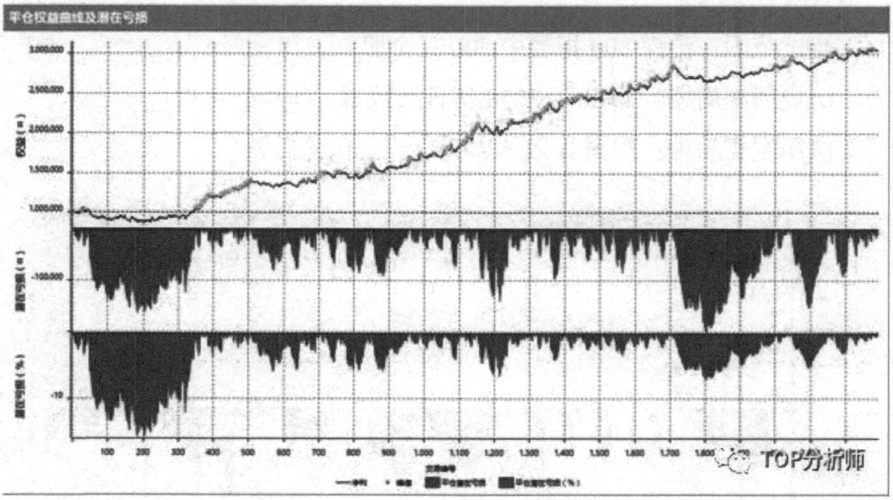

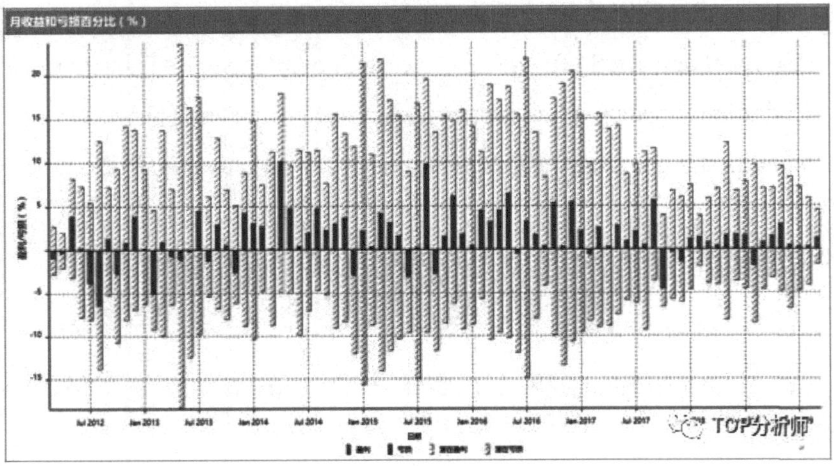

概述

商品	启动日期	结束日期	净额盈利	交易次数
DCE.i HOT	2014-03-06 15:00:00	2019-03-15 23:30:00	¤733,324.31	253
SHFE.rb HOT	2012-03-21 11:00:00	2019-03-15 23:00:00	¤355,563.08	251
SHFE.ru HOT	2012-03-05 09:30:00	2019-03-15 23:00:00	¤213,251.81	281
CZCE.MA HOT	2012-03-22 10:15:00	2019-03-15 23:30:00	¤201,900.94	285
CZCE.TA HOT	2012-03-07 09:30:00	2019-03-15 23:30:00	¤72,507.90	298
DCE.j HOT	2012-05-30 14:00:00	2019-03-15 23:30:00	¤328,536.10	282
DCE.m HOT	2012-09-03 09:30:00	2019-03-15 23:30:00	¤97,542.03	237
DCE.p HOT	2012-04-23 09:30:00	2019-03-15 23:30:00	¤47,099.48	309
CZCE.SR HOT	2012-03-27 09:30:00	2019-03-15 23:30:00	¤7,531.52	277

测试范围：沪深 300 指数中 300 只个股

历史回测周期：2012 ~ 2018 年日线数据

应用主要品种：中国 A 股

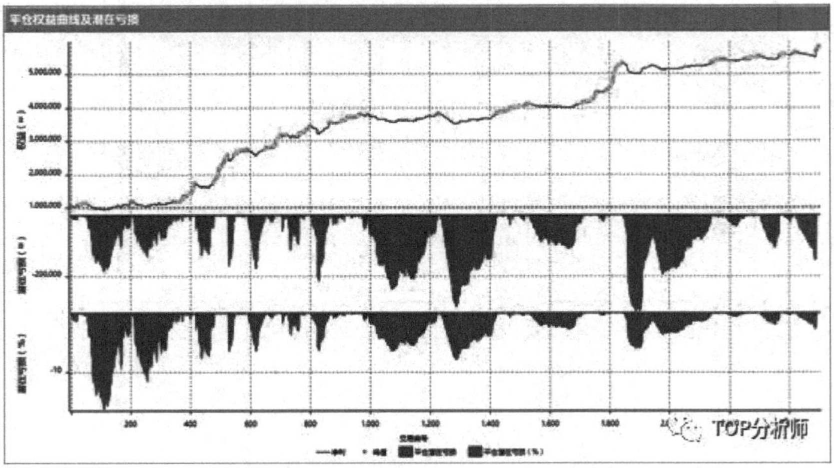

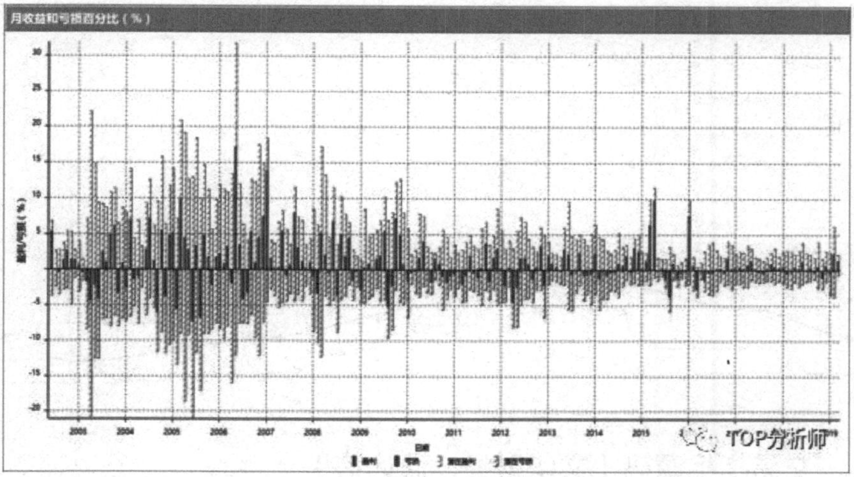

第十三节 相对价格策略

《金刚经》：如是灭度无量无数无边众生，实无众生得灭度者。凡所有相，皆是虚妄。若见诸相非相，即见如来。

如果你在交易中看到的价格只是事物外表，都是虚假、不真实的，那么如何守住本心？在看到价格的时候，能够不被其表象所迷惑，就能到达如来的境界，将交易之法上升为度生之法。

任何事物都有绝对和相对两面，传统的 K 线描述的是价格的绝对涨跌变化。如果凡所有相皆是虚妄，那价格的相对波动是否能更好描述行情走势变化呢？就这个论点，我们开始了对传统 K 的“整容”，希望能从中探究市场涨跌的更多规律。

首先我们要解决的是，如何将绝对涨跌转化为相对涨跌。因为投资市场中任何交易标的的价格理论上都是从零到正无穷大。那如何通过对传统 K 线的加工得到相对的价格走势呢？

我们尝试使用“**相对价格 = 收盘价 /N 日前收盘价 –1**”对价格进行重新描述，构筑相对价格均线与唐奇安通道，并得到一个新的指标系统。

交易指标源码（文华财经、通达信）

```
VAR1:CLOSE/REF(CLOSE,70)-1;
VAR2:MA(VAR1,70);
VAR3:HHV(REF(VAR1,1),70);
VAR4:LLV(REF(VAR1,1),70);
VAR5:0;
```

可能有许多小伙伴还是不太明白这个公式是什么意思，笔者来简单和你们解释下，我们通过用现在的价格 /N 周期前的价格 –1 的方式得到了一个价格的相对涨跌，使价格围绕 0 为中心展开涨跌，将价格的波动范围锁定在 –1 到 1 之间，这样描述出来的价格表现的则是相对时间内的涨跌速率。

基于这个指标，我们写了一个简单的策略，逻辑如下：

当相对价格线上破特定周期内高点后做多，跌破特定周期相对价格均线平多；当相对价格下破特定周期内低点后做空，击穿特定周期相对价格均线平空。

策略源码（MC版本）

```
inputs:len(70);
variables:var0(0),var1(0),var2(0),var3(0);
```

```
var0 = close/close[len]-1;
var1 = Average(var0,len);
var2 = highest(var0[1],len);
var3 = lowest(var0[1],len);

if var0 cross above var2 then buy next bar at market ;
if var0 cross under var1 then sell next bar at market;


if var0 cross under var3 then sellshort next bar at market;
if var0 cross above var1 then buytocover next bar at market;
```

测评数据如下：

策略应用软件：MultiCharts 中国版

测试范围：铁矿石、螺纹钢、橡胶、甲醇、PTA、焦炭、豆粕、白糖、棕榈油、玉米。

应用主要品种：国内期货

手续费设计：万 2 手续费（覆盖 1 个滑点）

历史回测周期：2012 ～ 2019 年 15 分钟数据

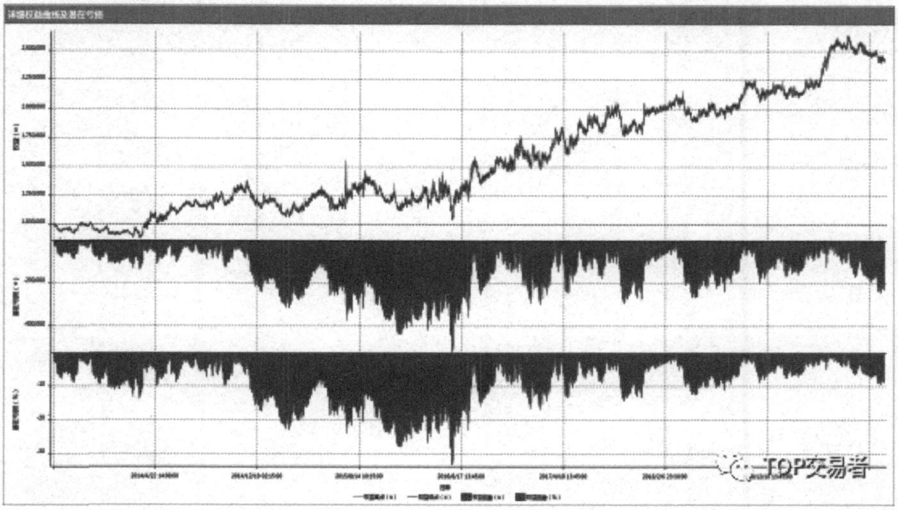

概述

商品	启动日期	结束日期	净额盈利	交易次数
DCE.i 0000	2014/5/6 10:15:00	2019/11/22 15:00:00	¤555,468.49	507
SHFE.rb 0000	2012/11/29 14:15:00	2019/11/22 15:00:00	¤160,158.46	537
SHFE.ru 0000	2014/3/4 10:00:00	2019/11/22 15:00:00	¤82,943.03	457
CZCE.MA 0000	2013/12/30 10:00:00	2019/11/22 15:00:00	¤370,452.38	493
CZCE.TA 0000	2014/1/15 14:15:00	2019/11/22 15:00:00	(¤97,630.16)	522
DCE.j 0000	2013/12/27 11:30:00	2019/11/22 15:00:00	¤189,967.50	558
DCE.m 0000	2012/11/29 13:45:00	2019/11/22 15:00:00	¤64,796.03	582
DCE.p 0000	2014/4/9 14:15:00	2019/11/22 15:00:00	¤28,670.15	567
CZCE.SR 0000	2012/11/29 10:45:00	2019/11/22 15:00:00	¤62,062.69	563
DCE.c 0000	2014/7/1 9:30:00	2019/11/22 15:00:00	(¤5,064.[illegible])	[illegible]

第三章

策略设计及风控管理

第一节 交易中最有效的盈利因子

交易是一门不能深究的学问，因为你弄得越明白就会发现自己越愚蠢!

先给大家分享一套最简单的实盘交易策略：

buy next bar at highest(high[1],88) stop;

sellshort next bar at lowest(low[1],88) stop;

看不懂？没关系，笔者给你翻译：

当价格突破过去 88 根 K 线的最高点做多；

当价格跌破过去 88 根 K 线的最低点做空。

有人问，“这么简单的策略能赚钱吗？”能不能赚钱不是我说了算的，我们用事实来验证一下。

测试范围：沪深 300 指数中 300 只个股历史回测周期：2010 ~ 2019 年日线数据。

应用主要品种：中国 A 股

手续费设计：千一手续费

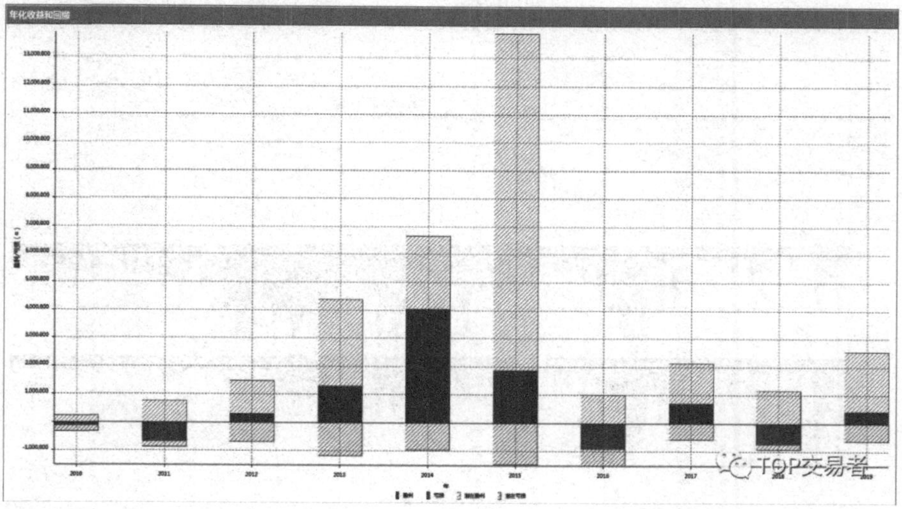

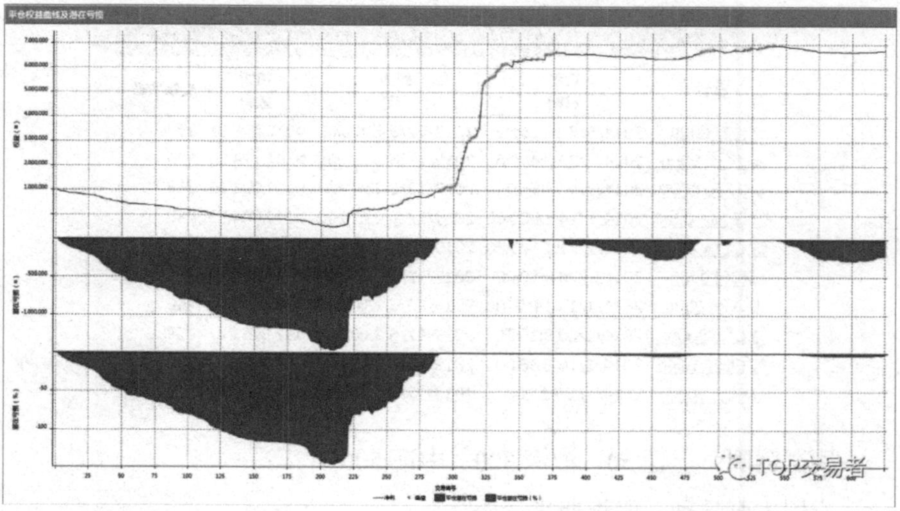

测试范围：铁矿石、螺纹钢、橡胶、甲醇、PTA、焦炭、豆粕、白糖、棕榈油、玉米。

应用主要品种：国内期货

手续费设计：万 2 手续费（覆盖 1 个滑点）

历史回测周期：2014 ～ 2019 年 15 分钟数据

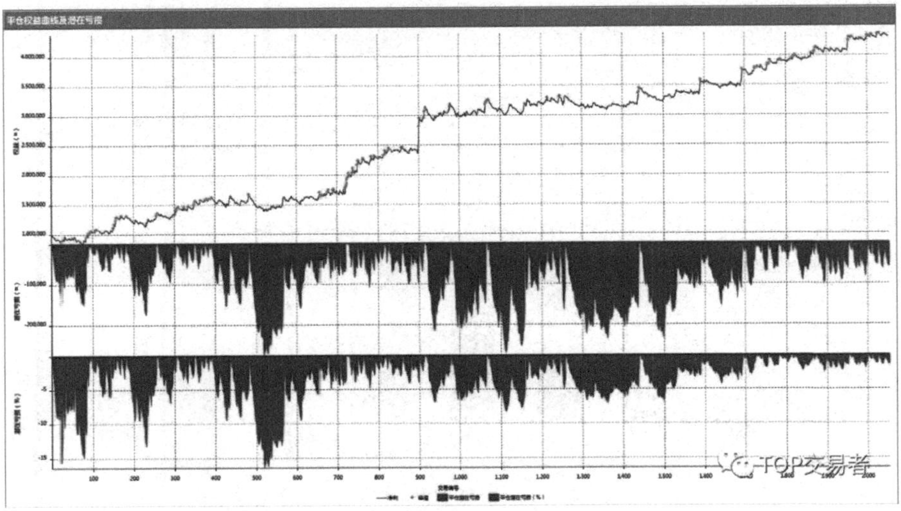

概述

商品	启动日期	结束日期	净额盈利	交易次数
DCE.i 0000	2014/5/7 14:15:00	2019/12/6 23:00:00	¤970,095.94	217
SHFE.rb 0000	2014/1/20 9:45:00	2019/12/6 23:00:00	¤591,774.78	199
SHFE.ru 0000	2014/3/4 9:45:00	2019/12/6 23:00:00	¤127,078.81	217
CZCE.MA 0000	2014/1/24 15:00:00	2019/12/6 23:30:00	¤142,334.53	250
CZCE.TA 0000	2014/1/21 13:45:00	2019/12/6 23:30:00	¤486,792.07	227
DCE.j 0000	2014/1/20 9:30:00	2019/12/6 23:00:00	¤626,024.29	259
DCE.m 0000	2014/1/17 14:30:00	2019/12/6 23:00:00	¤28,487.12	246
DCE.p 0000	2014/1/20 9:15:00	2019/12/6 23:00:00	¤97,875.22	254
CZCE.SR 0000	2014/1/16 9:30:00	2019/12/6 23:30:00	¤55,729.29	236
DCE.c 0000	2014/7/1 9:15:00	2019/12/6 23:00:00	¤192,602.44	135

测试范围：上证 50、沪深 300、中证 500。

应用主要品种：股指期货

手续费设计：万 2 手续费

历史回测周期：2014 ~ 2019 年 5 分钟数据

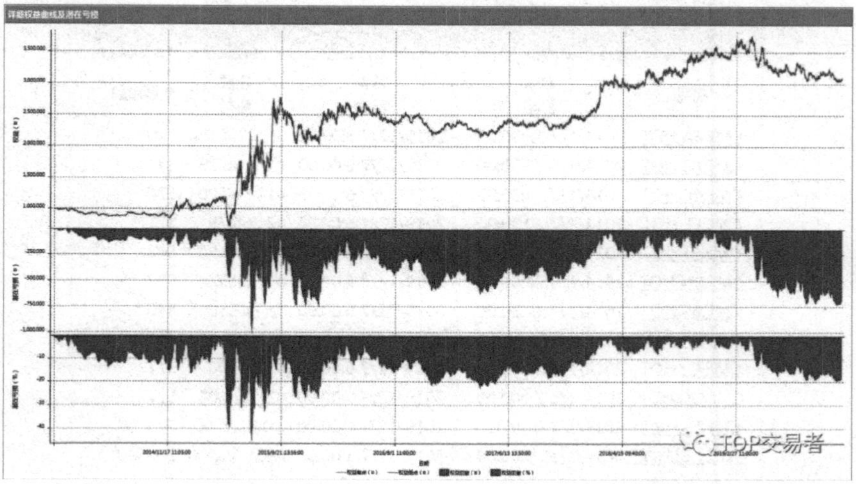

概述

商品	启动日期	结束日期	净额盈利	交易次数
CFFEX.IF 0000	2014/1/8 9:45:00	2019/12/6 15:00:00	¤758,115.16	520
CFFEX.IH 0000	2015/4/21 10:20:00	2019/12/6 15:00:00	¤281,146.84	385
CFFEX.IC 0000	2015/4/21 11:20:00	2019/12/6 15:00:00	¤1,015,0[illegible].38	[illegible]

测试范围：澳元、英镑、加币、欧元、日币、纽元、瑞士法郎、比特币、美黄金、美原油、标普指数、恒生指数。

应用主要品种：股指期货

历史回测周期：2014 ～ 2019 年 30 分钟数据

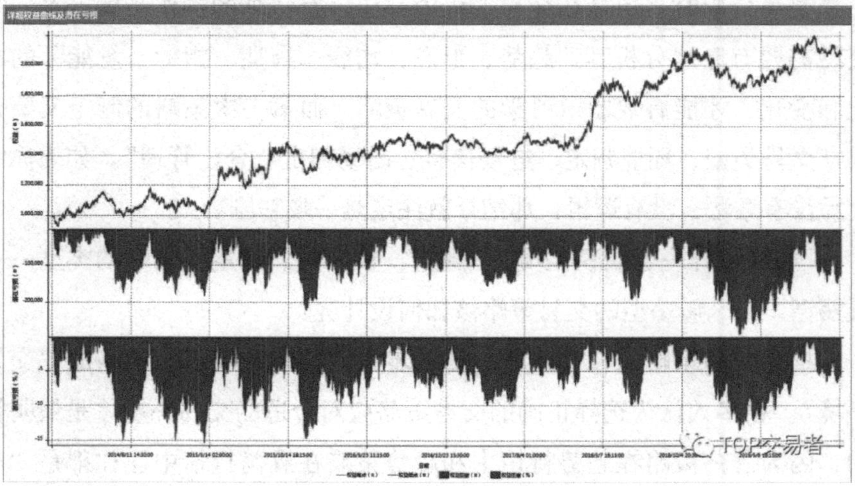

概述

商品	启动日期	结束日期	净额盈利	交易次数
CME.6A HOT	2014/1/7 12:30:00	2019/12/7 6:00:00	(¤15,260.00)	519
CME.6B HOT	2014/1/3 22:30:00	2019/12/7 6:00:00	¤17,356.25	532
CME.6C HOT	2014/1/7 13:30:00	2019/12/7 6:00:00	¤16,560.00	526
CME.6E HOT	2014/1/7 20:30:00	2019/12/7 6:00:00	¤3,268.75	531
CME.6J HOT	2014/1/7 2:00:00	2019/12/7 6:00:00	¤39,362.50	502
CME.6N HOT	2014/1/3 21:30:00	2019/12/7 6:00:00	(¤8,120.00)	532
CME.6S HOT	2014/1/7 17:30:00	2019/12/7 6:00:00	¤8,762.50	540
CME.BTC HOT	2017/12/22 21:30:00	2019/12/7 6:00:00	¤74,250.00	123
CME.CL HOT	2014/1/6 22:30:00	2019/12/7 6:00:00	¤9,640.00	527
CME.GC HOT	2014/1/6 23:00:00	2019/12/7 6:00:00	¤18,920.00	527
CME.ES HOT	2014/1/7 0:30:00	2019/12/7 6:00:00	(¤38,925.00)	579
HKEX.HSI HOT	2014/1/13 9:45:00	2019/12/7 1:00:00	¤954,1[illegible]	[illegible]

第二节　交易策略的设计

做任何事都要讲究按部就班，循序渐进。做人如此，交易亦如此。无论是主观交易还是程序化交易都应有其完整的交易体系。碎片化的交易技术是不可能支撑一个交易者实现稳定盈利的。一个合格的交易者无论是交易分析时，还是在交易过程中都应该有清晰的操作步骤，每一笔交易需要有序地分析其“趋势、形态、均线、周期、指标、量能”的状况和变化，才能有效制定科学的交易策略。而每一次策略的制定又要分成“交易类型、环境判定、进场信号、出场判定、仓位管理”。如果你的交易没有章法，没有逻辑，那结果就注定是一场悲剧。

“如何设计一套震荡型交易策略”，首先我们确定了策略的类型——震荡型。那么震荡型的交易策略该如何设计呢？

根据交易策略的设计步骤，第二步我们需要判定震荡策略的“交易环境”。很多人认为选择正确的交易策略应对合适的交易环境才是最明智的，因为震荡策略在趋势行情中和趋势策略在震荡行情中往往都是“车祸现场”。而导致“车祸现场”的原因则是在使用交易策略时对于当时行情趋势的错误判定。一套好的趋势策略，在趋势行情中的表现固然相对稳定，但是在震荡行情中却并非理所当然地一败涂地，而应该选择性地规避。也就是说在震荡行情中不会发出进场信号的趋势策略才是一套科学的趋势交易策略，反之亦然。

而如何判定哪些“交易环境”适合震荡型交易策略，就成了策略设计中至关重要的环节。根据周泽炜“易然战法”中对震荡交易的理解，我们认为在行情偏离正常合理的价格区间后，进场操作反弹或回调的安全性更高，盈利概率更大。

那何为“正常合理的价格区间”？根据统计学正态概率分布理论，正态分布是具有两个参数 μ 和 σ^2 的连续型随机变量的分布，第一参数 μ 是遵从正态分布的随机变量的均值，第二个参数 σ^2 是此随机变量的方差，所以正态分布记作 N（μ，σ^2）。遵从正态分布的随机变量的概率规律为取 μ 邻近的值的概率大，而取离 μ 越远的值的概率越小；σ 越小，分布越集中在 μ 附近，σ 越大，分布越分散。

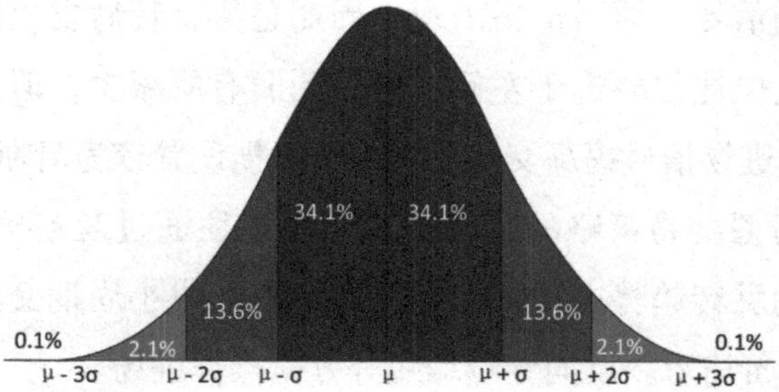

正态分布的密度函数的特点是：关于 μ 对称，在 μ 处达到最大值，在正（负）无穷远处取值为 0，在 $\mu\pm\sigma$ 处有拐点。它的形状是中间高两边低，图像是一条位于 x 轴上方的钟形曲线。当 μ=0，σ^2=1 时，称为标准正态分布，记为 N（0，1）。

μ 维随机向量具有类似的概率规律时，称此随机向量遵从多维正态分布。多元正态分布有很好的性质，例如，多元正态分布的边缘分布仍为正态分布，它经任何线性变换得到的随机向量仍为多维正态分布，特别它的线性组合为一元正态分布。

在设计震荡型交易策略时，我们往往通过测算行情在波动过程中与合理价格区间出现偏离的程度，从而得出行情在剧烈波动时因偏离合理价格区间而造成可能的回档或反弹，以及价格在正常波动范围内移动而形成继续原有趋势的可信度。即如果价格偏离合理区间太远，不管价格在合理区间上方或下方，都有可能趋向合理价格区间。

我们通常使用均线、RSI、BIAS 等指标判断行情价格平均持仓成本，当行情价格离合理区间太远，就会随时出现短期反转的可能。而行情突破合理价格区间上轨则代表超买，价格回调概率较大；反之当行情突破价格合理区间下轨则代表超卖，价格反弹概率较大。这就是震荡策略提供的买卖依据形成的原因。

在找到合适震荡型策略的交易环境后，我们开始着手设计交易进场信号。传统的交易策略进场信号分为左侧进场信号和右侧进仓信号。左侧进场信号是在找到价格相对高低点后发出交易信号，这样的交易方式进场点位更极限，往往出现空单空在最高点，多单多在最低点的情况。所谓右侧进场信号，即当价格出现小周期趋势反转后发出进场信号。右侧交易进场点位往往略逊于左侧交易，利润有所减少，但其优点在于能过滤部分虚假进场信号提高交易成功率，止损设置较为清晰。

设计震荡型交易策略的右侧进场信号往往通过观察价格趋势变化，即寻找小周期反转趋势；观察形态，即观察形成小周期交易形态；等待均线，即等待价格重新反向穿越均线等方式操作进场。

这之后是出场判定。在交易策略中出场方式的设计可以分很多种，比如：固定止盈止损、移动止盈止损、反穿均线、RSI 超买卖、均线金叉死叉、KDJ 金叉死叉、SAR 指标等等。

交易要盈利，短线要坚持投机，长线要注重投资。投机交易的是风险，即价格的趋势；投资交易的是预期，即价值的回归。投机的核心在于趋势，趋势的逻辑起点在于突破。

人这种动物很奇怪，道理他们都懂，但就是做不到知行合一。都知道趋势交易相较震荡策略更容易盈利，但他们就是喜欢和震荡纠缠不清；都知道盈亏比相较胜率对最后的交易结果更具有决定性意义，但他们交割单永远是小赢大亏；都知道顺势而为，但他们总改不了逆势扛单。

人都喜欢刺激，所以比起价值投资，大多数交易者更喜欢追涨杀跌；人都是不能接受失败的，所以比起严格设置止损，大多数交易者更喜欢扛单；人都是贪婪的，所以比起合理的仓位管理，大多数交易者常常忍不住梭哈。

人性既然不能改变，那我们又何必庸人自扰？很多人认为，交易是一个克服人性的过程，笔者则觉得不然。如果人性可以被克服，那你还是人吗？我们不止不该想着去压抑本性，更应该学着去欣赏它，释放它！

那问题来了，在交易者充分任性的前提下，是否可以稳定地收益？

答案是——肯定不能！

很多人看到这个答案是失望的，而这就是投资市场的本质。人性决定了市场里大多数的普通投资者都是要输钱的，而正因为大多数人会输钱才使得市场长期存在和活跃。

在中低频策略中，震荡策略相较趋势策略难设计得多，因为它逻辑的基点就是和短线趋势投机的突破原理背道而驰的。笔者从网上找到很多经典的震荡策略模型，比如说逆势网格策略，但这样的策略更适合长线做价值回归的投资，在短线投机型交易中很难控制风险；比如说恒温器策略，在笔者仔细剖析恒温器策略后发现，这种策略的主要盈利方向依然是趋势，甚至在丢弃策略中震荡部分后策略绩效会得到更多提升。

“TOP55策略：双唐奇安量化策略”设计理念

首先，笔者认为在上升趋势中低多，下跌趋势中高空，往往比传统震荡中简单的高抛低吸更安全，更容易取得盈利。其次，在上升趋势中低位置出现多头信号做多，下跌趋势中高位置出现空头信号做空，相较简单的相对高低点反向开单更安全，更容易取得盈利。最后根据持仓时长使用分段式出场。

策略源码（MC语:easy language）

```
inputs:zq1(120);
variables:var0(0),var1(0),var2(0),var3(0),var4(0);

var0=highest(high[1],22);
var1=highest(high[1],zq1);
var2=Average((open+high+low)/3,zq1);
var3=lowest(low[1],22);
var4=lowest(low[1],zq1);

if var1>var0 and var2>var2[2] and close>var2 and high<var0 then buy next bar at var0 stop;
if var3>var4 and var2<var2[2] and close<var2 and low>var3 then sellshort next bar at var3 stop;

sell("b3") next bar at lowest(low[1],22) stop;
buytocover("s3") next bar at highest(high[1],22) stop;

if marketposition=1 and barssinceentry(0)<=22 and var0=var1
then sell("b1") next bar at var1-3*Average(high[1]-low[1],99) stop;
if marketposition=-1 and barssinceentry(0)<=22 and var3=var4
then buytocover("s1") next bar at var4+3*Average(high[1]-low[1],99) stop;

if marketposition=1 and barssinceentry(0)>22 then sell("b2") next bar at var1-2*Average(high[1]-low[1],99) stop;
if marketposition=-1 and barssinceentry(0)>22 then buytocover("s2") next bar at var4+2*Average(high[1]-low[1],99) stop;
```

测试范围：沪深 300 指数中 300 只个股历史回测周期：2010 ~ 2019 年日线数据。

应用主要品种：中国 A 股

手续费设计：千一手续费

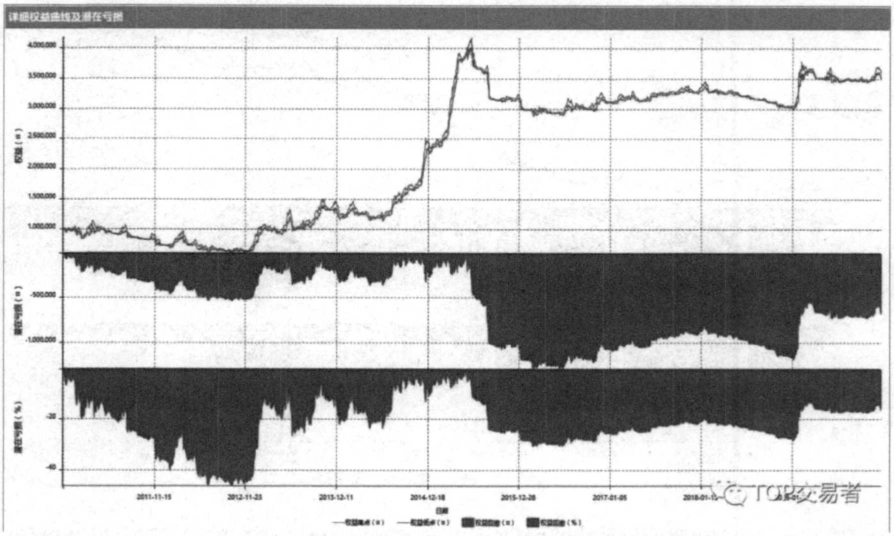

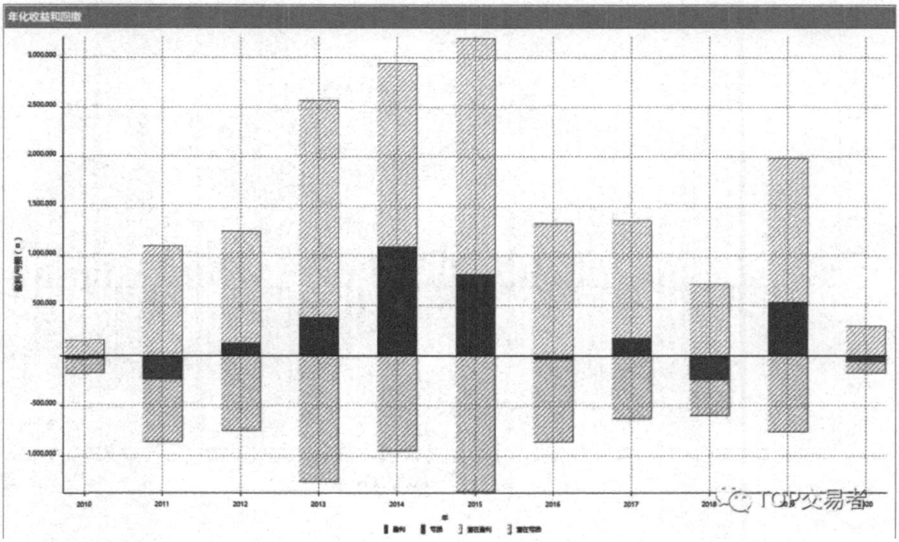

测试范围：铁矿石、螺纹钢、橡胶、甲醇、PTA、焦炭、豆粕、白糖、棕榈油。

应用主要品种：国内期货

手续费设计：万 2 手续费（覆盖 1 个滑点）

历史回测周期：2014 ~ 2019 年 15 分钟数据

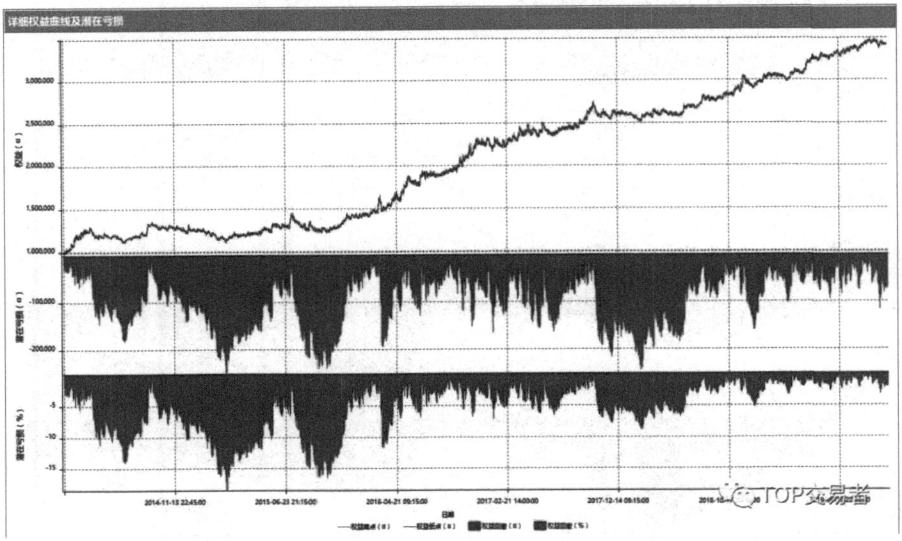

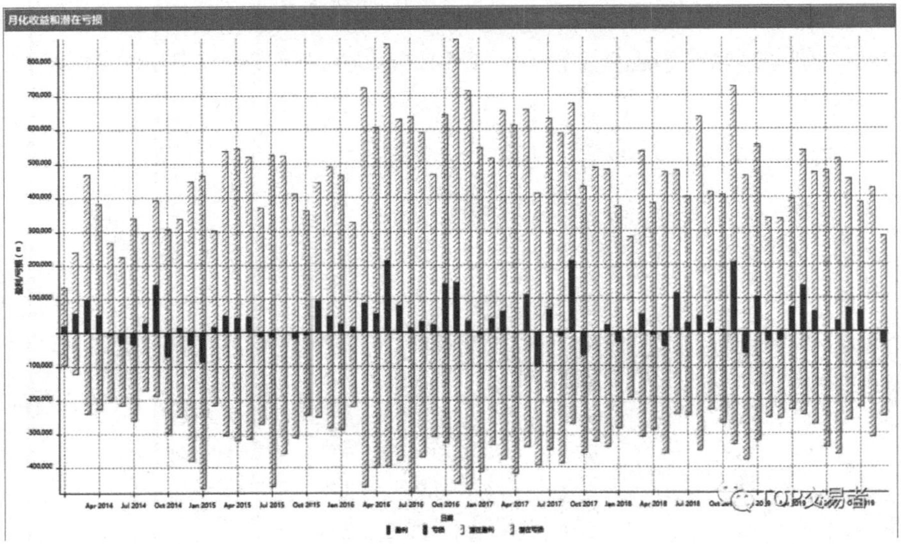

概述

商品	启动 日期	结束 日期	净额 盈利	交易次数
DCE.i 0000	2014-01-17 09:15:00	2019-12-24 15:00:00	¤726,664.51	656
SHFE.rb 0000	2014-01-20 09:45:00	2019-12-24 15:00:00	¤517,628.97	561
SHFE.ru 0000	2014-01-16 09:30:00	2019-12-24 15:00:00	¤138,454.01	656
CZCE.MA 0000	2014-01-20 14:45:00	2019-12-24 15:00:00	¤130,111.94	634
CZCE.TA 0000	2014-01-16 09:30:00	2019-12-24 15:00:00	¤343,690.81	679
DCE.j 0000	2014-01-16 15:00:00	2019-12-24 15:00:00	¤390,307.57	709
DCE.m 0000	2014-01-17 13:45:00	2019-12-24 15:00:00	¤84,353.10	663
DCE.p 0000	2014-01-16 09:30:00	2019-12-24 15:00:00	¤54,860.44	720
CZCE.SR 0000	2014-01-21 15:00:00	2019-12-24 15:00:00	¤23,605.[illegible]	[illegible]

测试范围：铁矿石、螺纹钢、橡胶、甲醇、PTA、焦炭、豆粕、白糖、棕榈油。

应用主要品种：国内期货

手续费设计：万 2 手续费（覆盖 1 个滑点）

历史回测周期：2014 ~ 2019 年 30 分钟数据

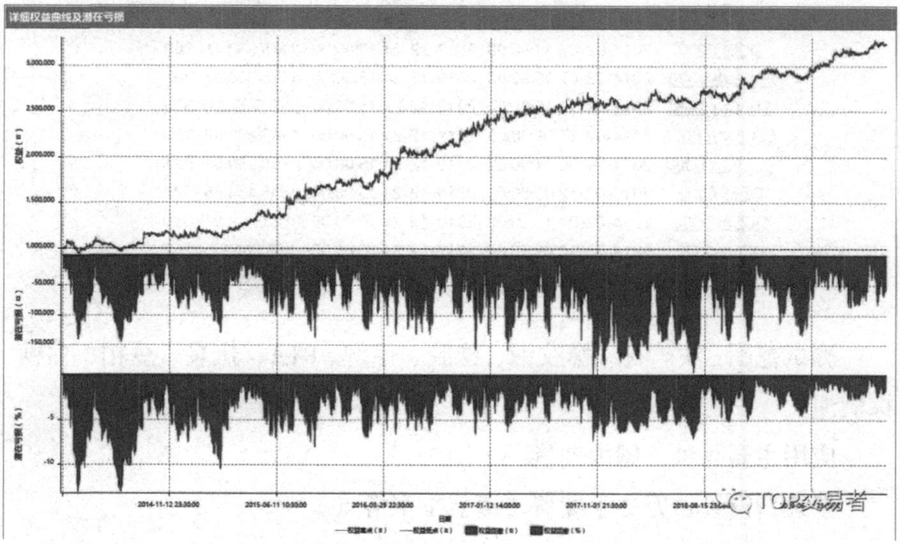

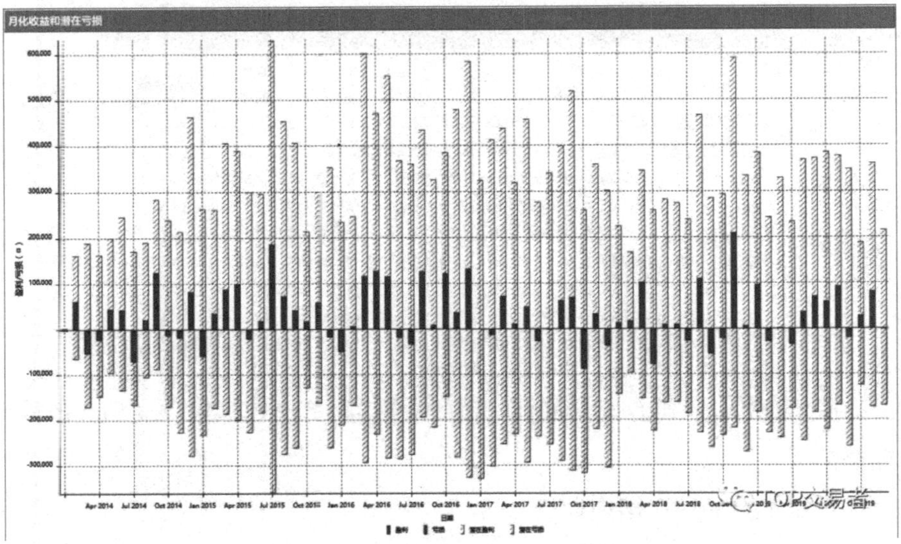

概述

商品	启动 日期	结束 日期	净额 盈利	交易次数
DCE.i 0000	2014-02-07 11:30:00	2019-12-24 15:00:00	¤483,930.41	302
SHFE.rb 0000	2014-02-07 10:30:00	2019-12-24 15:00:00	¤388,008.02	303
SHFE.ru 0000	2014-02-13 15:00:00	2019-12-24 15:00:00	(¤77,929.37)	323
CZCE.MA 0000	2014-02-17 09:30:00	2019-12-24 15:00:00	¤469,180.89	299
CZCE.TA 0000	2014-01-30 11:00:00	2019-12-24 15:00:00	¤368,930.63	321
DCE.j 0000	2014-02-12 09:30:00	2019-12-24 15:00:00	¤635,454.85	327
DCE.m 0000	2014-02-07 10:30:00	2019-12-24 15:00:00	(¤1,831.92)	330
DCE.p 0000	2014-02-10 09:30:00	2019-12-24 15:00:00	(¤35,086.57)	362
CZCE.SR 0000	2014-02-10 14:00:00	2019-12-24 15:00:00	¤8,460.	[illegible]

测试范围：铁矿石、螺纹钢、橡胶、甲醇、PTA、焦炭、豆粕、白糖、棕榈油。

应用主要品种：国内期货

手续费设计：万 2 手续费（覆盖 1 个滑点）

历史回测周期：2014 ~ 2019 年 60 分钟数据

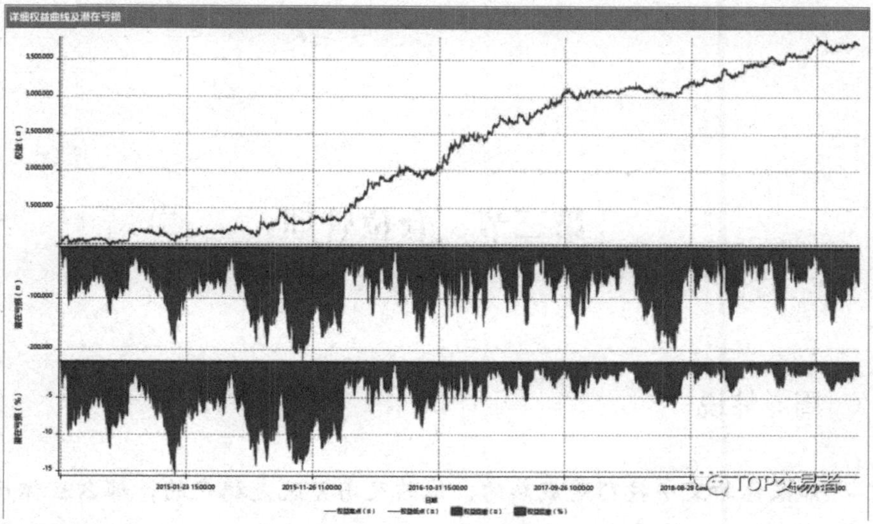

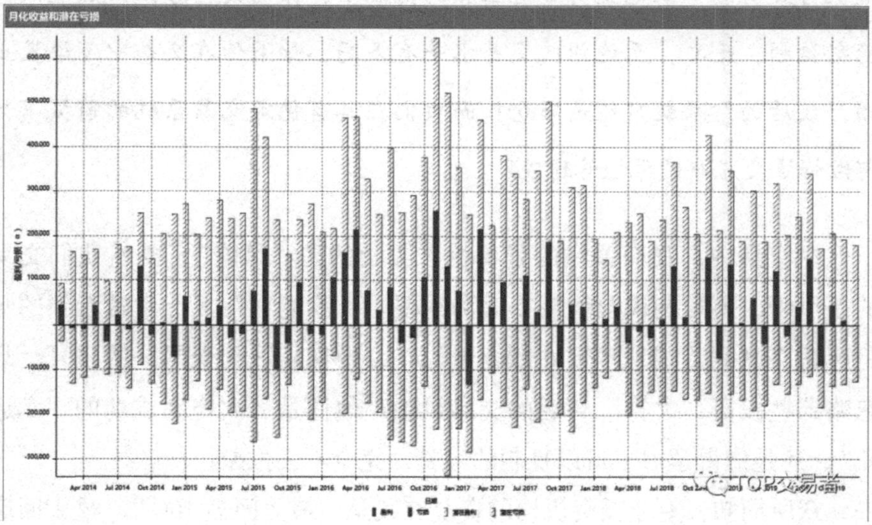

概述

商品	启动日期	结束日期	净额盈利	交易次数
DCE.i 0000	2014-02-20 15:00:00	2019-12-24 15:00:00	¤774,925.18	190
SHFE.rb 0000	2014-02-20 15:00:00	2019-12-24 15:00:00	¤457,665.39	171
SHFE.ru 0000	2014-02-21 10:00:00	2019-12-24 15:00:00	¤174,238.78	167
CZCE.MA 0000	2014-03-31 11:30:00	2019-12-24 15:00:00	¤378,392.88	193
CZCE.TA 0000	2014-03-10 11:30:00	2019-12-24 15:00:00	¤197,873.76	188
DCE.j 0000	2014-02-24 10:00:00	2019-12-24 15:00:00	¤583,799.83	191
DCE.m 0000	2014-02-21 14:30:00	2019-12-24 15:00:00	¤62,281.08	212
DCE.p 0000	2014-02-27 10:00:00	2019-12-24 15:00:00	¤130,219.09	216
CZCE.SR 0000	2014-03-06 10:00:00	2019-12-24 15:00:00	(¤48,57[illegible]6)	[illegible]

第三节　仓位管理

周泽炜说

如果你的交易技巧是成熟的，你的交易系统是稳定的，那么在你严格执行交易纪律每笔交易带有止损的情况下，你的交易账户必然能做到稳定盈利；反之，无论你的交易水平有多高，如果你在交易中不设置止损，最后的结果就只能是爆仓！而我们在具有稳定交易系统的前提下如何做好资金账户的风控管理呢？

在交易中，我们关注的是价格，买卖的是“风险”。既然我们交易的是风险，那控制风险就变得尤为重要。可我们在市场上常常看到的却是标榜高盈利，喊着“带你翻仓带你飞，带你赚钱到天黑”的口号，却忽略那些投资“大神”背后的交易风险。他们是一次侥幸成功的“幸运儿”，还是值得学习、可以复制的经验，完全不去推敲。

众所周知，专业投资机构的资金红线是“最大回撤 10%”。最大回撤率是在选定周期内任意历史时点往后推，产品净值走到最低点时的收益率回撤幅度的最大值。最大回撤用来描述买入产品后可能出现的最糟糕的情况，是一个重要的风险指标，对于对冲基金和数量化策略交易，该指标比波动率更重要。换而言之，“最大回撤”即是投资账户的最大风险。很多人说，作为普通投资者大可不必做到和专业机构一般的专业风控体系。这种苟且的观点是我不能认同的。专业机构之所以有严格的风控体系就是因为他们对资金安全的绝对尊重。作为一个普通投资者，你账户里的每一分钱，难道不都是得来不易的吗？一个不尊重自己“血汗钱”的人，不配拥有盈利！

我们在交易中买卖的是风险，那么我们就该关注风险，而不是收益。在交易过程中，交易者在实现第一步盈利目标后往往会对自己提出更高的要求，先是 10% 的盈利，然后 15%，再是 25%……实际上这是非常危险的，谁都知道收益和风险是成正比的，提高了对自己的收益要求，即是提高自身的资金风险。而怎样科学地设定自己的交易目标？我们建议在设定 10% 最大资金回撤作为目标的前提下进行交易，如果一成仓位不能够确保达成目标时就减仓，如果一成仓能稳定最大回撤小于 6% 时则可加仓。而这种交易目标的设定可以在资金风险保持相对平衡的前提下，获得稳定的收益。

资金账户其实由两部分构成：交易保证金 +10% 风险权益。交易保证金，即实际交易中所要支付的建仓成本。风险权益，指的是账户可承担的风险损失。因此，不分青红皂白地入金、没有计划的交易是非常不可取的。

第四节　交易者五大常见误区

误区 1. 在交易市场中的高手往往不需要指标，都是用裸 K 分析走势变化的

我们总能从各种渠道听“别人”说，交易的最高境界是裸 K，说厉害的交易员都是用裸 K 进行交易的，很多人对此深信不疑。但我要冒昧地问一句，这个观点是谁说的？你是真的认识某个交易达人亲口对你说的，还是你见过哪个交易达人就是这么做的？

周泽炜说

交易中最忌讳的就是人云亦云，道听途说。一个优秀的交易者所需

要具备最基本的素质就是有自己的分析和判断能力。交易容不得半点马虎，若非亲眼所见亲自求证，切不可贸然凭一句“别人说”来下结论。

误区 2. 交易除了技术，运气和心态都很重要，在交易市场中心态第一，技术第二

很多人总会说自己交易技术是过关的，可总是把握不好心态欠缺一些运气。而对于一个专业交易者而言，你将交易的结果归结于心态和运气实则是对自己极度不负责任的表现。一个技术过硬的交易者对于自己的判断有绝对的自信，因此其实不存在心态问题。如果你在交易中输给了心态，那我只能说这是你对自己交易技术不信任或没有严格执行交易纪律的结果。退一万步说，与其将交易失败的责任推卸给“心态”“运气”这种虚无缥缈的东西上，不如好好地寻找自己分析系统、交易策略中的漏洞并予以改正来得实际。

误区 3. 杠杆交易相对传统交易风险更大

中国几乎 90% 的投资者对“投资杠杆”的概念都是错误的。在最初经济学中的杠杆效应，主要表现为：由特定费用（如固定成本或固定财务费用）的存在而导致的，当某一财务变量以较小幅度变动时，另一相关财务变量会以较大幅度变动。合理运用杠杆原理，有助于合理规避风险，提高资金营运效率。所以投资市场的杠杆设定其本意是在于帮助投资者更好地管控个人投资资金，合理分配投资仓位，是一个避险工具。而那些专业投顾们都在宣导些什么？“以小博大”。什么是以小博大？所谓以小博大，应该是以个人总资产之小部分，博市场之大。你拿着身家性命去投资市场博其大。若赢赢不到市场之万一，若输却堕入万丈深渊。这是以小博大吗？这是拿自己性命开玩笑，是瞎胡闹。

综上所述，在具备成熟交易策略的前提下，杠杆交易相较传统交易风险更小。

误区 4. 优秀的交易系统是技术面与基本面相结合的

我们将交易者大致分为两类，分别是投资者和投机者。而大多数交

易者往往对他们之间的概念模糊不清。许多自称投资者的人实际上确实做着投机者的事，而中国超过 95% 的交易者都是投机者。

投资者买东西是为了长远目标，他们相信在一段相当长的时间之后他们的投资会升值。他们会买实物，也就是实实在在的东西。巴菲特就是个投资者，他买的是企业，不是股票。他买的是股票所代表的东西：企业本身，包括它的管理队伍、产品和市场地位。股票市场也许并不能反映他的企业的“正确”价值，但他并不在意。事实上，他正是靠这一点赚钱的。他会在股票市场严重低估了企业价值的时候买入企业，然后在股票市场大大高估了企业价值的时候卖出企业。通过这种方式大发横财，因为他精于此道。

投资者的交易周期往往需要达到 1 年或更长时间。很多人崇拜巴菲特，会看巴菲特的书，学习巴菲特的投资理念。但是仔细的人会发现，股神从来不会和你说技术，对于“均线、指标、形态”巴菲特始终只字不提。因为一个专业的投资者所关注的是基本面，他们认为基本面才是中长线影响交易标的价格波动的最主要因素。

投机者却不会买像企业这样的实物，他们也不会买下谷物、黄金或白银。他们买的是股票、期货合约和期权。他们不会太关心管理团队的水平、寒冷北方地区的油料消费趋势或是全球咖啡产量。投机者关注的只有价格，从本质上说，他们买卖的是风险。

市场允许风险从一个参与者转移到另一个参与者，事实上这也就是人们创造金融市场的原因，也是金融市场的一个永恒功能。与投资交易者相对应的，投机交易者关注的是价格本身的风险，他们认为价格的变化才是最真实反映市场的一种手段。因此一个纯粹的投机者只会关注价格本身，即通过技术面分析和交易行情。

如果你想通过技术面和基本面相结合搭建交易系统，其实是一种没有认清自己交易身份的表现。

误区 5. 国际投资市场是一个没有庄家的市场

你真相信有人开赌场只为抽水钱不吃头寸？任何投资市场都有庄家是我们必须接受的现实。没有庄家的市场是没有交易活跃度的市场，是一潭死水，是没有投资机会的市场。而任何的一个投资标的的定价权是掌握在其所持有现货最多的人手中。我们细数一些国际品种的庄家，国际黄金的定价权实际是由美国人操控的，因为美国拥有全球最多的黄金储备；国际原油的庄家是石油输出国组织 OPEC，因为 OPEC 成员国掌握全球超过 70% 的原油储量；国际铜价是由中国决定的，中国是铜最大的消费国，同时也是全球重要的铜生产国。

中国投资者之所以被称为“韭菜”，其主要原因是因为他们的交易技能风控观念低下，缺乏系统性的投资前学习。碎片化的盲目交易方式无法有效抵御投资市场的风险。交易不成体系，分析没有系统，其结果可想而知。

周泽炜说

交易市场是一个斗兽场，交易者不断与自己的人性博弈。而之所以历史总在会不断重复，是因为人性永不改变。

大多数人对于进场是急躁的，你不急躁，你的开仓博弈就有了优势；

大多数人对于盈利是贪婪的，你不贪婪，你的止盈博弈就有了优势；

大多数人对于亏损是侥幸的，你不侥幸，你的止损博弈就有了优势；

大多数人对于交易是鲁莽的，你不鲁莽，你的策略博弈就有了优势；

大多数人对于消息是盲目的，你不盲目，你的操作博弈就有了优势；

大多数人用别人的技术指标，用自己的，你的技术博弈就有了优势。

换句话说，克服人性的弱点，累积你的在交易中的优势才能实现账户最后的稳定盈利。什么是可以持续赢利的交易系统？能利用和反映在市场中的人永恒行为特征的系统。

第五节　网格交易策略

作为一个投资交易研究者，笔者始终痴迷于各种交易策略的研究和开发。“以科学的态度对待投资，用开放的思维学习交易”，一直是笔者的座右铭。

网格交易法（Grid Trading Method）又称渔网交易策略，大多数网格交易策略都是机械化交易策略，因此网格策略是最适合程序化交易的策略之一。

网格交易策略原理

不管市场价格如何上下波动，不外3种形态：上涨，盘整，下跌。不同的操作方法则有不同的结果表现。依据历史经验，由于盘整行情的神出鬼没，用普通习惯的操作方法在盘整行情中是很难赚到钱的，经常是高买低卖，左右挨耳光。

而网格交易追求的是不断的行情波动。理论上讲，行情波动越厉害，收益率越高。由于它不依赖人为的思考，完全是一种机械行为，像渔网一样，就是要把比网格大的波动一网打尽，所以在盘整行情中网格法也是可以获得收益的。

策略概况

网格策略擅长于振荡行情捕捉噪声，较适合于价差套利或低波动性品种，而在趋势行情中可能会导致爆仓。一个好网格策略取决于风险控制，而风险控制可以通过以下的方法来达到，而这正是网格策略的难点所在：

①动静态调整网格间距，以控制单边风险暴露的速度（网格间距太大，盈利太慢；网格间距太小，风险太大）；

②动态调整网格的价格中枢，以增强网格的时效性（缺乏时效性的网格遇到趋势行情时很可能就会爆仓，因为价格不可能永远在网格中枢上下一定范围内波动）。

网格策略有水平网格策略（Horizontal Grid）和垂直网格策略（Vertical Grid），水平网格策略也就是我们通常认识的网格策略，大体可以分成5小类，如下图所示：

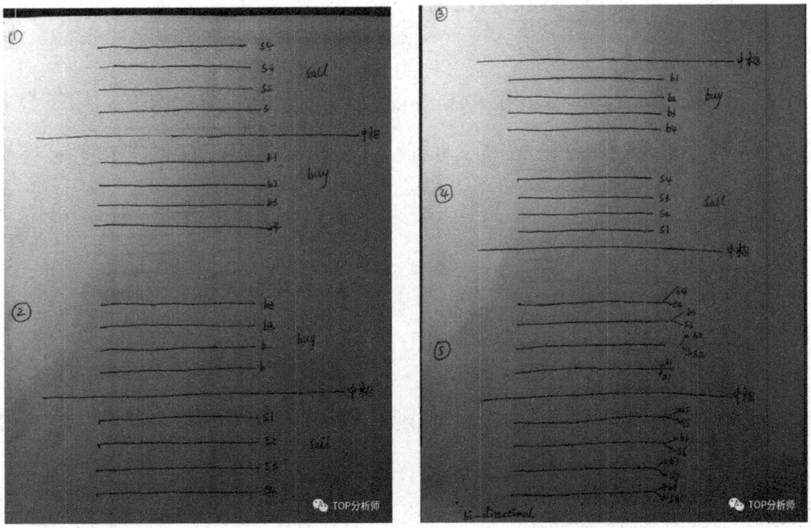

我们一般把这种不依赖人为思考、机械化的交易方式统称为“猪式交易”。其实能像猪一样交易也不错，只要交易能赚钱做猪又如何？但转念一想，如果猪式交易靠谱，那在交易中亏损的交易者岂不是连猪都不如？而一切的逻辑推演都只是纸上谈兵，任何真理都需要自己去论证。因此，本着对交易严谨的态度，笔者以多年交易经验设计了以均线为中轴的动态网格策略。

策略一

设计均线X为行情中轴，当价格下跌偏离X距离超过Y%开单做多，以进场点作为渔网支点，固定百分比 Z% 作为网格宽度，展开网格。下跌一个网宽加仓一次，下跌到第二个网宽止损。上涨一个网宽则止盈。

当价格上涨偏离 X 距离超过 Y% 开单做空，以进场点作为渔网支点，固定百分比 Z% 作为网格宽度，展开网格。上涨一个网宽加仓一次，上涨到第二个网宽止损。下跌一个网宽则止盈。

我们认为这样的策略设计更贴合行情的波动规律，进场点更优异，可以规避一些极端行情对网格造成的影响。

策略源码（MC语言:easy language）

```
Inputs:ma(60),fat1(0.052),fat2(0.025);
variables: var1(0),var2(0),var3(0),var4(0),var5(0),var6(0),var7(0),var8(0),
var9(0),var10(0),var11(0),var12(0);

var1 = Average(close,ma);
var2 = ( 1 - fat1 ) * var1;
var5 = ( 1 + fat1 ) * var1;

var3 = entryprice(0)*( 1- fat2 ) ;
var4 = entryprice(0)*( 1 - 2*fat2 ) ;
var9 = entryprice(0)*( 1 + fat2);
var6 = entryprice(0)*(1 + fat2 ) ;
var7 = entryprice(0)*( 1 + 2*fat2 ) ;
var10 = entryprice(0)*( 1 - fat2);

if marketposition=0 and close cross above var5 then sellshort(«s1») 1 cont
ract next bar at market;
if marketposition < 0 then begin
if close cross above var6 then
```

```
sellshort("s2") 1 contract next bar at market;
if close cross above var7 then
buytocover("ss") next bar at market;
if Close cross under var10 then
buytocover("sp2") 1 contract next bar at market;
end;

if marketposition=0 and Close cross under var2 then buy(«b1») 1 contrac
t next bar at market;
if marketposition > 0 then begin
if close cross below var3 then
buy("b2") 1 contract next bar at market;
if Close cross below var4 then
sell("bs") next bar at market;
if Close cross above var9 then
sell("bp2") 1 contract next bar at market;
end;
```

测评数据如下：

策略应用软件：MultiCharts 中国版

测试范围：铁矿石、螺纹钢、橡胶、甲醇、PTA、焦炭、豆粕。

历史回测周期：2012 ~ 2018 年 15 分钟数据

应用主要品种：国内期货

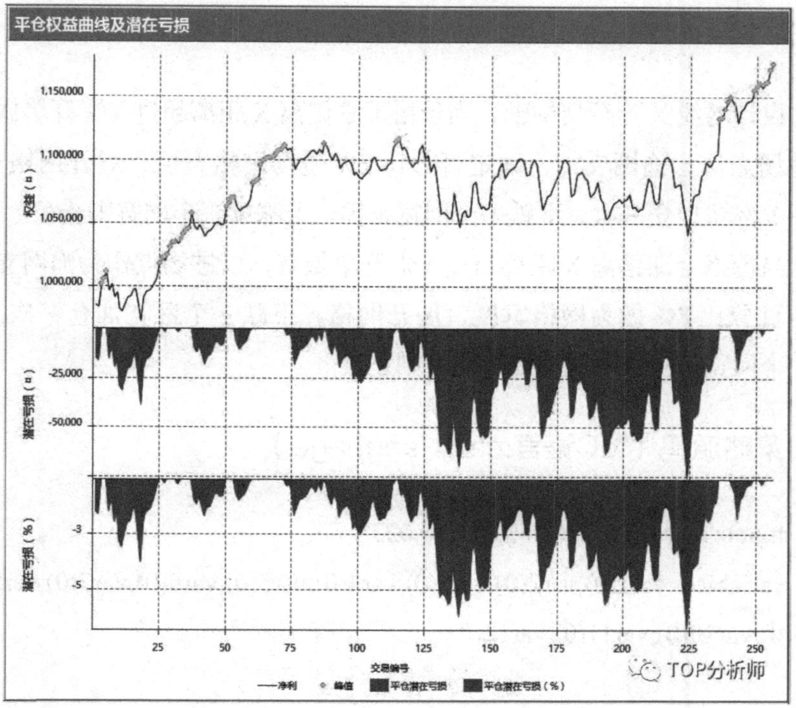
平仓权益曲线及潜在亏损
1,150,000
1,100,000
1,050,000
1,000,000
权益（¤）
-25,000
-50,000
潜在亏损（¤）
-3
-5
潜在亏损（%）
25
50
75
100
125
150
175
200
225
250
交易编号
净利
峰值
平仓潜在亏损
平仓潜在亏损（%）
TOP分析师

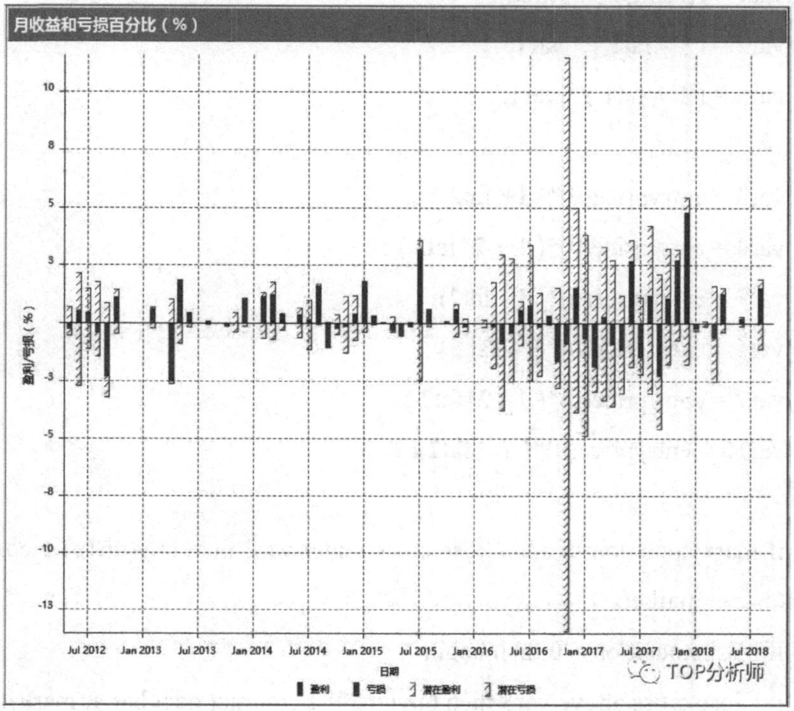
月收益和亏损百分比（%）
10
8
5
3
-3
-5
-8
-10
-13
盈利/亏损（%）
Jul 2012
Jan 2013
Jul 2013
Jan 2014
Jul 2014
Jan 2015
Jul 2015
Jan 2016
Jul 2016
Jan 2017
Jul 2017
Jan 2018
Jul 2018
日期
盈利
亏损
潜在盈利
潜在亏损
TOP分析师

策略二

设计均线 X 为行情中轴，当价格下跌偏离 X 距离超过 Y% 开单做多，以进场点作为渔网支点，固定百分比 Z% 做为网格宽度，展开网格。上涨一个网宽加仓一次，下跌一个网宽止损。上涨第二个网宽则止盈。

当价格上涨偏离 X 距离超过 Y% 开单做空，以进场点作为渔网支点，固定百分比 Z% 做为网格宽度，展开网格。下跌一个网宽加仓一次，上涨一个网宽止损。下跌第二个网宽则止盈。

策略源码（MC语言:easy language）

```
Inputs:ma(60),fat1(0.052),fat2(0.025);
variables: var1(0),var2(0),var3(0),var4(0),var5(0),var6(0),var7(0),var8(0),
var9(0),var10(0),var11(0),var12(0);

var1 = Average(close,ma);
var2 = ( 1 - fat1 ) * var1;
var5 = ( 1 + fat1 ) * var1;

var3 = entryprice(0)*( 1+ fat2 ) ;
var4 = entryprice(0)*( 1 + 2*fat2 ) ;
var9 = entryprice(0)*( 1 - fat2);
var6 = entryprice(0)*(1 - fat2 ) ;
var7 = entryprice(0)*( 1 - 2*fat2 ) ;
var10 = entryprice(0)*( 1 + fat2);

if marketposition=0 and Close cross under var2 then buy(«b1») 1 contrac
t next bar at market;
if marketposition > 0 then begin
if Close cross above var3 then buy("b2") 1 contract next bar at market;
```

```
if Close cross above var4 then
sell("bp") next bar at market;
if Close cross under var9 then
sell("bp2") next bar at market;
end;

if marketposition=0 and close cross above var5 then sellshort(«s1») 1 contract next bar at market;
if marketposition < 0 then begin
if close cross under var6 then sellshort("s2") 1 contract next bar at market;
if close cross under var7 then
buytocover("sp") next bar at market;
if Close cross above var10 then
buytocover("sp2") next bar at market;
end;
```

测评数据如下：

策略应用软件：MultiCharts 中国版

测试范围：铁矿石、螺纹钢、橡胶、甲醇、PTA、焦炭、豆粕。

历史回测周期：2012 ～ 2018 年 15 分钟数据

应用主要品种：国内期货

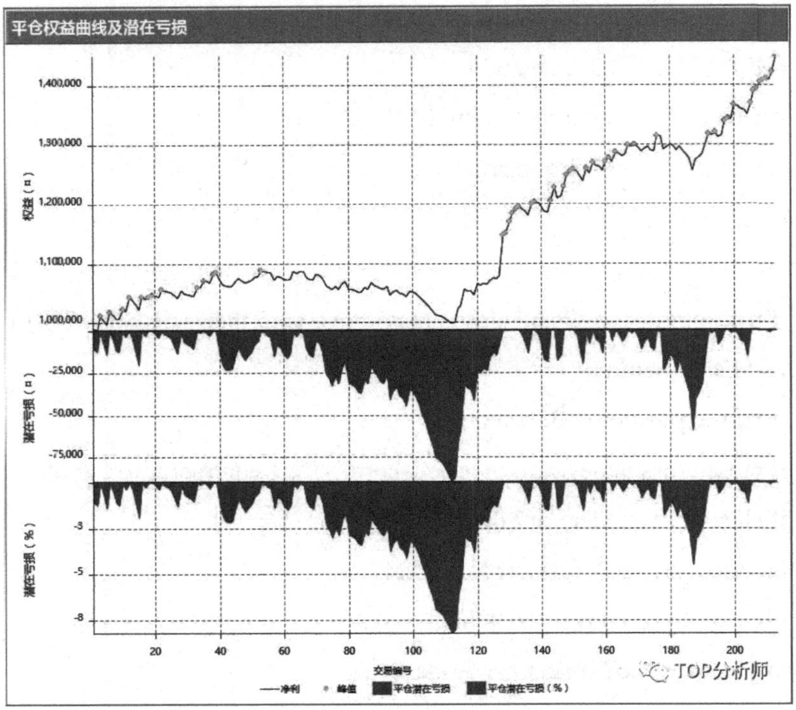
平仓权益曲线及潜在亏损
1,400,000
1,300,000
1,200,000
1,100,000
1,000,000
权益（¤）
-25,000
-50,000
-75,000
潜在亏损（¤）
-3
-5
-8
潜在亏损（%）
20
40
60
80
100
120
140
160
180
200
交易编号
TOP分析师
净利
峰值
平仓潜在亏损
平仓潜在亏损（%）

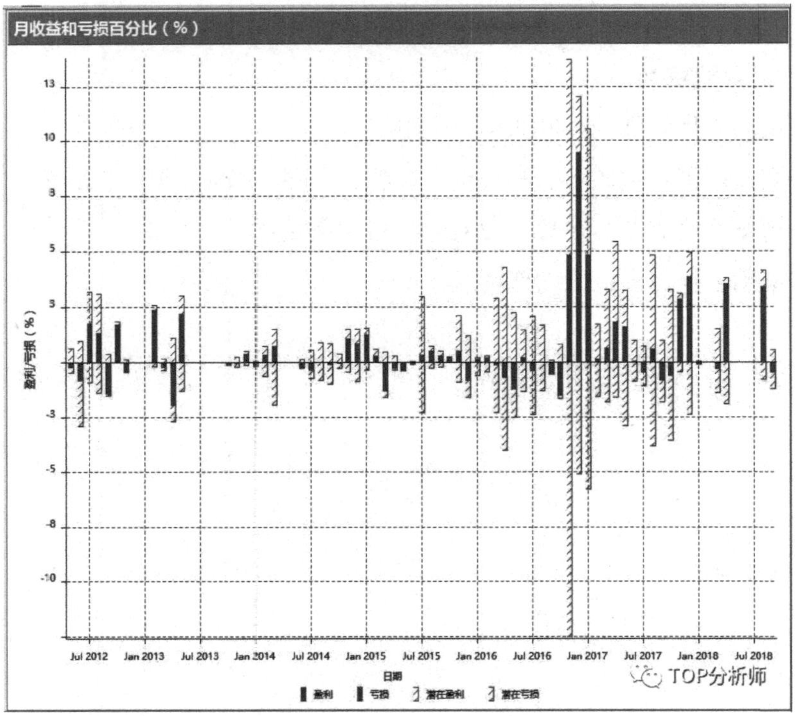
月收益和亏损百分比（%）
13
10
8
5
3
-3
-5
-8
-10
盈利/亏损（%）
Jul 2012
Jan 2013
Jul 2013
Jan 2014
Jul 2014
Jan 2015
Jul 2015
Jan 2016
Jul 2016
Jan 2017
Jul 2017
Jan 2018
Jul 2018
日期
TOP分析师
盈利
亏损
潜在盈利
潜在亏损

策略三

以当天开盘价为中轴展开渔网，第一层网格宽度为X，第二层网格宽度为bs*X，价格每上穿一层网格开一手空单，每下穿一层网格开一手多单。价格穿过两层网格后不再加仓；价格在当日开盘价上方每下穿一层网格平一手空单，价格在当日开盘价下方每上穿一层网格平一手多单。

一种传统网格的设计方式，一次加仓，没有设计止损。

策略源码（MC语言:easy language）

```
[IntrabarOrderGeneration=true];
Inputs:X(0.058),bs(1.4);
variable:var1(0),var2(0),var3(0),var4(0),var5(0),var6(0),var7(0);

if date<>date[1] then begin
  var1=Open;
  var2=Open*(1+X);
  var3=open*(1-X);
  var4=Open*(1+bs*X);
  var5=open*(1-bs*X);
end;

condition1=Close cross over var1;
condition2=Close cross over var2;
condition3=Close cross over var3;
condition4=Close cross over var4;
condition5=Close cross under var1;
condition6=Close cross under var2;
condition7=Close cross under var3;
condition8=Close cross under var5;
```

```
if marketposition=0 and condition2 then sellshort next bar at market;
if condition4 and var6=0 then begin
sellshort next bar at market;
var6=1;
end;
if marketposition<0 and condition6 then begin
buytocover next bar at market;
var6=0;
end;
if marketposition<0 and condition5 then buytocover next bar at market;
if marketposition=0 and condition7 then buy next bar at market;
if condition8 and var7=0 then begin
buy next bar at market;
var7=1;
end;
if marketposition>0 and condition3 then begin
sell next bar at market;
var7=0;
end;
if marketposition>0 and condition1 then sell next bar at market;
```

测评数据如下：

策略应用软件：MultiCharts 中国版

测试范围：铁矿石、螺纹钢、橡胶、甲醇、PTA、焦炭、豆粕。

历史回测周期：2012 ~ 2018 年 15 分钟数据

应用主要品种：国内期货

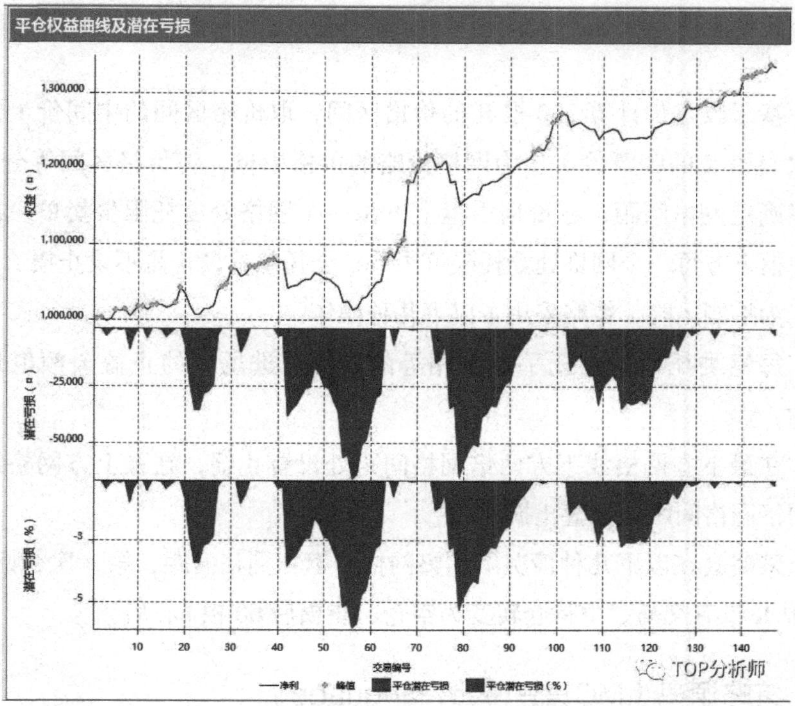

平仓权益曲线及潜在亏损

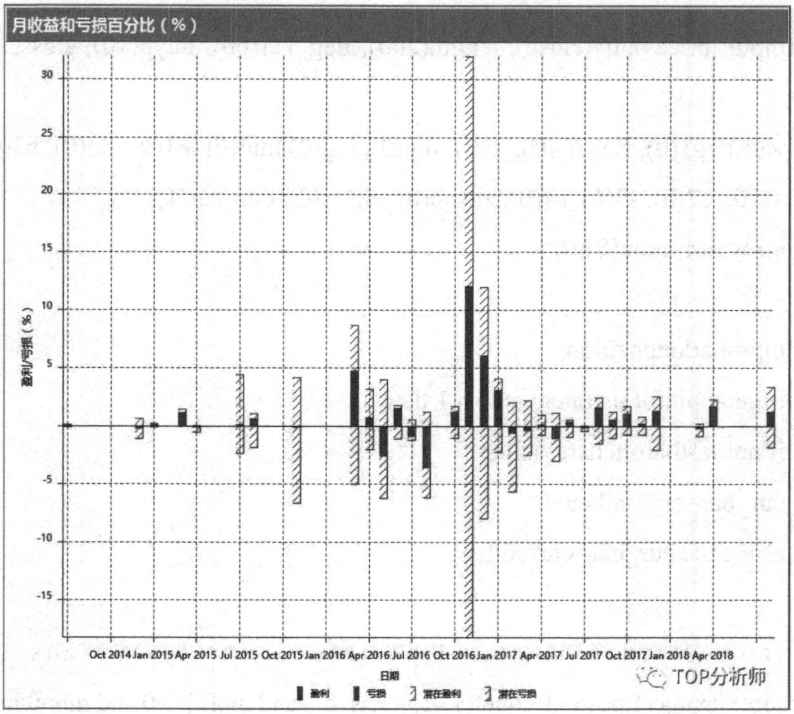

月收益和亏损百分比(%)

策略四

基于收盘价计算200根K的价格区间，取价格区间的中间价（也可以取当根K的收盘价）作为网格策略的价格中枢，将价格区间等分成8份以确定网格间距，在价格中枢上方每一个网格处委托限价卖单，在价格中枢下方每一个网格处委托限价买单，委托单只设止盈不设止损。

为控制风险，策略采用了以下几种操作：

每笔委托单的委托手数是相等的，每笔进场单的止盈金额也是相等的；

在最下方网格线下方两倍网格间距处设置止损，在最上方网格线上方两倍网格间距处设置止损；

策略会在以下几种情况下调整网格中枢和网格间距：第一次初始化、60根K没有交易、由持仓转变为空仓、止损后60根bar后。

策略源码（MC语言:easy language）

```
input: pricevalue(close), length(200), flag_bar(60), buyp(10), sloss(2), lo
ts(1);
var: flag1(0), flag2(-flag_bar), mp(0), leg(0),mid(0), b1(0), b2(0), b3(0), b
4(0), s1(0), s2(0), s3(0), s4(0), zhs_b(0), zhs_s(0), cur_bar(1);
array: arr_num[8](0);

mp=marketposition;
if getappinfo(aistrategyauto)=1 then
if not lastbaronchart_s then
cur_bar=currentbar+1
else once cur_bar=currentbar;

if (postradeexitname(1,postradecount(1)-1)="zhs_s"or
postradeexitname(1,postradecount(1)-1)="zhs_b") and mp[1]<>0 and mp=0 then
```

```
flag2=currentbar;
if mp=0 and currentbar>=cur_bar then
flag1=flag1+1
else flag1=0;

if cur_bar=currentbar or (mp<>mp[1] and mp=0) or flag1=flag_
bar or flag2+flag_bar=currentbar then begin
value11=highest(pricevalue,length);
value22=lowest(pricevalue,length);
leg=intportion(((value11-value22)/(minmove*1 point))/8);
mid=(value11+value22)/2;
//mid=close;
b1=mid-1*leg*(minmove*1 point);
b2=mid-2*leg*(minmove*1 point);
b3=mid-3*leg*(minmove*1 point);
b4=mid-4*leg*(minmove*1 point);
s1=mid+1*leg*(minmove*1 point);
s2=mid+2*leg*(minmove*1 point);
s3=mid+3*leg*(minmove*1 point);
s4=mid+4*leg*(minmove*1 point);
zhs_s=b4-sloss*leg*(minmove*1 point);
zhs_b=s4+sloss*leg*(minmove*1 point);
arr_num[0]=TL_new_bn(currentbar,mid,currentbar,mid);
arr_num[1]=tl_new_bn(currentbar,b1,currentbar,b1);
arr_num[2]=tl_new_bn(currentbar,b2,currentbar,b2);
arr_num[3]=tl_new_bn(currentbar,b3,currentbar,b3);
arr_num[4]=tl_new_bn(currentbar,b4,currentbar,b4);
arr_num[5]=tl_new_bn(currentbar,s1,currentbar,s1);
arr_num[6]=tl_new_bn(currentbar,s2,currentbar,s2);
```

```
arr_num[7]=tl_new_bn(currentbar,s3,currentbar,s3);
arr_num[8]=tl_new_bn(currentbar,s4,currentbar,s4);
tl_setcolor(arr_num[0],blue);
flag1=0;
end;

if currentbar>=cur_bar and flag2+flag_bar<=currentbar then begin
if close>b1-minmove*4 point then
buy("b1") lots shares next bar at b1 limit;
if close>b2-minmove*4 point then
buy("b2") lots shares next bar at b2 limit;
if close>b3-minmove*4 point then
buy("b3") lots shares next bar at b3 limit;
if close>b4-minmove*4 point then
buy("b4") lots shares next bar at b4 limit;

if close<s1+minmove*4 point then
sellshort("s1") lots shares next bar at s1 limit;
if close<s2+minmove*4 point then
sellshort("s2") lots shares next bar at s2 limit;
if close<s3+minmove*4 point then
sellshort("s3") lots shares next bar at s3 limit;
if close<s4+minmove*4 point then
sellshort("s4") lots shares next bar at s4 limit;
setstopcontract;
setprofittarget(lots*bigpointvalue*minmove*leg point);
sell("zhs_s") next bar at zhs_s stop;
buytocover("zhs_b") next bar at zhs_b stop;
tl_setend_bn(arr_num[0],currentbar,mid);
```

```
tl_setend_bn(arr_num[1],currentbar,b1);
tl_setend_bn(arr_num[2],currentbar,b2);
tl_setend_bn(arr_num[3],currentbar,b3);
tl_setend_bn(arr_num[4],currentbar,b4);
tl_setend_bn(arr_num[5],currentbar,s1);
tl_setend_bn(arr_num[6],currentbar,s2);
tl_setend_bn(arr_num[7],currentbar,s3);
tl_setend_bn(arr_num[8],currentbar,s4);
end;
```

策略总结

网格策略作为机械化交易策略的一种，在合理设计交易逻辑后确实可以实现交易的盈利。从量化网格策略中我们可以很明显地发现，策略潜在亏损较大，代表在极端趋势行情中也同样具有不可控交易风险。笔者认为，一套优秀的震荡策略，震荡行情中表现优异是理所当然的，但在趋势行情中策略还应具有过滤不良进场信号减少错误交易的能力。就这点来看，网格策略的实盘操作中若遇趋势性行情如何智能识别，成为整套策略最大的设计难点。

第六节　量价异动策略

大地初开方为太极，而太极生两仪，两仪生四象，八卦形而上；三才天地人，五行亦相生。

太极即万物之始，为一。那么交易之源是什么？交易源于价格，因此价格为太极；太极生两仪，有价格才有涨跌，因此交易的两仪为涨跌；两仪生四象，交易的四象指的是四种行情基本形态；八卦形而上，指的就是在四象的基础上演化而来的八种特定情况。这也对应了“易然战法”中的六句口诀“量能为纲，趋势为先，形态为优，均线为绳，周期为重，指标为辅”。

所以在交易中，有了价格后出现了趋势，有了趋势才形成了形态，而后演化出了指标。很多人不懂为什么大多数分析师都喜欢摆动均线指标。我们发现均线和K线形态（形态≠K线形态）往往是很多投资者的入门分析方法，也是因为他们最接近交易的源头，即“价格”。在交易中越接近交易源头的指标越“纯粹”越“真实”。说到底市场上你看到的各式各样的指标其实都是从价格演化而来，所以要做好交易首先还是要从认识交易的“本源”开始。

道家“三才”指的是天、地、人。“天”即天时，“地”为地利，“人”乃人和。在交易中，天时即是交易的时间，地利则是支撑阻力位，人和便是成交量。

什么是成交量?

成交量是一种供需的表现，分为广义的成交量与狭义成交量两种。

广义的成交量定义为：成交手数、成交金额、换手率；

狭义的成交量定义为成交金额。

什么是放量和缩量?

没有具体的定义，是一个相对概念。怎么判定放量和缩量，看成交量的红绿柱状的长短就可以了。也可以结合换手率来判定：一般低换手就伴随着缩量，高换手就伴随着放量。

成交量的三个经典点表述

第一，量是价的先行指标，也叫作量在价先。

第二，先见天量后见天价，也叫天量天价。注解：可以是当天见到天价，也可以是随后见到天价，都没有什么问题。一般情况下天量伴随着高换手就意味着卖点，短期的高位形成。

第三，地量之后有地价，也叫地量地价。

研究量价关系主要的三个方向：

第一，量价快速同步放大，我们认为趋势行情往往都是从量价同步放大开始的；

第二，成交量放大，价格震荡。量价背离是一种不寻常的量价关系，而这种不寻常关系往往隐藏着未来价格趋势的 KEY；

第三，量价波幅关系，我们将特定周期成交量的波幅与价格的波幅进行对比寻找其中的隐含关系。

我们将量价波幅关系做成以下新指标。

指标源码（MC语言:easy language）

```
inputs:zq(周期);
variables:var0(0),var1(0),var2(0),var3(0),var4(0),var5(0),var6(0),var7(0),
var8(0),mp(0),var10(0),var11(0),var15(0),var16(0);

var0=XAverageOrig((high-low)/(high+low)/2,zq)*10000;
var1=XAverageOrig(Ticks,zq);
var10=Average(var0,48);
var11=Average(var1,48);
var2=var10/var11;
var3=var1*var2;
var4=absvalue(var0-var3);

plot1(var0);
plot2(var3);
```

量化交易策略“TOP40”：量价异动策略

在成交量长期保持低位后，当单根K线成交量突然放大均量X倍，同时K线涨幅度超过价格平均真实波幅Y倍，则顺势进场做多。设置K线最低点为止损位置，SAR指标做移动出场条件。

在成交量长期保持低位后，当单根K线成交量突然放大均量X倍，同时K线跌幅度超过价格平均真实波幅Y倍，则顺势进场做空。设置K线最高点为止损位置，SAR指标做移动出场条件。

测评数据如下：

策略应用软件：MultiCharts中国版

测试范围：铁矿石、螺纹钢、橡胶、甲醇、PTA、焦炭、豆粕、白糖、棕榈油。

应用主要品种：国内期货

手续费设计：万2手续费（覆盖1个滑点）

历史回测周期：2012 ~ 2019年15分钟数据

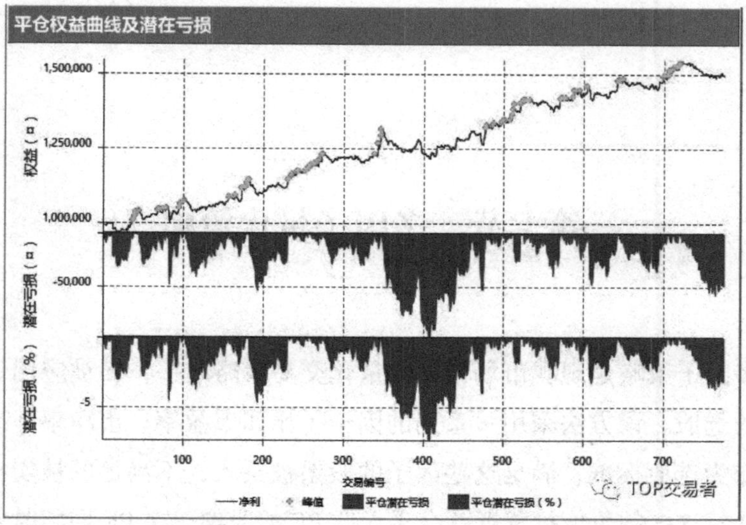

概述

商品	启动日期	结束日期	净额盈利	交易次数
DCE.i HOT	2014-02-24 09:30:00	2019-06-27 23:00:00	¤103,760.51	61
SHFE.rb HOT	2012-01-31 09:30:00	2019-06-27 23:00:00	¤116,480.84	77
SHFE.ru HOT	2012-06-25 09:30:00	2019-06-27 23:00:00	¤159,976.22	101
CZCE.MA HOT	2012-02-06 09:30:00	2019-06-27 23:30:00	¤24,908.50	114
CZCE.TA HOT	2012-01-19 11:30:00	2019-06-27 23:30:00	¤15,047.18	77
DCE.j HOT	2012-06-04 09:30:00	2019-06-27 23:00:00	¤51,772.49	91
DCE.m HOT	2012-09-11 10:15:00	2019-06-27 23:00:00	¤41,254.00	93
DCE.p HOT	2012-02-24 09:15:00	2019-06-27 23:00:00	(¤46,824.20)	74
CZCE.SR HOT	2012-02-06 09:30:00	2019-06-27 23:30:00	¤30,29[illegible]	[illegible]

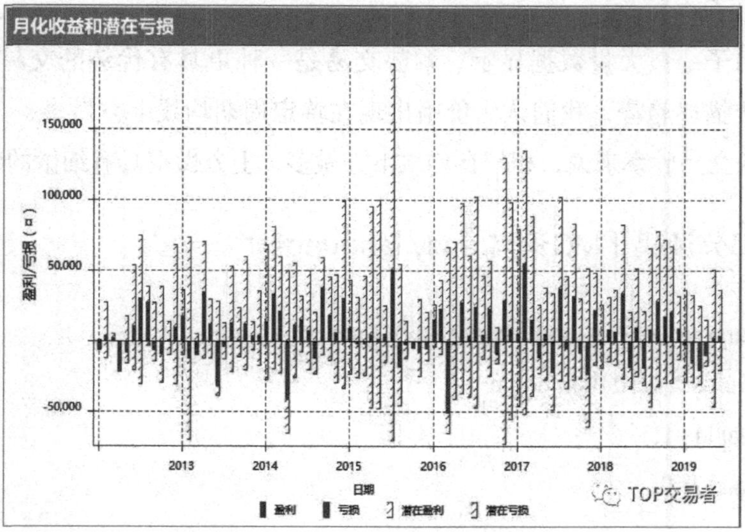

第七节　多因子量化策略

多因子策略是现在市场常用的量化交易策略之一，多被应用于股票投资的选股。该方法采用一系列的因子（比如市盈率、市净率、市销率等）作为选股标准，满足这些因子的股票被买入，不满足的被卖出。比如巴菲特这样的价值投资者就会买入低PE的股票，在PE回归时卖出股票。笔者认为中国A股市场是一个弱有效性市场，因此传统基本面因子往往更适用于个股长线的投资，而短期对于股价的影响较小。

多因子策略是一种特定的量化交易风格，是通过一系列具有细微交易优势的条件因子叠加以获得相对交易优势的一种策略模型。

量化交易策略"TOP38"：六君子量化策略

通过对于部分量化策略进行的分析，寻找对于交易具有细微优势的条件因子。

因子一：大量数据显示，顺势交易是一种更具有优势的交易方式。用均线描述趋势，我们认为价格出现在特定周期均线上方做多、下方做空，从交易胜率来说，相较在均线下方做多、上方做空具有细微的优势。

部分源码（MC语言:easy language）

```
var0=Average((close+high+low)/3,ma1);
if close>var0 then begin
 var11=1;
 var12=0;
```

```
 end;
if close<var0 then begin
 var12=1;
 var11=0;
 end;
```

我们将因子一权重设计为 1，当价格处于均线上方做多积分 +1，反之做空积分 +1。

因子二：根据此前分享的 TOP30 量化策略，我们通过优化唐奇安通道中轨的平滑度得到的飞跃线，认为当价格出现在特定周期飞跃线上方做多、下方做空，从交易胜率来说，相较在飞跃线下方做多、上方做空具有细微的优势。

我们将因子二权重设计为 1，当价格处于飞跃线上方做多积分 +1，反之做空积分 +1。

因子三：根据此前分享的 TOP30 量化策略，我们认为当价格远离飞跃线后出现价格回归行情概率较大。

部分源码（MC语言:easy language）

```
var2=absvalue(close- 飞跃线 );
if var2<Average(high[1]-low[1],48)*N  then  begin
var31=1;
var32=1;
end;
if var2>=Average(high[1]-low[1],48)*N  then  begin
var31=0;
var32=0;
end;
```

因此将因子三权重设计为 1，当价格与飞跃线之间距离小于 N 个 ATR（价格真实波幅）做多和做空积分 +1, 反之做多和做空积分 =0。

因子四：根据此前分享 TOP17 策略，我们认为当单根 K 线出现异常波动，即涨跌幅大于 X 倍 ATR 时，顺势开单进场具有细微交易优势。

因此将因子四权重设计为 1，符合条件做多和做空积分 +1, 反之做多和做空积分 =0。

因子五：我们认为海龟交易法则中当价格突破特定周期高低点时，顺势交易具有细微胜率优势。

部分源码（MC语言:easy language）

```
if close cross above highest(high[1],Y) then begin
var51=1;
var52=0;
end;
if close cross under lowest(low[1],Y) then begin
var51=0;
var52=1;
end;
```

因此将因子五权重设计为 1，当价格突破 Y 周期高点做多积分 +1，反之做空积分 +1。

因子六：根据经典策略 Aberration，我们认为当价格突破特定周期布林上下轨时，顺势交易具有细微胜率优势。

因此将因子六权重设计为 1，当价格突破 Z 周期布林上轨做多积分 +1，反之做空积分 +1。

在描述完六个因子后，将积分累加获得特定分值进场交易，设计止损与出场逻辑。

测评数据如下：

策略应用软件：MultiCharts 中国版

测试范围：铁矿石、螺纹钢、橡胶、甲醇、PTA、焦炭、豆粕、白糖、棕榈油。

历史回测周期：2012 ~ 2019 年 15 分钟数据

应用主要品种：国内期货

手续费设计：万 2 手续费（覆盖 2 个滑点）

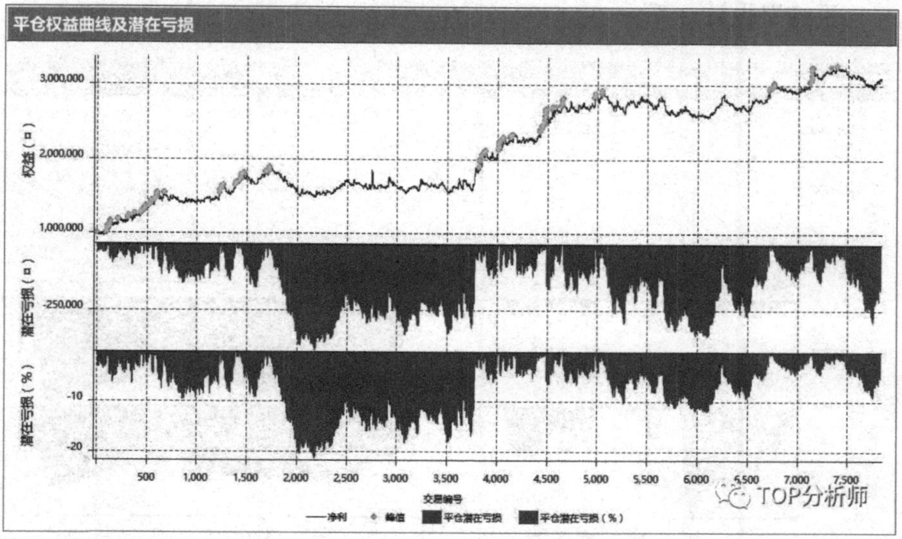

总体交易分析

	所有交易	多头交易	空头交易
交易总数量	9708	4729	4979
未平仓交易总数量	7	2	5
盈利交易次数	4025	1921	2104
亏损交易次数	5683	2808	2875
胜率	41.46%	40.62%	42.26%
单笔净利	¤215.38	¤97.33	¤327.51
平均盈利额	¤5,716.68	¤5,752.05	¤5,684.38
平均亏损额	(¤3,680.92)	(¤3,771.16)	[illegible]
平均盈利/平均亏损比率	1.55	1.53	1.58

概述

商品	启动日期	结束日期	净额盈利	交易次数
DCE.i HOT	2014-02-24 09:30:00	2019-06-06 15:00:00	¤553,598.27	917
SHFE.rb HOT	2012-03-01 15:00:00	2019-06-06 15:00:00	¤708,676.46	1039
SHFE.ru HOT	2012-03-06 09:30:00	2019-06-06 15:00:00	(¤106,563.26)	1074
CZCE.MA HOT	2012-03-01 10:00:00	2019-06-06 15:00:00	¤78,457.20	1132
CZCE.TA HOT	2012-03-02 09:15:00	2019-06-06 15:00:00	¤237,998.74	1175
DCE.j HOT	2012-03-02 11:00:00	2019-06-06 15:00:00	¤675,728.24	1120
DCE.m HOT	2012-09-03 14:30:00	2019-06-06 15:00:00	¤124,209.66	998
DCE.p HOT	2012-03-07 11:30:00	2019-06-06 15:00:00	(¤163,789.91)	1192
CZCE.SR HOT	2012-03-05 14:45:00	2019-06-06 15:00:00	(¤17,378.[illegible])	[illegible]

测试范围：沪深 300 指数中 300 只个股

历史回测周期：2012 ~ 2019 年日线数据

应用主要品种：中国 A 股

手续费设计：千一

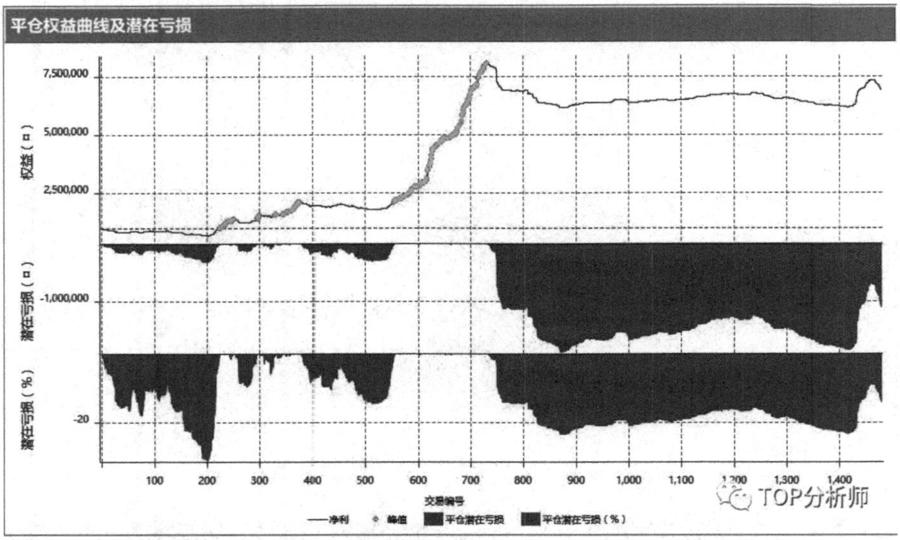

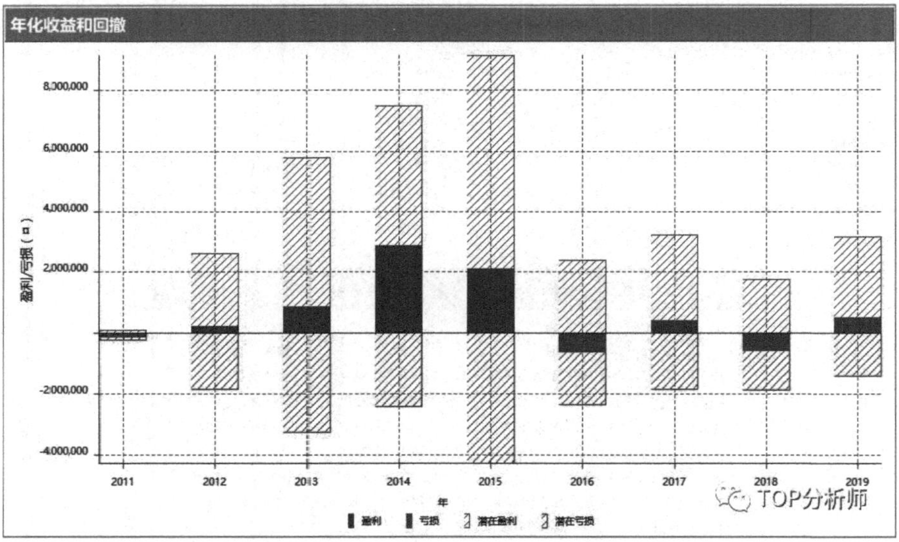

总体交易分析			
	所有交易	多头交易	空头交易
交易总数量	12624	12624	0
未平仓交易总数量	97	97	0
盈利交易次数	6084	6084	0
亏损交易次数	6540	6540	0
胜率	48.19%	48.19%	0%
单笔净利	¤468.54	¤468.54	¤.00
平均盈利额	¤2,500.05	¤2,500.05	¤.00
平均亏损额	(¤1,421.32)	(¤1,421.32)	¤.00
平均盈利/平均亏损比率	1.76	1.76	0

第八节　经典量化策略 R-Breaker

Richard Saidenberg 开发的 R-Breaker 策略，公布于 1994 年。不同于其他策略，R-Breaker 是趋势与反手相结合的策略，既可以抓取趋势大利润，又可以在趋势转向时及时止赢保住利润，并顺势反转做对手仓。该策略至今仍在国内外普遍使用与研究，连续 15 年荣登《Futures Truth》杂志 Top10 赚钱策略。

R-Breaker策略构成

① 通过前一个交易日的收盘价 \ 最高价 \ 最低价，计算出六个价位，从大到小依次为：

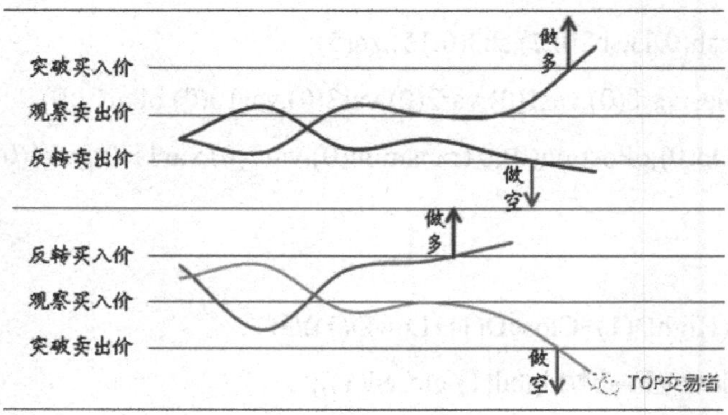

计算方法如下（其中 a、b、c、d 为策略参数）:

观察卖出价（Ssetup）= High + a ×（Close-Low）

观察买入（Bsetup）= Low-a ×（High-Close）

反转卖出价（Senter）= b / 2 ×（High + Low）-c × Low

反转买入价（Benter）= b / 2 ×（High + Low）-c × High

突破卖出价（Sbreak）= Ssetup-d ×（Ssetup-Bsetup）

突破买入价（Bbreak）= Bsetup + d ×（Ssetup-Bsetup）

② 追踪盘中价格走势，实施判断出发条件。

趋势进场：

盘中价格 > 突破买入价，在该点位开仓做多；

盘中价格 < 突破卖出价，在该点位做空。

反转离场：

日内最高价 > 观察卖出价；日内最高价 < 突破买入价；盘中价格出现回落；且进一步跌破反转卖出价。反手做空。

日内最低价 < 观察买入价；日内最低价 > 突破卖出价；盘中价格出现反弹；且进一步超过反转买入价。反手做多。

③ 设定止损条件。

④ 设定过滤条件。波动过小不交易。

⑤ 每日收盘前，针对所持仓位平仓。

R-Breaker策略源码（MC版本）

```
inputs:sb(0.1),sb2(0.2),sb3(0.15),zq(5);
variables:var0(0),var1(0),var2(0),var3(0),var10(0),oParCl(0),
 oParOp(0),oPostion(0),oTransition(0),var7(0),var11(0),var4(0),var5(0),v
ar6(0);

var0=(HighD(1)+CloseD(1)+LowD(1))/3;
var5=lowd(1)-sb*(highd(1)-closed(1));
```

```
var2=highd(1)+sb*(closed(1)-lowd(1));
var4=(1+sb2)/2*(HighD(1)+LowD(1))-sb2*highd(1);
var3=(1+sb2)/2*(HighD(1)+LowD(1))-sb2*lowd(1);
var1=var2+sb3*(var2-var5);
var6=var5-sb3*(var2-var5);

condition1=highD(1)-lowd(1)>zq*AvgTrueRange[1](99);
condition2=opend(0)<var3[1] and opend(0)>var4[1];

if time<=1400 and close<var1 and condition1 and condition2
then buy("1") next bar at var1 stop;
if time<=1400 and close<var6 and condition1 and condition2
then sellshort("2") next bar at var6 stop;

if close>var3 and condition1 and highd(0)<var1 and highd(0)>var2 and
time<=1400
then sellshort("3") next bar at var3 stop;
if close<var4 and condition1 and lowd(0)>var6 and lowd(0)<var5 and
time<=1400
then buy("4")next bar at var4 stop;

if marketposition=1 then sell next bar at var6 stop;
if marketposition=-1 then buytocover next bar at var1 stop;

if time>=1445 and marketposition=-1 then buytocover("5")  next bar at
market;
if time>=1445 and marketposition=1 then sell("6")  next bar at market;
```

接下来让我们看下 R–Breaker 策略在沪深 300 指数期货中的交易效果：

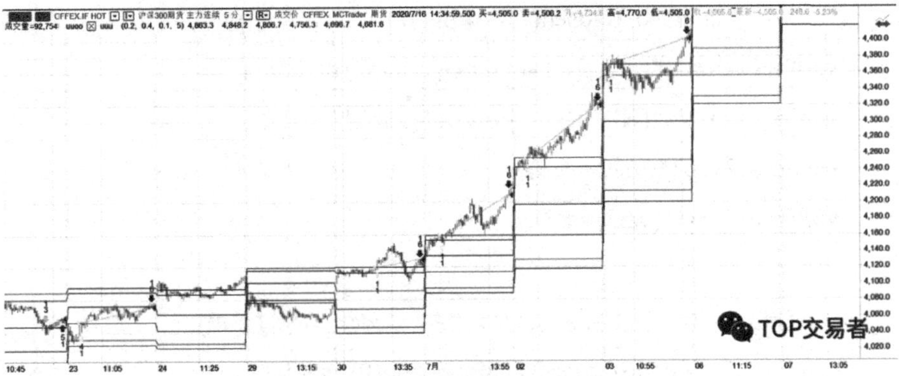
TOP交易者
10:45
23
11:05
24
11:25
29
13:15
30
13:35
7月
13:55
02
03
10:55
06
11:15
07
13:05

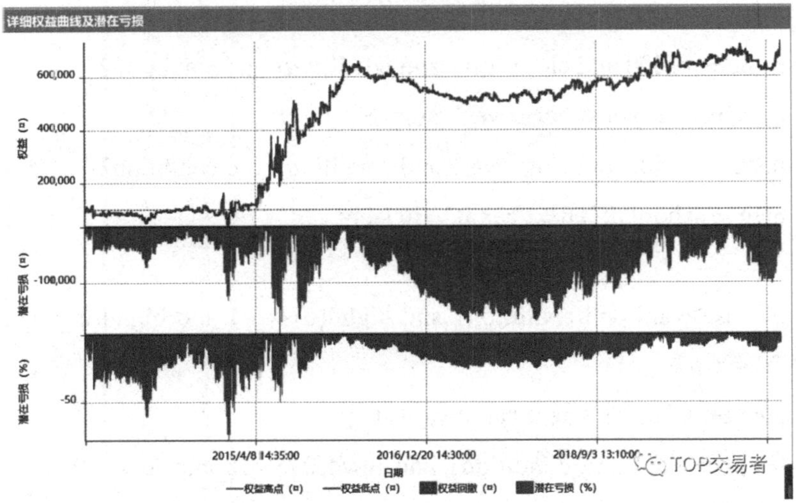
详细权益曲线及潜在亏损
600,000
400,000
200,000
权益（¤）
-100,000
潜在亏损（¤）
-50
潜在亏损（%）
2015/4/8 14:35:00
2016/12/20 14:30:00
2018/9/3 13:10:00
日期
权益高点（¤）
权益低点（¤）
权益回撤（¤）
潜在亏损（%）
TOP交易者

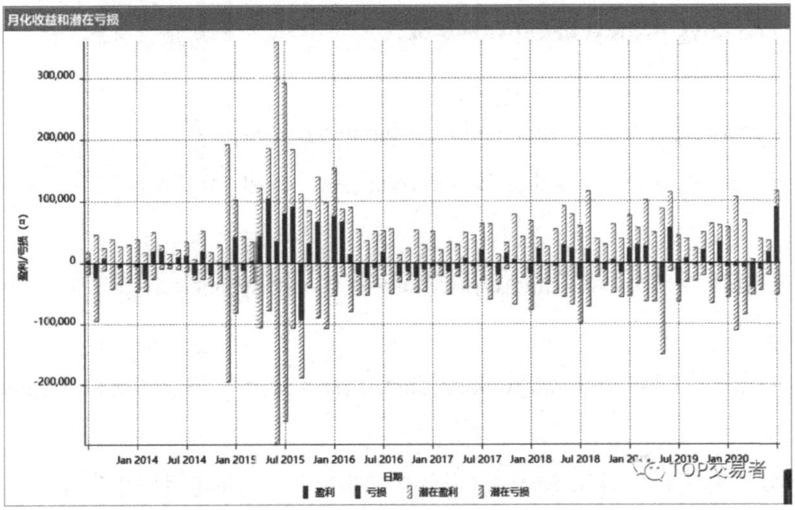
月化收益和潜在亏损
300,000
200,000
100,000
0
-100,000
-200,000
盈利/亏损（¤）
Jan 2014
Jul 2014
Jan 2015
Jul 2015
Jan 2016
Jul 2016
Jan 2017
Jul 2017
Jan 2018
Jul 2018
Jul 2019
Jan 2020
日期
盈利
亏损
潜在盈利
潜在亏损
TOP交易者

周泽炜说

R-Breaker这个策略的逻辑在网上的文献和资料之间是有些许歧义的，所以在编写源码时也出现了许多的插曲。在笔者眼里，任何经典、任何“真理”都不是不能质疑和反驳的。

首先，笔者从主观感情上并不认可震荡策略，认为趋势才是投机型交易中最合理的交易方式。因此并不认同R-Breaker中使用趋势和震荡结合的策略设计风格。

其次，R-Breaker是一个日内股指策略，这就使策略所能针对的交易对象比较单一，而原策略在六个价位的计算时需要使用4个变量参数，就更大幅增加了策略过度拟合的风险。而CTA策略设计的大忌就是“过度拟合”。

最后，R-Breaker由于其设计条件较多，现有文献在出场方式上相对简洁，因此尚有一定优化空间。

第九节　恒温器策略 Thermostat

恒温器策略是国外的经典期货策略之一，同时它也可以被归为最简单的体制转换模型（Regime Switching Model），它以能够在震荡和趋势市场中自动调节交易行为而得名。看到自动调节的字眼，很多人会觉得这一定是个高级、神秘的策略。但是，事实恰恰相反，这是个简单的策略组合。这类策略的关键在于将不同市场状态下能成功应用的策略相结合。

提到恒温器，可能会有人想到汽车发动机与水箱之间的恒温器。当发动机温度低时，恒温器是关闭状态，此时发动机和水箱的水是不相通的，直到发动机温度升高，达到最佳机油润滑效果；当发动机温度升高到一定阈值时，恒温器是开启状态，此时发动机和水箱的水形成循环，并流经风扇开启降温模式，直到达到发动机最佳工作温度。

那么恒温器策略也类似这个原理，并且沿用了这个名字。它通过波动指数作为阈值，将市场分为趋势行情和震荡行情，自动对两种不同的行情使用对应的交易逻辑，有效弥补了趋势策略在震荡行情中的不适应。

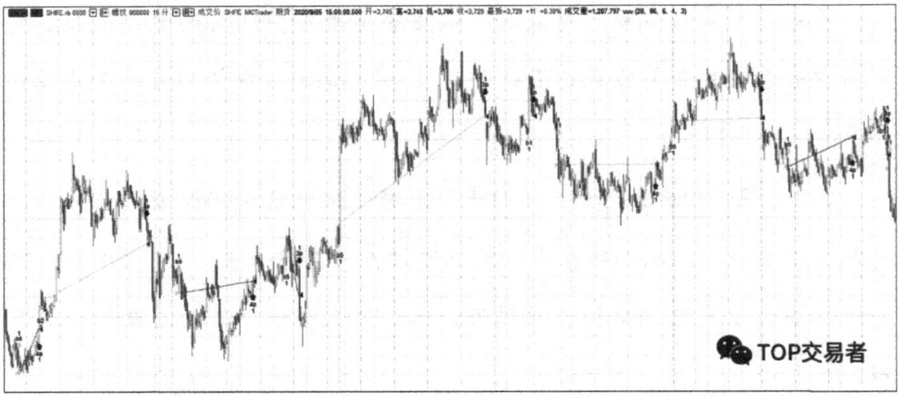

市场波动指数

如何把市场划分为趋势行情和震荡行情，也就成了这个策略的关键，恒温器策略引入了市场波动指数（Choppy Market Index），简称 CMI。它是一个用来判断市场走势类型的技术指标，通过计算当前收盘价与 N 周期前收盘价的差值与这段时间内价格波动的范围的比值，来判断目前的价格走势是趋势还是震荡。

CMI 的计算公式为（文华源码）：

CMI=(abs(Close-ref(close,(n-1)))*100/(HHV(high,n)-LLV(low,n))

其中，abs 是绝对值，n 是周期数。

策略逻辑

一般来说 CMI 的值在 0 ~ 100 区间，值越大，趋势越强。当 CMI 的值小于 20 时，策略认为市场处于震荡模式；当 CMI 的值大于等于 20 时，策略认为市场处于趋势模式。

整个策略逻辑，可以简化地写成下面这样：

如果 CMI<20，执行震荡策略；

如果 CMI≥20，执行趋势策略。

策略架构就是这么简单，剩下的就是把震荡策略的内容和趋势策略的内容，填充到这个框架里面。

这里我们需要定义一个关键价格，其等于（最高价 + 最低价 + 收盘价）/3，这个价格也被称为价格中枢。如果当收盘价高于关键价，我们推测明天的市场是震荡看跌的，反之亦然。

但是我们需明白，我们不是神算，不可能预测明天的市场。所以，我们是计划以看跌去操作，但仍可以做多，只不过需要走出一定的行情。

若处于震荡看涨市：

做多：最新价 >max（开盘价 +0.5*10 日 ATR，3 日平均低价）；

做空：最新价≤ min（开盘价 –0.75*10 日 ATR，3 日平均高价）。

若处于震荡看跌市：

做多：最新价 >max（开盘价 +0.75*10 日 ATR，3 日最低价）；

做空：最新价≤ min（开盘价 –0.5*10 日 ATR，3 日最高价）。

震荡市中的平仓条件是：

当最新价大于最高价的 3 日均线时，平多；当最新价小于最低价的 3 日均线时，平空；

当 CMI 值大于 20，即市场处于趋势模式，该策略系统在趋势模式下运用布林通道策略。首先，我们定义布林通道：布林中轨为 50 日收盘价均线，布林上轨是布林中轨 +2 倍的 50 日收盘价标准差，布林下轨是布林中轨 –2 倍的 50 日收盘价标准差。

所以，趋势中的做多条件是，最新价突破布林上轨；

做空条件是，最新价跌破布林下轨；

平多条件是，最新价跌破布林中轨；

平空条件是，最新价突破布林中轨。

测试范围：铁矿石、螺纹钢、橡胶、甲醇、PTA、焦炭、豆粕、白糖、棕榈油、玉米。

应用主要品种：国内期货

手续费设计：万 2 手续费（覆盖 1 个滑点）

历史回测周期：2012 ～ 2020 年 15 分钟数据

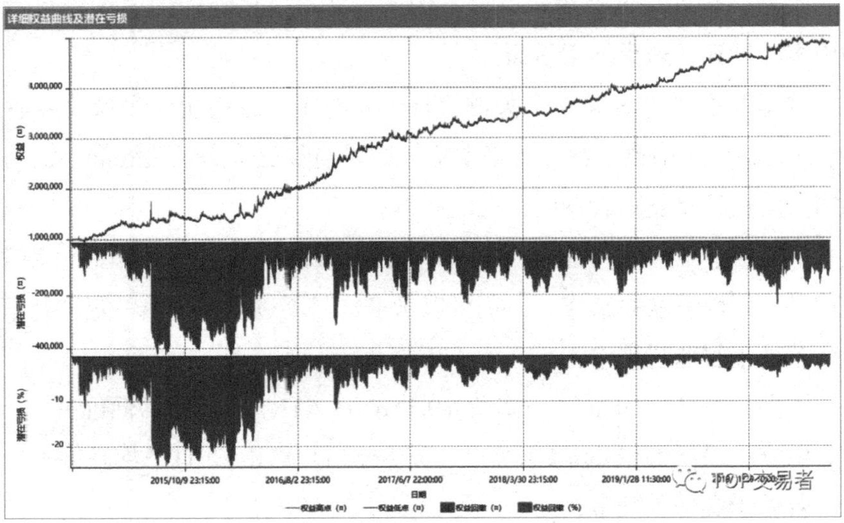

概述

商品	启动日期	结束日期	净额盈利	交易次数
DCE.i 0000	2015/1/22 22:30:00	2020/8/26 14:15:00	¤1,008,348.40	441
SHFE.rb 0000	2015/2/3 22:00:00	2020/8/26 14:15:00	¤669,298.45	400
SHFE.ru 0000	2015/2/3 22:00:00	2020/8/26 14:15:00	¤237,443.73	472
CZCE.MA 0000	2015/2/2 10:45:00	2020/8/26 14:15:00	¤482,861.26	445
CZCE.TA 0000	2015/2/3 9:30:00	2020/8/26 14:15:00	¤289,145.22	483
DCE.j 0000	2015/1/22 22:30:00	2020/8/26 14:15:00	¤788,241.64	445
DCE.m 0000	2015/1/22 22:30:00	2020/8/26 14:15:00	¤10,080.68	474
DCE.p 0000	2015/1/22 22:30:00	2020/8/26 14:15:00	¤132,807.80	486
CZCE.SR 0000	2015/2/2 10:45:00	2020/8/26 14:15:00	¤64,426.28	492
DCE.c 0000	2015/2/27 9:15:00	2020/8/26 14:15:00	¤151,331.30	305

总体交易分析

	所有交易	多头交易	空头交易
交易总数量	4443	2238	2205
未平仓交易总数量	9	5	4
盈利交易次数	1471	750	721
亏损交易次数	2972	1488	1484
胜率	33.11%	33.51%	32.7%
单笔净利	¤862.93	¤975.25	¤748.92
平均盈利额	¤10,305.03	¤10,390.80	¤10,2[illegible].81
平均亏损额	(¤3,810.47)	(¤3,770.49)	([illegible].56)
平均盈利/平均亏损比率	2.7	2.76	2.65

策略源码（MC版本）

```
inputs:zq29(28),zq50(86),zq3(6),zq0.5(4),zq0.75(3);
variables:var0(0),var1(0),var2(0),var3(0),var4(0),var5(0),var6(0),oParCl(0),oParOp(0),oPostion(0),oTransition(0),var7( 0 ),var9(0),var10(0);

var0=absvalue(close-close[zq29-1])*100/(highest(high,zq29)-lowest(low,zq29));
var1=maxlist(open+zq0.5*AvgTrueRange(10)[1],Average(low[1],zq3));
var2=minlist(open-zq0.75*AvgTrueRange(10)[1],Average(high[1],zq3));
var3=maxlist(open+zq0.75*AvgTrueRange(10)[1],lowest(low[1],zq3));
var4=minlist(open-zq0.5*AvgTrueRange(10)[1],highest(high[1],zq3));
var9=(high+low+close)/3;
var10=Average(open,zq50);
if marketposition=0 and close<var9 and var0<20 and close<var1 then buy("b1") next bar at var1 stop;
if marketposition=0 and close<var9 and var0<20 and close>var2 then sellshort("s1") next bar at var2 stop;
if marketposition=0 and close>var9 and var0<20 and close<var3 then buy("b2") next bar at var3 stop;
if marketposition=0 and close>var9 and var0<20 and close>var4 then sellshort("s2") next bar at var4 stop;

if marketposition=1 and var2<20 then sell("1p") next bar at Average(high[1],3) stop;
if marketposition=-1 and var2<20 then buytocover("2p") next bar at Average(low[1],3) stop;

var5=BollingerBand(close,zq50,2);
```

```
var6=BollingerBand(close,zq50,-2);

if marketposition=0 and var0>=20 then buy("b5") next bar at var5[1] stop;
if marketposition=0 and var0>=20 then sellshort("s6") next bar at var6[1] stop;

if marketposition=1 then sell("3p") next bar at var10[1] stop;
if marketposition=-1 then buytocover("4p") next bar at var10[1] stop;
```

周泽炜说

仔细看了恒温器策略后我们不难发现，其实恒温器策略是由两个看似相关实则独立的策略构成的。因此笔者刻意将恒温器策略的震荡和趋势拆开进行了单独的策略分析。

震荡策略绩效如下：

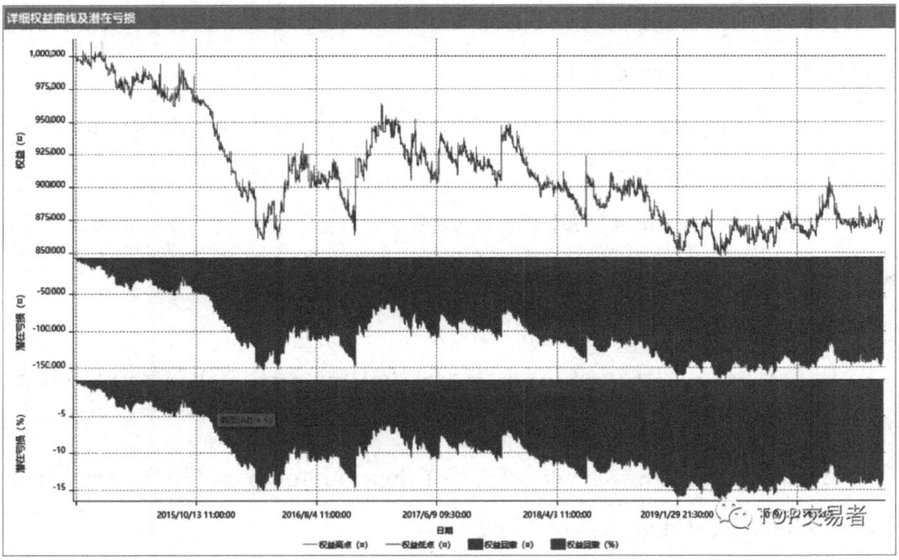

概述

商品	启动日期	结束日期	净额盈利	交易次数
DCE.i 0000	2015/2/2 9:15:00	2020/8/26 14:15:00	¤11,355.08	158
SHFE.rb 0000	2015/2/11 21:15:00	2020/8/26 14:15:00	¤6,332.19	148
SHFE.ru 0000	2015/2/4 9:15:00	2020/8/26 14:15:00	¤83,156.68	195
CZCE.MA 0000	2015/2/25 9:15:00	2020/8/26 14:15:00	(¤17,415.53)	149
CZCE.TA 0000	2015/4/16 9:15:00	2020/8/26 14:15:00	(¤33,702.70)	166
DCE.j 0000	2015/2/4 14:30:00	2020/8/26 14:15:00	(¤37,583.65)	174
DCE.m 0000	2015/1/23 21:30:00	2020/8/26 14:15:00	(¤16,373.48)	196
DCE.p 0000	2015/1/27 9:45:00	2020/8/26 14:15:00	(¤63,658.36)	198
CZCE.SR 0000	2015/2/3 21:15:00	2020/8/26 14:15:00	(¤13,991.72)	242
DCE.c 0000	2015/3/4 9:30:00	2020/8/26 14:15:00	(¤44,786.[illegible]2)	[illegible]

趋势策略绩效如下：

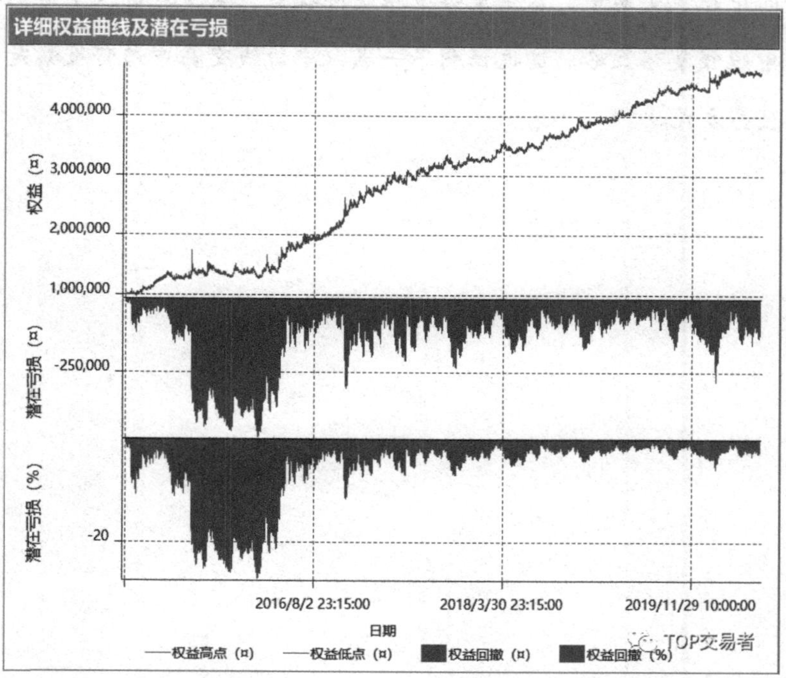

概述

商品	启动日期	结束日期	净额盈利	交易次数
DCE.i 0000	2015/1/22 22:30:00	2020/8/26 14:15:00	¤954,717.54	409
SHFE.rb 0000	2015/2/3 22:00:00	2020/8/26 14:15:00	¤611,487.50	371
SHFE.ru 0000	2015/2/3 22:00:00	2020/8/26 14:15:00	¤253,586.28	421
CZCE.MA 0000	2015/2/2 10:45:00	2020/8/26 14:15:00	¤482,347.30	411
CZCE.TA 0000	2015/2/3 9:30:00	2020/8/26 14:15:00	¤248,476.60	451
DCE.j 0000	2015/1/22 22:30:00	2020/8/26 14:15:00	¤757,651.51	411
DCE.m 0000	2015/1/22 22:30:00	2020/8/26 14:15:00	¤11,336.44	437
DCE.p 0000	2015/1/22 22:30:00	2020/8/26 14:15:00	¤160,313.50	438
CZCE.SR 0000	2015/2/2 10:45:00	2020/8/26 14:15:00	¤44,287.64	442
DCE.c 0000	2015/2/27 9:15:00	2020/8/26 14:15:00	¤162,73[illegible]2	28[illegible]

首先，震荡部分的策略根本不行！完美地“平滑”了整个策略的效果。其次，如果我们单独拿出策略的趋势部分，核心逻辑等同于经典策略 Aberration。至此“恒温器”策略的逻辑整个垮掉……

周泽炜说

没有“真理”是不能被质疑的。一个优秀的交易者要知道自己该坚持什么，要用自己的眼睛看脑子想，而不是别人说什么就是什么。除高频外的中短线交易中，震荡策略很难获得收益，至少笔者很少看到能赚钱的中短线震荡策略。这也证明了一点，中短线交易中趋势策略是更科学的交易方式。

附录一　吕尚：基于波动率因子的择时分析

Hello 大家好，欢迎来到此章节。本章节重点针对我国国内大盘指数——沪深 300 进行择时策略的研究与策略的分享。前文中大家看到周泽炜在期货市场中对传统策略的改进与多品种的组合，本人最初计划也要做此类策略分享。

之所以最终选择股票指数，主要考虑原因如下：①股票、大盘指数这些词汇、术语受众面会更广，无论是做股指期货的机构大佬还是定投 ETF 的个人，以及买卖个股的散户，都离不开对指数的判断。前者可以最大化收益以及规避风险，后者也可以尽可能大概率下保证个股的上涨。②当周泽炜通知我的时候，时间已经非常紧迫，本人寻找其他方向题材的数据、以及处理数据后续工作都需要花费大量时间，很难在约定时间之前完稿。最终，本人选择了受众面既广，数据又容易获得，大家还更感兴趣的指数择时方向。

本节以波动率作为投资因子进行择时分析，包括波动率定义、算法、意义、背景、参考引用的研报等内容。其中一些内容是市面上大家可能看到过的，以及在过往历史经验中总结出来的，孰优孰劣无法评判，仅在于说出笔者自己的想法，供大家交流以及互相学习。

一、波动率定义与意义

在金融定义里，波动率定义为资产价格的变化，通常用于度量市场的风险程度。在实际应用中，波动率可由过去价格收益率变化的标准差、期权合约中的隐含波动率、ATR 等指标进行量化判断。

而作为一个刻画波动风险的概念，同样需要根据具体问题进行不同的算法估计。看似大同小异，但是仔细剖析后，你会发现很多地方存在着基本的理解误差，更不要说后面的应用了。早些年，笔者在某研报资讯终端无意中看到推送的一篇新研报——“海通证券－他山之石本土实证之四：ATR 是一个更好的趋势确认指标吗”。该研报中用不同场景的价格波动运行轨迹来测评 ATR 和 STD 两个算法对波动的刻画程度。

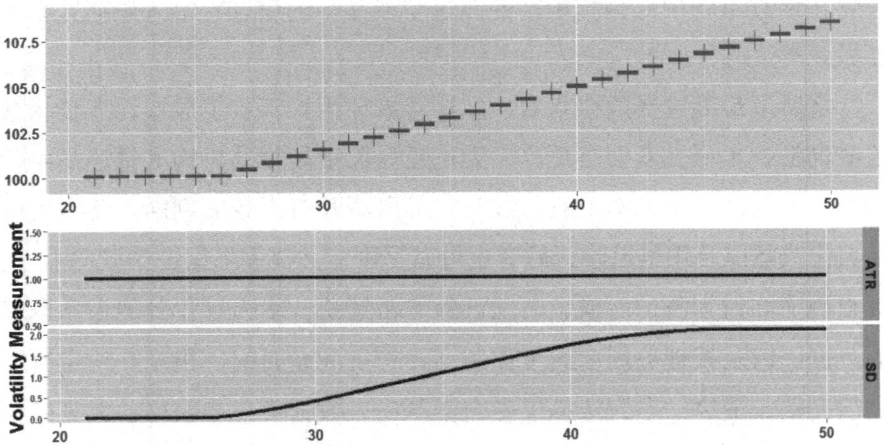

图1　盘整向趋势的转化

这里所有的 K 线形态都是一样的，唯一不同的是 K 线的移动方向；STD 和 ATR 的时间窗口都是 20。在这种情境下，ATR 一直保持着较高的水平；但是对于 STD 则不同，STD 随着趋势的不断演绎而逐步抬升，直到 20 个交易日之后才处于一个正常的稳定水平。这意味着在这种情境下 STD 无法很好地描述新的价格变化方向上正常的波动状态，而 ATR 则能较好地完成这一任务。

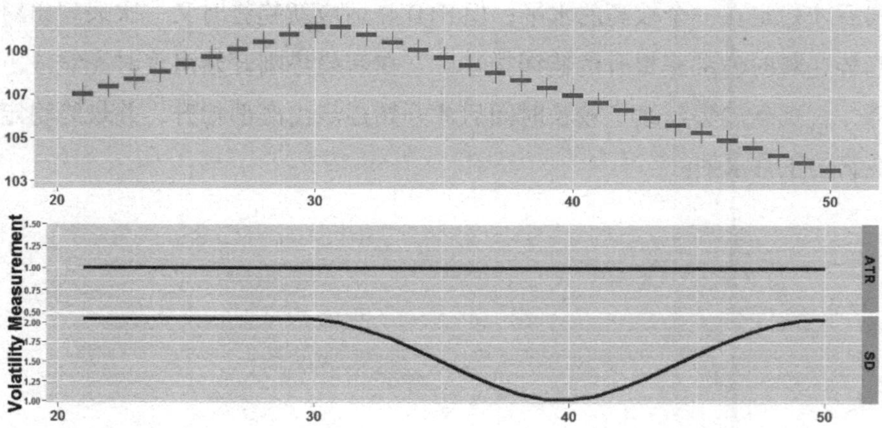

图2　不带缺口的趋势逆转

图2给出了一个不带缺口的趋势反转场景。这种情境下ATR仍然可以稳定地保持着较高的水平，即能对新的价格运行方向上的波动状态进行有效的刻画；但STD的表现则明显不同，在新的价格趋势刚开始时，STD会因为趋势方向的改变而缓慢下降，直到新趋势持续了一段时间后才开始缓慢上升并且最终回到它的正常值。

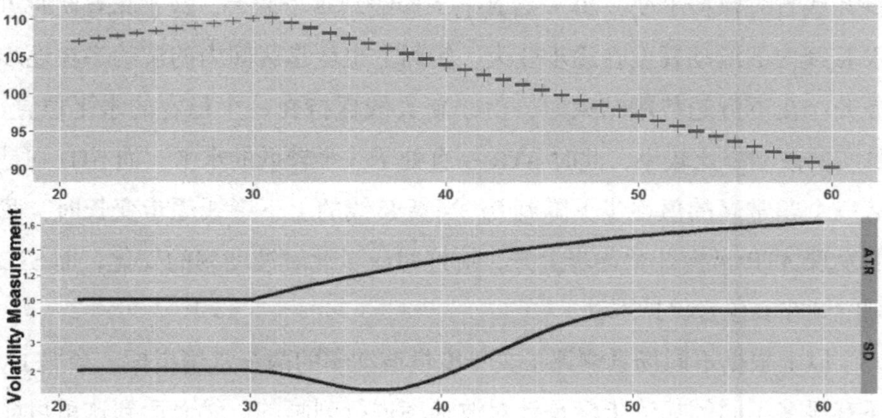

图3　带缺口的趋势逆转

图3给出了趋势反转且K线之间出现缺口的情境。新趋势中缺口的出现意味着新趋势的波动状态高于原有趋势。这种情境下，ATR对新趋势也有一定的适应过程，在新趋势的运行过程中逐步变大，直到一段时

间后才稳定在一个较高的水平；但STD在适应新趋势时又一次表现出对趋势逆转时波动率提升的错误描述，它在新趋势刚开始出现时先缓慢下降，直到新趋势延续了较长时间后才开始逐步由底部抬升，并最终稳定在新的正常水平。

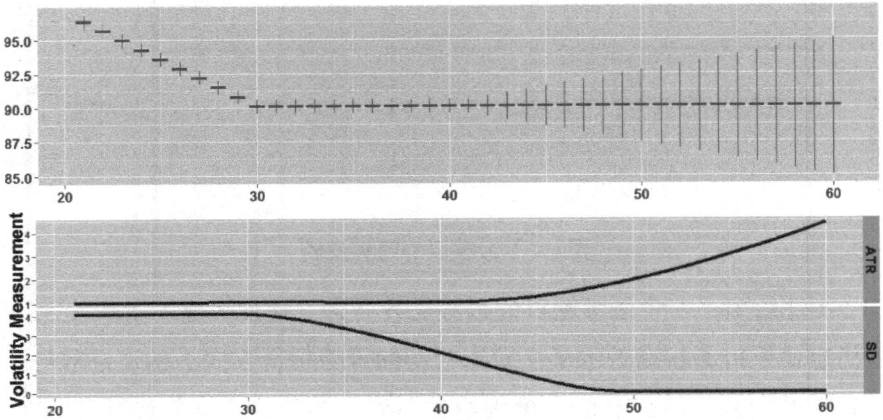

图4　单根K线内波动幅度逐步增大

图4的情境中有关K线的设定有所不同，在最初的下行趋势结束后，新K线首先保持不变，20天后其上下影线均逐步变大，这意味着此时单根K线内的波动程度在逐步变大，实际上也就是区间内的波动率在逐步提升。在下行趋势刚结束时，由于新K线保持在一个稳定的水平位置，真实的波动率比较小，此时ATR一直处于一个较低的水平，而STD则是从一个非常高的值逐步下降到0；当新K线的上下影线逐步变长时，我们发现ATR指标开始逐步上升，恰好对应了此时波动率的变化，而STD则继续在0位置保持不动。

以上根据不同场景测评了关于度量波动率的两个常用指标，当然了，还有很多不同的算法指标是针对波动率进行刻画的。然而读到这里可能会有很多人问了，笔者说了这么多，到底想表达什么呢？其实，波动率在用于刻画风险的同时，在量化策略研究方面，更多的是寻找大数波动周期，或者说波动转折点，以用于设计突破类的择时策略。

二、沪深 300“最简单”波动率策略

下面此小节是分享笔者本人针对沪深 300 指数的波动率单因子择时策略，该策略是笔者在阅读华泰金工写的一篇研报“CTA 量化策略因子系列（一）：波动率因子”时受到启发而改写出来的一个策略，并且当时针对沪深 300ETF（510300），沪深 300 现货（000300），以及 IF300 股指期货（主力连续）均做过回测和稳定参数寻优测试。

该策略于 2017 年 10 月 1 日正式测试完毕进入模拟阶段，而正准备要开启实盘之际，却“迎来了”糟糕的中美贸易战，就这样该策略依旧测试在“冰与火之歌”当中。截至笔者现在初稿，该策略也有 2 年左右的时光了。可能正如《圣经·传道书》第 3 章所说“凡事都有定期，天下万务都有定时”吧。但间接带来的好处也是依然可见的，这两年来行情的波动，策略发出的开平仓信号，让我更为深刻地认识了自己创造的“孩子”是否可以一直不断地坚强着。

该策略之所以称之为“最简单”的波动率策略，是因为该策略中采用的波动率算法是相对最简化的算法，高中生甚至初中生也看得懂。

1. 数据逻辑

前面的章节大家会看到，周泽炜采用 MC 中的 Easy Language 语言给大家建立的策略代码，为了考虑本书的兼容性，也为了以不同的工具验证策略逻辑和实现代码，笔者会以 python 和 MC 一同去验证。首先第一个要讨论和声明的是数据逻辑。

在 MC 这款软件中，工作区右键“设置商品”→“设置”界面中有一个周期选项，如图 5、图 6 所示，周期选项中有分、时等时间单位选择，其中有一个涉及本策略的关键因素，那就是“60 分”与“1 小时”两个时间单位。

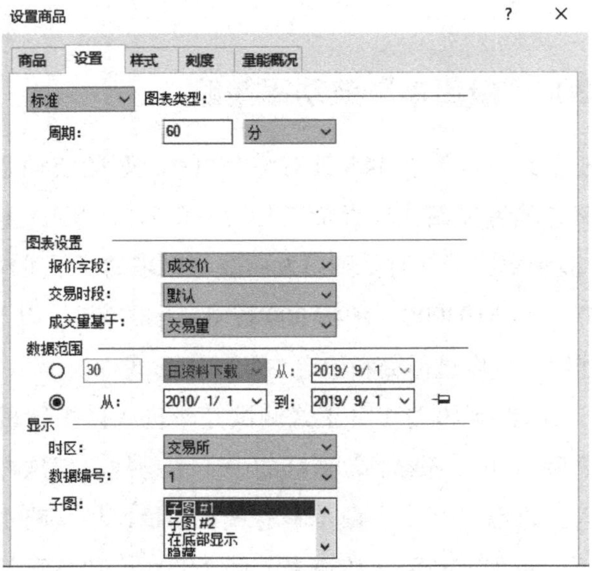

图5　时间单位设置（60分钟）

60分钟选项中，该图的时间周期K线合成采用交易时间而非自然时间，也就是9：30～10：30、10：30～11：30、13：00～14：00、14：00～15：00。

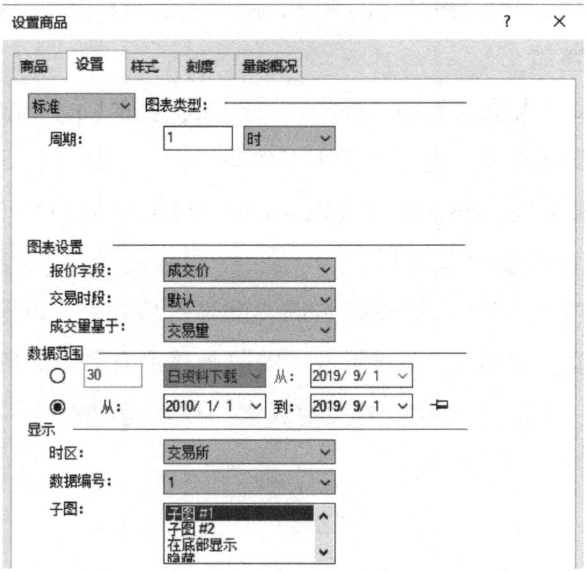

图6　时间单位设置（1小时）

1 小时选项中，该图的时间周期 K 线合成采用自然时间而非交易时间，最后 K 线合成的时间是 9：30 ～ 10：00、10：00 ～ 11：00、11：00 ～ 11：30、13：00 ～ 14：00、14：00 ～ 15：00。

从以上数据时间段即可看出 K 线逻辑，第一幅图的 K 线合成逻辑正好与开盘和收盘时间段完全吻合，而第二幅图的 K 线合成逻辑是把交易时间融入到自然时间中，不满一小时的，也按照一小时走。因此也就形成了上面数据逻辑 4 根 K 线 / 交易日，下面数据逻辑 5 根 K 线 / 交易日。这种现象大家不用纠结孰对孰错，因为这本身属于商业化软件的底层逻辑问题。

而该策略采用的是第一幅图的 K 线数据逻辑进行计算而成。讲到这里可能有一些经验的人或者敏感的人会问了，选择前者而不选择后者的具体原因是什么呢？是否行情数据的差异导致了策略绩效的好坏差别呢？

实际上，这两种行情数据笔者都做过回测观察，的确第一种要比第二种要好，回撤更小，胜率和盈亏比更高。所以，为什么要舍弃盈利更好的逻辑选择不好的逻辑呢？又没有过度拟合的因素在里面。其次，按照正常大家理解的逻辑来说，9：30 开盘，15：00 收盘，按照小时来说，一个交易日 4 个小时就应该是 4 根 K 线，何来的 5 根 K 线。

2. 策略逻辑

波动率计算为对数收盘价 / 前第 90 周期对数收盘价，再将波动率进行 90 周期的移动平均计算，并计算波动率 90 周期的移动最大值。当波动率上穿通道上轨，进行开多单操作；当波动率下穿波动率均线，进行平多操作。至此，整个策略逻辑就结束了。

大部分人面对如此简单的策略（就好像均线一样）都会嗤之以鼻，是否真的具有很好的效果呢？并且还能在类似 2018 年那种行情场景下获利？下面先来看历史回测的绩效报告，每一笔的成交时间和当时的开平仓位置，当然还包括里面唯一的参数 90 等内容。这些内容的剖析可以直接或间接看出这一策略是否可用。

由于篇幅有限并且代码后面会分享给大家，所以在本小节中仅仅把一些讨论内容的绩效报告截图出来，全部的绩效报告大家通过 MC 和 python 编写自行去查看。

（1）详细权益曲线

列出的三个图表分别是 510300ETF、IF 股指期货、399300 现货指数的权益曲线图，通过三个不同资产标的回测，我们的目的有两个：第一，现货指数最为准确，既没有股指期货的换月缺口（尽管逐月轮换缺口很小很小），也没有 ETF 的追踪失真以及低估与高估，三者共同的回测起到了互相验证的目的。第二，针对交易不同标的资产的人来说，策略叠加在现货上面，表明对大盘择时做多的意义，而对于个股来说，也有大概率的上涨行为，再加上优选个股等其他指标也好，策略也罢，可以进一步实现过滤 + 择时的逻辑，让自己有更大的赢面。而对于同样做 ETF 的人来说，就跟做一个无杠杆的股指期货是一样的，属于纯择时的一种。

图7　510300ETF

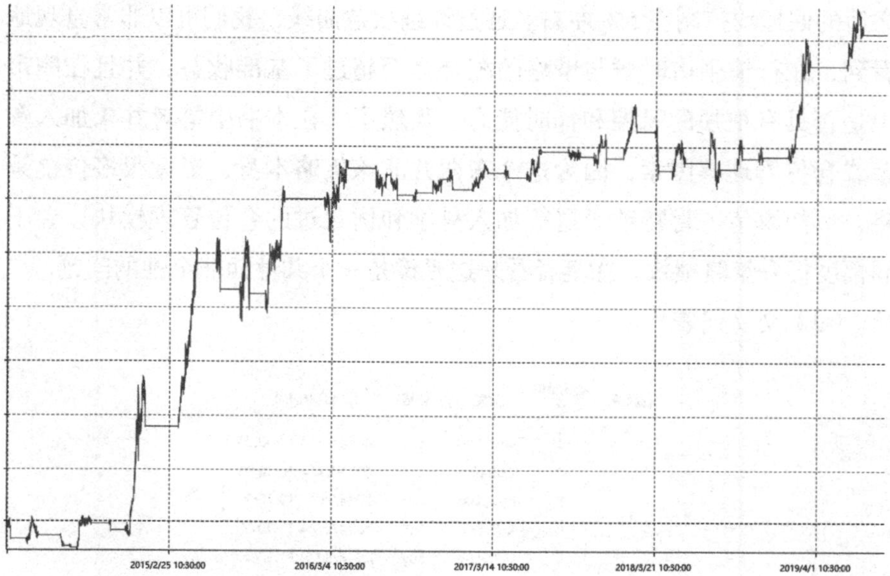

图8　IF股指期货

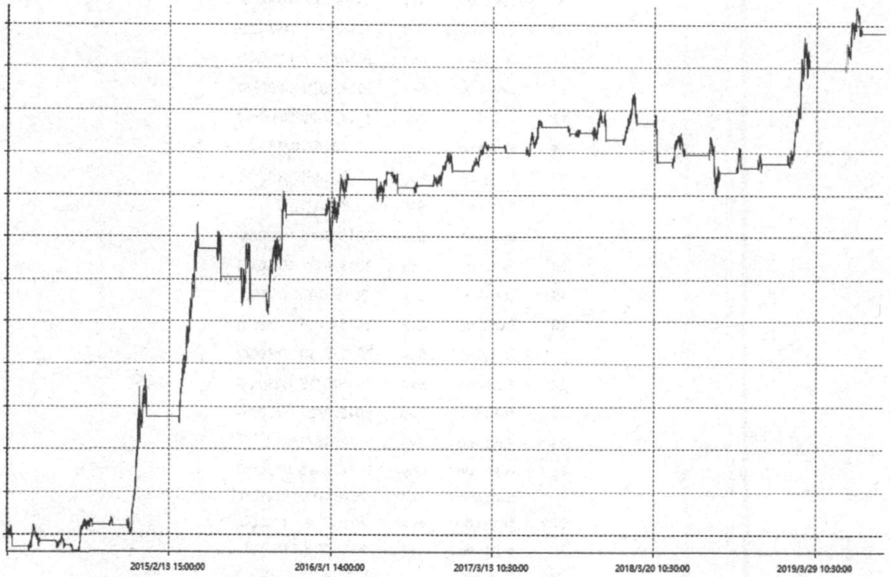

图9　沪深300现货指数

以上是从 2014 年 1 月 1 日 ~ 2019 年 9 月 1 日的回测结果，最大回撤发生在 2015 年 9 月 29 日 ~ 2015 年 11 月 9 日，最大回撤为 12.84%，之后的回撤均控制在5%左右。通过详细权益曲线，我们可以非常直观地看到，在行情牛市时候与策略的配合是否超过了基准收益，并且在熊市中是否具有很强的风控和择时能力。当然了，在本书中笔者并未加入资金或仓位管理等因素，因为这个东西并非该策略本身，毕竟很多传统策略，例如海龟、肯特纳通道等加入科学和优化过的仓位管理模块，会不同幅度提升策略绩效。在笔者看来这更像是一个共性而非个性的问题。

（2）交易列表

交易编号	委托单编号	类型	信号	日期/时间
1	1	EntryLon	Buy	2014/2/13 15:00:00
	2	ExitLong	Sell	2014/2/14 10:30:00
2	3	EntryLon	Buy	2014/2/17 10:30:00
	4	ExitLong	Sell	2014/2/24 11:30:00
3	5	EntryLon	Buy	2014/3/28 11:30:00
	6	ExitLong	Sell	2014/4/24 14:00:00
4	7	EntryLon	Buy	2014/6/3 10:30:00
	8	ExitLong	Sell	2014/6/24 15:00:00
5	9	EntryLon	Buy	2014/7/3 14:00:00
	10	ExitLong	Sell	2014/7/11 10:30:00
6	11	EntryLon	Buy	2014/7/22 14:00:00
	12	ExitLong	Sell	2014/8/21 14:00:00
7	13	EntryLon	Buy	2014/9/29 14:00:00
	14	ExitLong	Sell	2014/10/13
8	15	EntryLon	Buy	2014/11/12
	16	ExitLong	Sell	2014/12/24
9	17	EntryLon	Buy	2015/3/16 14:00:00
	18	ExitLong	Sell	2015/4/21 10:30:00
10	19	EntryLon	Buy	2015/6/8 14:00:00
	20	ExitLong	Sell	2015/6/16 11:30:00
11	21	EntryLon	Buy	2015/7/30 10:30:00
	22	ExitLong	Sell	2015/8/19 10:30:00
12	23	EntryLon	Buy	2015/9/25 10:30:00
	24	ExitLong	Sell	2015/11/12
13	25	EntryLon	Buy	2016/2/18 10:30:00
	26	ExitLong	Sell	2016/4/7 11:30:00
14	27	EntryLon	Buy	2016/6/8 14:00:00
	28	ExitLong	Sell	2016/7/8 11:30:00
15	29	EntryLon	Buy	2016/7/13 15:00:00
	30	ExitLong	Sell	2016/7/27 15:00:00
16	31	EntryLon	Buy	2016/8/31 15:00:00
	32	ExitLong	Sell	2016/9/9 10:30:00
17	33	EntryLon	Buy	2016/10/21
	34	ExitLong	Sell	2016/11/24
18	35	EntryLon	Buy	2016/11/28
	36	ExitLong	Sell	2016/12/5 14:00:00

交易编号	委托单编号	类型	信号	日期/时间
19	37	EntryLon	Buy	2017/1/17 15:00:00
	38	ExitLong	Sell	2017/3/6 15:00:00
20	39	EntryLon	Buy	2017/4/6 15:00:00
	40	ExitLong	Sell	2017/4/17 11:30:00
21	41	EntryLon	Buy	2017/5/25 15:00:00
	42	ExitLong	Sell	2017/7/3 11:30:00
22	43	EntryLon	Buy	2017/8/28 15:00:00
	44	ExitLong	Sell	2017/8/31 14:00:00
23	45	EntryLon	Buy	2017/9/13 10:30:00
	46	ExitLong	Sell	2017/9/22 10:30:00
24	47	EntryLon	Buy	2017/10/26
	48	ExitLong	Sell	2017/11/15
25	49	EntryLon	Buy	2017/11/21
	50	ExitLong	Sell	2017/11/24
26	51	EntryLon	Buy	2018/1/3 11:30:00
	52	ExitLong	Sell	2018/1/31 11:30:00
27	53	EntryLon	Buy	2018/3/19 10:30:00
	54	ExitLong	Sell	2018/3/26 15:00:00
28	55	EntryLon	Buy	2018/5/2 11:30:00
	56	ExitLong	Sell	2018/5/29 14:00:00
29	57	EntryLon	Buy	2018/7/20 15:00:00
	58	ExitLong	Sell	2018/8/13 15:00:00
30	59	EntryLon	Buy	2018/9/19 11:30:00
	60	ExitLong	Sell	2018/10/8 11:30:00
31	61	EntryLon	Buy	2018/11/13
	62	ExitLong	Sell	2018/11/22
32	63	EntryLon	Buy	2019/1/21 15:00:00
	64	ExitLong	Sell	2019/3/14 10:30:00
33	65	EntryLon	Buy	2019/6/6 11:30:00
	66	ExitLong	Sell	2019/7/11 15:00:00

图10　510300ETF回测交易列表

以上截图是510300ETF的回测交易列表，回测时间起始于2014年1月2日（因为MC针对非期货品种分钟数据只提供近5年的数据），共交易次数为33次，其中我们重点剖析2015年、2018年和2019年的交易情况。

众所周知2015年是股灾之年，对于策略的风险控制和择时是一个考验时刻。2015年该策略共开平仓4次，胜率50%，2015年基准收益率为4.83%（2015年的第一个交易日开盘价3.778，最后一个交易日的收盘价3.604）。

四次开仓收益率分别是：

4.493/3.668 ≈ 1.225，5.065/5.209 ≈ 0.972，3.795/3.95 ≈ 0.961，

3.85/3.303 ≈ 1.166

将以上收益率连乘再减 1 可得 0.334，2015 年策略收益为 33.4%（此处也可以用对数收益率相加减计算，属于公司理财基本计算方法，这里不再赘述，请自行查阅资料），远超 ETF 基金基准收益率。

股指期货与现货指数的在此就不计算了，因为股指期货自带杠杆，现货指数又没法直接进行买卖，但是整体上三者绩效曲线、最大回测、净值等绩效指标均差不多。下面通过该行情数据以及策略产生的信号，我用 python 来给大家再计算一遍用于验证策略逻辑严谨性。

3. 策略逻辑实现代码

（1）MC 代码

```
参数输入
Inputs:
    len(90);
变量输入
Variables:
    return(0)，ma90(0)，high_up(0);
策略变量计算
return = log(close)/log(close[len])-1;
ma90 = Average(return, len);
high_up = highest(return[1], len);
策略信号
if return cross over high_up then
    buy next bar at market;
if return cross under ma90 and MarketPosition=1 then
    sell all contracts next bar at market;
```

（2）Python 版本

```
# encoding:utf-8
```

```
import pandas as pd
import numpy as np
import matplotlib.pylab as plt
pd.set_option('expand_frame_repr', False)
pd.set_option('display.max_rows', 1500)

# 读取数据，此路径为本人本地电脑的路径，请各位读者执行寻找符合要求的数据逻辑
etf = pd.read_csv('D:\Knowledge Planet\波动率因子/510300.SSE 60分.csv')

# 计算指标变量
etf['return'] = np.round(np.log(etf['close']) / np.log(etf['close'].shift(90)) - 1, 4)
etf['mean'] = np.round(etf['return'].rolling(window=90, min_periods=1).mean(), 4)
etf['up_line']=np.round(etf['return'].rolling(window=90,min_periods=1).max().shift(1), 4)

# 计算开多信号
condition1 = etf['return'].shift(1) <= etf['up_line'].shift(1)
condition2 = etf['return'] > etf['up_line']
etf.loc[condition1 & condition2, 'long_entry'] = 1

# 计算平多信号
condition1 = etf['return'].shift(1) >= etf['mean'].shift(1)
condition2 = etf['return'] < etf['mean']
etf.loc[condition1 & condition2, 'long_exit'] = 0
```

```
# 处理交易信号
etf['signal'] = etf[['long_entry', 'long_exit']].sum(axis=1, min_count=1,
skipna=True)
temp = etf[etf['signal'].notnull()][['signal']]
temp = temp[temp['signal'] != temp['signal'].shift(1)]
etf['signal'] = temp['signal']

# 删除无关变量
etf.drop(['long_entry', 'long_exit'], axis=1, inplace=True)

# 通过以上代码即可实现开平仓的时间点择时确定，目的是与在 MC
软件编写的策略代码所实现的择时点进行确定。
# 这样即可验证自己逻辑的完整实现，也可验证两种语言实现的策略
算法校对。

# 波动率交易策略主体
def Volatility(data):
data = data.copy()
data['pos'] = 0
pos = 0
for i in range(1, data.shape[0]-1):
# long entry
if data.loc[i, 'signal'] == 1 and pos == 0:
data.loc[i+1, 'pos'] = 1
pos = 1
# long exit
elif data.loc[i, 'signal'] == 0 and pos == 1:
data.loc[i+1, 'pos'] = 0
pos = 0
```

```
# no signal
else:
data.loc[i+1, 'pos'] = data.loc[i, 'pos']
data['nv'] = (1 + data.close.pct_change(1).fillna(0) * data.pos).cumprod()

data['max2here'] = data['nv'].expanding().max()
data['dd2here'] = data['nv'] / data['max2here']
# 计算最大回撤位置和时间戳
end, remains = tuple(data.sort_values(by=['dd2here']).iloc[0]
 [['datetime', 'dd2here']])

# 寻找最大回撤起始时间位置
start=data[data['datetime']<=end].sort_values(by=' nv' , ascending= False).
iloc[0]['datetime']
print(' 波动率策略最大回撤 (%s)', round((1-remains) * 100, 2))
print(' 波动率策略最大回撤开始时间 :', start)
print(' 波动率策略最大回撤结束时间 :', end)
 return data

result = Volatility(etf)
num2 = result.signal.sum()
nav2 = result.nv[result.shape[0]-1]
print(' 波动率策略交易次数 = ', num2)
print(' 波动率策略策略净值为 = ', nav2)

# 策略绩效图可视化代码
xtick = np.arange(0, result.shape[0], int(result.shape[0]/7))
xticklabel = pd.Series(result.datetime[xtick])
plt.figure(figsize=(15, 3))
```

```
fig = plt.axes()
plt.plot(np.arange(result.shape[0]), result.nv, label='Volatility',
linewidth=2)
plt.plot(np.arange(result.shape[0]), result.close/result.close[0],
color='yellow', label=ETF300, linewidth=2)
fig.set_xticks(xtick)
fig.set_xticklabels(xticklabel, rotation=45)
plt.grid()
plt.legend()
plt.show()
```

4. 策略总结

以上是两个不同版本的策略实现代码，以下是 python 的简单绩效计算。

波动率策略最大回撤（%s）12.84

波动率策略最大回撤开始时间 : 2015/11/9　10:30

波动率策略最大回撤结束时间 : 2015/9/29　14:00

波动率策略交易次数 = 32.0

波动率策略策略净值为 = 2.240917079213855

下面是 MC 与 python 输出的所有开平仓记录时间戳，如下所示：

datetime	signal
2014/2/11 14:00	1
2014/2/24 10:30	0
2014/3/28 10:30	1
2014/4/24 11:30	0
2014/5/30 15:00	1
2014/6/24 14:00	0
2014/7/3 11:30	1
2014/7/10 15:00	0
2014/7/22 11:30	1
2014/8/21 11:30	0
2014/9/29 11:30	1
2014/10/13 10:30	0
2014/11/12 14:00	1
2014/12/24 14:00	0
2015/3/16 11:30	1
2015/4/20 15:00	0
2015/6/8 11:30	1
2015/6/16 10:30	0
2015/7/29 15:00	1
2015/8/18 15:00	0
2015/9/24 15:00	1
2015/11/12 10:30	0
2016/2/17 15:00	1
2016/4/7 10:30	0
2016/6/8 11:30	1
2016/7/8 10:30	0
2016/7/13 14:00	1
2016/7/27 14:00	0
2016/8/31 14:00	1
2016/9/8 15:00	0
2016/10/21 14:00	1
2016/11/23 15:00	0
2016/11/25 15:00	1
2016/12/5 11:30	0
2017/1/17 14:00	1
2017/3/6 14:00	0
2017/4/6 14:00	1
2017/4/17 10:30	0
2017/5/25 14:00	1
2017/7/3 10:30	0
2017/8/28 14:00	1
2017/8/31 11:30	0
2017/9/12 15:00	1
2017/9/21 15:00	0
2017/10/26 10:30	1
2017/11/15 11:30	0
2017/11/21 11:30	1
2017/11/23 15:00	0
2018/1/3 10:30	1
2018/1/31 10:30	0
2018/3/16 15:00	1
2018/3/26 14:00	0
2018/5/2 10:30	1
2018/5/29 11:30	0
2018/7/20 14:00	1
2018/8/13 14:00	0
2018/9/19 10:30	1
2018/10/8 10:30	0
2018/11/13 11:30	1
2018/11/21 15:00	0
2019/1/21 14:00	1
2019/3/13 15:00	0
2019/6/6 10:30	1
2019/7/11 14:00	0

图11　Python版本的信号与时间戳截图

以上截图为 python 版本的信号与时间戳截图。2014 年 1 月 1 日开始，截止到 2019 年 8 月 30 日行情数据，开平仓共计 64 次，也就是说 5 年零 8 个月内，共计开仓 32 次。

下面我们再来看看 MC 的交易记录截图：

datetime	pos
2014/2/17 10:30	1
2014/2/24 11:30	0
2014/3/28 11:30	1
2014/4/24 14:00	0
2014/6/3 10:30	1
2014/6/24 15:00	0
2014/7/3 14:00	1
2014/7/11 10:30	0
2014/7/22 14:00	1
2014/8/21 14:00	0
2014/9/29 14:00	1
2014/10/13 11:30	0
2014/11/12 15:00	1
2014/12/24 15:00	0
2015/3/16 14:00	1
2015/4/21 10:30	0
2015/6/8 14:00	1
2015/6/16 11:30	0
2015/7/30 10:30	1
2015/8/19 10:30	0
2015/9/25 10:30	1
2015/11/12 11:30	0
2016/2/18 10:30	1
2016/4/7 11:30	0
2016/6/8 14:00	1
2016/7/8 11:30	0
2016/7/13 15:00	1
2016/7/27 15:00	0
2016/8/31 15:00	1
2016/9/9 10:30	0
2016/10/21 15:00	1
2016/11/24 10:30	0
2016/11/28 10:30	1
2016/12/5 14:00	0
2017/1/17 15:00	1
2017/3/6 15:00	0
2017/4/6 15:00	1
2017/4/17 11:30	0
2017/5/25 15:00	1
2017/7/3 11:30	0
2017/8/28 15:00	1
2017/8/31 14:00	0
2017/9/13 10:30	1
2017/9/22 10:30	0
2017/10/26 11:30	1
2017/11/15 14:00	0
2017/11/21 14:00	1
2017/11/24 10:30	0
2018/1/3 11:30	1
2018/1/31 11:30	0
2018/3/19 10:30	1
2018/3/26 15:00	0
2018/5/2 11:30	1
2018/5/29 14:00	0
2018/7/20 15:00	1
2018/8/13 15:00	0
2018/9/19 11:30	1
2018/10/8 11:30	0
2018/11/13 14:00	1
2018/11/22 10:30	0
2019/1/21 15:00	1
2019/3/14 10:30	0
2019/6/6 11:30	1
2019/7/11 15:00	0

图12 MC交易记录截图

以上 MC 的交易记录截图中，我们需要注意一点的是，这里截图指的是真正的交易开仓的时间戳，而 python 版本中的是笔者计算出来的 signal，在逐 K 模式下，应该是在下一个 K 线去开仓发单。也就是说，python 版本理论上应该加一小时后，这个时间戳作为实际开仓点应该与 MC 版本中的截图记录是一样的。从以上截图记录中我们可以看到，除了第一笔交易以外，其余的基本都一样。这也直接验证了策略逻辑的代码实现以及策略本身。

综上所述，在数据完全一样的基础上，策略逻辑通过两种语言去实现了整个过程计算和回测。由于篇幅有限，笔者不可能把每一个细节都拿出来进行展示和说明，具体的细节考量以及在此基础上的修改和优化，还需要各位读者朋友私下去研究。笔者在这里拿出来的是最早的初版，后面还加了一些仓位管理以及非对称性的多空规则，我想表达的潜意思就是，这个策略可以为大家提供一个抛砖引玉的效果。

最后，非常感谢周泽炜这位好朋友。在他最初跟我说要写一本很接地气的程序化交易书的时候，我还是很诧异和不解的。因为其实这本是一个费力不讨好的事儿，一是不怎么赚钱（笔者说得太客观，各位读者不要介意），二是书中为了避免被人喷，还要有实际的干货，但是这些其实都是笔者和其他几位编者 N 年的成果，拿出来多少东西，且拿出来多深的东西，这些其实都是很纠结的。人非圣贤，希望各位读者见谅。

在此章节中，笔者并未加入什么 IC、IR 等繁杂冗余内容，可能业内和有一定水平的人看了会很心里膈应，原因其一是该策略本身也用不到这些因子测试的逻辑，期货 CTA 重的是择时和资金管理，不需要那些内容，说了大家反而一头雾水。其次，该书定位为零基础类读物，可能说得深了反而会让书质量下降和其他章节格格不入。总之，这是一个普及类的基础性读物，本章节内容如有不对之处，还请各位批评指正。

附录二　松鼠宽客慕金龙：MACD 顶底背离量化策略设计

顶背离：当价格 K 线图上的走势一峰比一峰高，价格一直在向上涨，而 MACD 指标图形上由红柱构成的图形走势是一峰比一峰低，即当价格的高点比前一次的高点高、而 MACD 指标的高点比指标的前一次高点低，这叫顶背离现象。顶背离现象一般是价格在高位即将反转转势的信号，表明价格短期内即将下跌，是卖出的信号。

底背离：底背离一般出现在价格的低位区。当 K 线图上的价格走势还在下跌，而 MACD 指标图形上由绿柱构成的图形走势是一底比一底高，即当价格的低点比前一次低点低，而指标的低点却比前一次的低点高，这叫底背离现象。底背离现象一般是预示价格在低位可能反转向上的信号，表明价格短期内可能反弹向上，是短期买入信号。

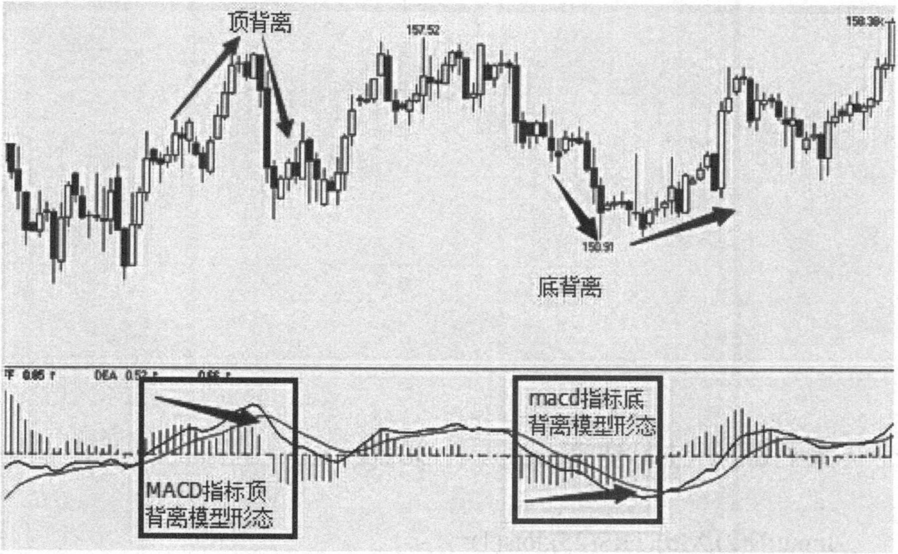

策略逻辑

MACD 顶底背离的交易次数较少，且是一种抄底摸顶交易方法，往往是低胜率高盈亏比的交易，且对高低点的定位尤为关键，只靠一个顶背离很难形成一致性的交易系统，因此我们带入第二种交易模式，MACD 动态区间交易模式：

①使用变量将 MACD 的快慢均线交叉点记录，然后获取上次交叉到本次交叉之间的周期数。

②当 MACD 出现顶底背离时，开多开空。

多头进场：

①最近一个 MACD 信号是金叉，突破周期内高点；

②出现底背离时，开多。

空头进场：

①最近一个 MACD 信号是死叉，突破周期内低点；

②出现顶背离时，开空。

移动出场。

策略源码（MC语言:easy language）

```
Input:N(2),X(5),TRS(25),lots(1);
variables:MACDValue(0),AvgMACD(0),Cross_up(False),Cross_dn(False),Hbar(0),Lbar(0),Highup(0),Lowdown(0),K(0),HD(0),LD(0),Myprice2(0),
Myprice3(0),liQKA(0),DliqPoint(0),KliqPoint(0),HighAfterEntry(0),LowAfterEntry(0),Bar_Highup(0),Bar_Lowdown(0),Bar_HD(0),
Bar_LD(0),RHbar(0),RLbar(0),D_MACD(0),K_MACD(0),RD_MACD(0),RK_MACD(0),RHD(0),RLD(0),lastprice(0),condtion_D(False),condtion_K(False);

If BarsSinceentry = 0 Then begin
HighAfterEntry = High;
LowAfterEntry = Low;
end;

If BarsSinceentry <> 0 Then begin
HighAfterEntry = minlist(HighAfterEntry,High);
LowAfterEntry = maxlist(LowAfterEntry,Low);
end;
```

```
MACDValue = XAverage( Close, 4*N ) - XAverage( Close, 9*N ) ;
AvgMACD = XAverage(MACDValue,3*N);
Cross_up=crosses_above(MACDValue,AvgMACD);
Cross_dn=crosses_below(MACDValue,AvgMACD);

If Cross_up[1] Then begin
RHbar=Hbar;
Hbar=CurrentBar;
end;

If Cross_dn[1] Then begin
RLbar=Lbar;
Lbar=CurrentBar;
end;

if Hbar>CurrentBar then Bar_Highup=C[Hbar-CurrentBar];
if Lbar>CurrentBar then Bar_Lowdown=C[Lbar-CurrentBar];

Highup=Highest(H[1],Maxlist(Hbar-Lbar,X));
Lowdown=Lowest(L[1],Maxlist(Lbar-Hbar,X));

If Cross_up[1] Then begin
RD_MACD=D_MACD;
RHD=Bar_HD;
Bar_HD=Bar_Highup;
D_MACD=AvgMACD;
HD=Highup;
end;
```

```
If Cross_dn[1] Then begin
RK_MACD=K_MACD;
RLD=Bar_LD;
Bar_LD=Bar_Lowdown;
K_MACD=AvgMACD;
LD=Lowdown;
end;

If Cross_up[2] Then begin
K=1;
condtion_D=Bar_HD<RHD and D_MACD>RD_MACD AND AvgMACD<0 ;
end;
If Cross_dn[2] Then begin
K=-1;
condtion_K=Bar_LD>RLD and K_MACD<RK_MACD AND AvgMACD>0;
end;

if K>0 and H>=HD and HD>0 and MarketPosition=0 Then begin
lastprice=maxlist(HD,open);
buy ("BK_A") lots shares next bar at lastprice limit;
LowAfterEntry = EntryPrice;
end;
if K<0 and L<=LD and LD>0 and MarketPosition=0 Then begin
lastprice=minlist(LD,open);
sellshort ("SK_A") lots shares next bar at lastprice limit;
HighAfterEntry = EntryPrice;
```

```
end;

if condtion_D and MarketPosition=0 Then begin
buy ("BK_beili") lots shares next bar market;
LowAfterEntry = EntryPrice;
end;
If condtion_K and MarketPosition=0 Then begin
sellshort ("SK_beili") lots shares next bar market;
HighAfterEntry = EntryPrice;
end;

If MarketPosition = 0 THen liQKA = 1;
if marketposition<>0 Then begin
liQKA = liQKA - 0.1;
liQKA = maxlist(liQKA,0.5);
end;
if MarketPosition>0 Then DliqPoint = LowAfterEntry - (Open*TRS/1000)*liQKA;
if MarketPosition<0 Then KliqPoint = HighAfterEntry + (Open*TRS/1000)*liQKA;
If MarketPosition >0 And BarsSinceEntry >0  And Low[1] <= DliqPoint[1] and Low[2] >= DliqPoint[2] and DliqPoint[1]>0 Then begin
sell ("sell")next bar market;
K=0;
end;

If MarketPosition <0 And BarsSinceEntry >0  And High[1] >= KliqPoint[1] and High[2] <= KliqPoint[2] and KliqPoint[1]>0 Then begin
buytocover ("cover")next bar market;
```

```
K=0;
end;
```

测评数据如下：

策略应用软件：MultiCharts 中国版

测试范围：铁矿石、螺纹钢、橡胶、甲醇、PTA、焦炭、豆粕、白糖、棕榈油、玉米。

应用主要品种：国内期货

手续费设计：万 2 手续费（覆盖 2 个滑点）

历史回测周期：2012 ~ 2020 年 1 小时线数据

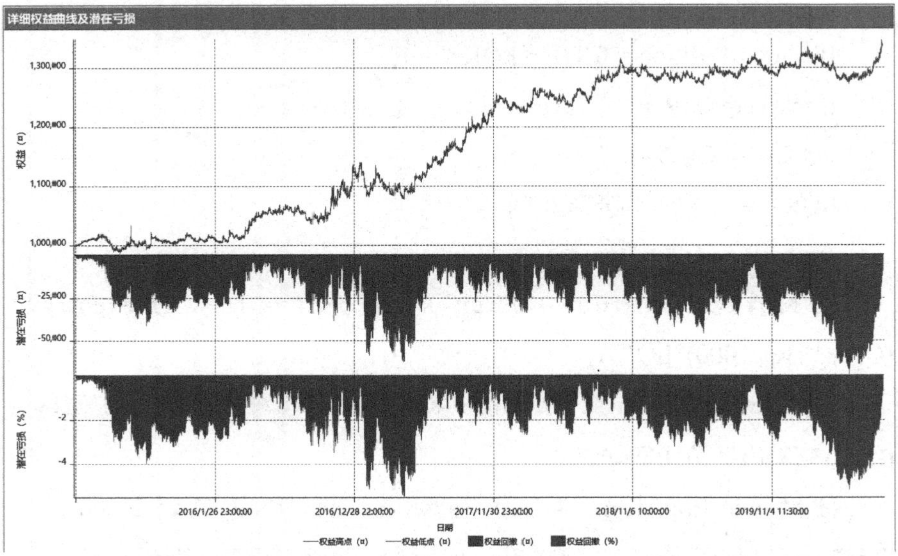

概述

商品	启动日期	结束日期	净额盈利	交易次数
DCE.i 0000	2015/3/18 1:00:00	2020/11/6 15:00:00	¤37,548.40	369
SHFE.rb 0000	2015/4/24 11:30:00	2020/11/6 15:00:00	¤22,396.38	255
SHFE.ru 0000	2015/4/27 11:30:00	2020/11/6 15:00:00	¤13,441.99	300
CZCE.MA 0000	2015/4/13 14:00:00	2020/11/6 15:00:00	¤5,630.83	296
CZCE.TA 0000	2015/4/13 23:30:00	2020/11/6 15:00:00	¤13,202.90	239
DCE.j 0000	2015/3/17 23:00:00	2020/11/6 15:00:00	¤276,215.16	304
DCE.m 0000	2015/3/18 1:00:00	2020/11/6 15:00:00	¤4,209.88	220
DCE.p 0000	2015/3/18 1:00:00	2020/11/6 15:00:00	(¤27,408.99)	264
CZCE.SR 0000	2015/4/17 11:30:00	2020/11/6 15:00:00	(¤15,392.77)	187
DCE.c 0000	2015/6/16 11:30:00	2020/11/6 15:00:00	¤2,852.77	117

延伸阅读

➡《乌合之众：大众心理研究》

“《乌合之众》是一本可怕的书，他将社会大众的心理阴暗面毫不掩饰地暴露在阳光之下，别有用心的人甚至可以利用群体的种种心理弱点作为其权力与财富的抓手。”

——“金融大鳄”索罗斯

➡《大癫狂：非同寻常的大众幻想与群众性癫狂》

“数学不能控制金融市场，而心理因素才是控制市场的关键。更确切地说，只有掌握住群众的本能才能控制市场，即必须了解群众将在何时以何种方式聚在某一种股票货币或商品周围，投资者才有成功的可能。”

——“金融大鳄”索罗斯

“只要如此愚蠢的行为能够继续存在下去，那么一个真正理性的投资者始终有望利用大众的疯狂为自己谋利。具有常识的个体很容易觉察到集体的疯狂，个体将会借此获取巨额的利润。”

——查尔斯·麦基

延伸阅读

知乎作者赛博格Cyborg对交易系统框架、原理及构建的完美阐释

➡《交易的逻辑与艺术》

作者：陈侃迪

*作者将自己近年来在交易之路上的经验总结毫不吝啬地与读者分享，书中关于交易系统的四种情形和临界点、交易中不可能三角的描述分析，是国内难得的关于交易系统底层逻辑的原创思考

*只要在市场交易，你的交易系统就和市场状况、基本假设及仓位资金管理脱离不了关系，本书给了我们交易人最深刻的心灵深处的问题的解答

国内第一本小说体期权交易实战指南

➡《我当交易员的日子：期权波动率交易核心策略与技巧》

作者：徐华康、王美超

*国内罕见的“小说体”期权交易实战指南

*浓缩两位操盘无数的期权“老鬼”的期权波动率交易经验，说透期权波动率交易的核心策略与技巧

*经验丰富的一线期权交易员在期权波动率交易上的历史交易记录，真实再现职业交易员在交易中的所思、所想、所感、所悟

购 书 请 微 信 扫 描 封 底 二 维 码